한국전력공사

NCS 직무능력검사
모의고사(사무 분야)

정답 및 해설

1 ③

③ '몸가짐이나 언행을 조심하다.'는 의미를 가진 표준어는 '삼가다'로, '삼가야 한다'는 어법에 맞는 표현이다. 자주 틀리는 표현 중 하나로 '삼가해 주십시오' 등으로 사용하지 않도록 주의해야 한다.

① 어떤 일의 수단이나 도구를 나타내는 격조사 '–로써'로 고치는 것이 적절하다.

② 어떤 사실이나 내용을 시인하면서 그에 반대되는 내용을 말하거나 조건을 붙여 말할 때에 쓰는 연결 어미인 '–지마는(–지만)'이 오는 것이 적절하다.

④ '및'은 '그리고', '그 밖에', '또'의 뜻으로, 문장에서 같은 종류의 성분을 연결할 때 쓰는 말이다. 따라서 앞뒤로 이어지는 표현의 구조가 대등해야 한다.

⑤ '자문하다'는 '어떤 일을 좀 더 효율적이고 바르게 처리하려고 그 방면의 전문가나, 전문가들로 이루어진 기구에 의견을 묻다.'라는 뜻으로 '~에/에게 ~을 자문하다' 형식으로 쓴다.

2 ①

① 엄청나게 큰 사람이나 사물

② 사람이나 사물이 외따로 오뚝하게 있는 모양

③ 넋이 나간 듯이 가만히 한 자리에 서 있거나 앉아 있는 모양

④ '철'을 속되게 이르는 말, 철이란 사리를 분별할 수 있는 힘을 말함

⑤ '꼴'을 낮잡아 이르는 말, 꼴이란 겉으로 보이는 사물의 모양을 말함

3 ④

④ 계란 알레르기가 있는 고객이므로 제품에 계란이 사용되었거나, 제조과정에서 조금이라도 계란이 들어갔을 우려가 있다면 안내해 주는 것이 바람직하다. 이 제품은 원재료에 계란이 들어가지는 않지만, 계란 등을 이용한 제품과 같은 제조시설에서 제조하였으므로 제조과정에서 계란 성분이 들어갔을 우려가 있다. 따라서 이 점에 대해 안내해야 한다.

4 ④

주민등록상 생년월일, 본인 증명사진 등 본인 확인을 위해 입력한 추가사항은 면접전형 시 블라인드 처리된다. 따라서 사진과 생년월일 등이 면접관에게 공개된다는 답변은 공고문의 내용과 일치한다고 볼 수 없다.

① 합격자 발표는 9/12일에 채용 홈페이지를 통해서 확인할 수 있다.

② 개인의 인적 사항은 본인 확인용으로만 요청할 수 있으며, 확인 후 면접 시에는 블라인드 처리된다.

③ e-mail 뿐 아니라 서류 어느 곳에서도 학교명을 알 수 있는 내용은 금지된다.

⑤ '지원인원 미달 또는 전형 결과 적격자가 없는 경우 선발하지 않을 수 있음'이라고 명시되어 있다.

5 ④

'안전우선'은 가장 많은 예산이 투자되는 핵심가치이다. 전략과제는 3가지가 있고, 그 중 '(시설 안전성 강화)'는 가장 많은 개수를 기록하고 있으며, 예산은 464,688백만 원이다. '고객감동'의 전략과제는 3가지이며, 고객만족을 최우선으로 하고 있다. 핵심가치 '(변화혁신)'은 113개를 기록하고 있고, 3가지 전략과제 중 융합형 조직혁신이 가장 큰 비중을 차지하고 있다. 핵심가치 '(상생협치)'는 가장 적은 비중을 차지하고 있고, 2가지 전략과제를 가지고 있다.

6 ①

① '안전우선'의 예산은 가장 높은 비중을 보이고 있다.

7 ①

① 첫 번째 문단에서 '도시 빈민가와 농촌에 잔존하고 있는 빈곤은 최소한의 인간적 삶조차 원천적으로 박탈하고 있으며'라고 언급하고 있다. 즉, 사회적 취약계층의 객관적인 생활수준이 향상되었다고 보는 것은 적절하지 않다.

② 첫 번째 문단

③ 두, 세 번째 문단

④ 네 번째 문단

⑤ 두 번째 문단

8 ③

③ 중증장애인은 연령제한을 받지 않고, 국회통과안의 경우 부양자녀가 1인 이상이면 근로장려금을 신청할 수 있으므로, 다른 요건들을 모두 충족하고 있다면 B는 근로장려금을 신청할 수 있다.

① 정부제출안보다 국회통과안에 의할 때 근로장려금 신청자격을 갖춘 대상자의 수가 더 늘어날 것이다.

② 정부제출안과 국회통과안 모두 세대원 전원이 소유하고 있는 재산 합계액이 1억 원 미만이어야 한다. A는 소유 재산이 1억 원으로 두 안에 따라 근로장려금을 신청할 수 없다.

④ 정부제출안과 국회통과안 모두 내국인과 혼인한 외국인은 근로장려금 신청이 가능하다.

⑤ 3개월 이상 국민기초생활보장급여 수급자는 근로장려금 신청이 제외된다.

9 ④

④ '발굴'은 세상에 널리 알려지지 않거나 뛰어난 것을 찾아 밝혀낸다는 의미로, 發(필 발)掘(팔 굴)로 쓴다.

10 ③

1천만 원 이상의 과태료가 내려지게 되면 공표 조치의 대상이 되나, 모든 공표 조치 대상자들이 과태료를 1천만 원 이상 납부해야 하는 것은 아니다. 과태료 금액에 의한 공표 대상자 이외에도 공표 대상에 포함될 경우가 있으므로 반드시 1천만 원 이상의 과태료가 공표 대상자에게 부과된다고 볼 수는 없다.

① 행정처분의 종류를 처분 강도에 따라 구분하였으며, 이에 따라 가장 무거운 조치가 공표인 것으로 판단할 수 있다.

11 ④

ⓒ은 $7,206 \div 2 = 3,603$이므로

영업 외 수익의 합계는 $15,095$가 된다.

㉠은 $2,005,492 + 15,095 = 2,020,587$이다.

따라서 ㉠ ÷ ⓒ ≒ 561배이다.

12 ①

한 달 동안의 통화 시간 t ($t = 0, 1, 2, \cdots$)에 따른 요금제 A의 요금

$y = 10,000 + 150\,t$ ($t = 0, 1, 2, \cdots$)

요금제 B의 요금

$\begin{cases} y = 20,200 & (t = 0, 1, 2, \cdots, 60) \\ y = 20,200 + 120(t - 60) & (t = 61, 62, 63, \cdots) \end{cases}$

요금제 C의 요금

$\begin{cases} y = 28,900 & (t = 0, 1, 2, \cdots, 120) \\ y = 28,900 + 90(t - 120) & (t = 121, 122, 123, \cdots) \end{cases}$

㉠ B의 요금이 A의 요금보다 저렴한 시간 t의 구간은

$20,200 + 120(t - 60) < 10,000 + 150\,t$ 이므로

$t > 100$

ⓒ B의 요금이 C의 요금보다 저렴한 시간 t의 구간은

$20,200 + 120(t - 60) < 28,900 + 90(t - 120)$ 이므로 $t < 170$

따라서 $100 < t < 170$ 이다.

∴ $b - a$의 값은 70

13 ④

㉠ 2001년에 '갑'이 x 원어치의 주식을 매수한 뒤 같은 해에 동일한 가격으로 전량 매도했다고 하면, 주식을 매수할 때의 주식거래 비용은 $0.1949x$ 원이고 주식을 매도할 때의 주식거래 비용은 $0.1949x + 0.3x = 0.4949x$ 원으로 총 주식거래 비용의 합은 $0.6898x$ 원이다. 이 중 증권사 수수료는 $0.3680x$ 원으로 총 주식거래 비용의 50%를 넘는다.

ⓒ 금융투자협회의 2011년 수수료율은 0.0008%로 2008년과 동일하다.

14 ④

Y년의 총 에너지 사용량이 80,542천Toe이며, 화공산업 부문 전기다소비사업장의 전기 사용 비중은 27.4%이다. 따라서 화공산업 부문 전기다소비사업장의 전기 사용량은 $80,542 \times 0.274 = 22,068$천Toe가 된다. 또한, 이것은 전년 대비 4.5% 증가한 것이므로 Y-1년의 사용량을 x라 하면, 증가율의 공식에 의해 $(22,068 - x) \div x = 0.045$가 된다. 이것은 다시 $22,068 = 1.045x$가 되므로 $x = 22,068 \div 1.045 = 21,117$천Toe가 됨을 알 수 있다.

15 ⑤

적어도 화살 하나는 6의 약수에 맞을 확률은 전체에서 화살 하나도 6의 약수에 맞지 않을 확률을 뺀 값이 된다.

한 번 쏘았을 때 6의 약수에 맞지 않을 확률은 $\frac{2}{6}=\frac{1}{3}$ 이므로 세 번 쏘았을 때 6의 약수에 맞지 않을 확률은 $\frac{1}{27}$ 이다.

따라서 화살을 세 번 쏘았을 때, 적어도 화살 하나는 6의 약수에 맞을 확률은 $1-\frac{1}{27}=\frac{26}{27}$ 이다.

16 ③

2호선 유아수유실은 11개이고, 전체 유아수유실은 88개이다.

따라서 2호선의 유아수유실이 차지하는 비율은 $\frac{11}{88}\times100=12.5\%$

17 ①

① 7호선의 유아수유실은 23개로 가장 많고, 1호선의 유아수유실은 2개로 가장 적다.

18 ①

ⓒ 기업의 매출액이 클수록 자기자본비율이 동일한 비율로 커지는 관계에 있다고 가정하면 순이익은 자기자본비율 × 순이익률에 비례한다. 따라서 2008년도 순이익이 가장 많은 기업은 B이다.

ⓔ 2008년도 순이익률이 가장 높은 기업은 B이다. 1997년도 영업이익률이 가장 높은 기업은 F이다.

19 ④

푸르미네 가족의 월간 탄소배출량 = $(420\times0.1)+(40\times0.2)+(60\times0.3)+(160\times0.5)=42+8+18+80=148$kg이다. 소나무 8그루와 벚나무 6그루를 심을 경우 흡수할 수 있는 탄소흡수량은 $(14\times8)+(6\times6)=112+36=148$kg/그루·월로 푸르미네 가족의 월간 탄소배출량과 같다.

20 ④

④ 원자력 소비량은 2005년에 36.7백만TOE에서 2006년에 37.2백만TOE로 증가하였다가 2007년에는 다시 30.7백만TOE로 감소하였다. 이렇듯 2006년부터 2014년까지 전년 대비 원자력 소비량의 증감추이를 분석하면 증가, 감소, 증가, 감소, 증가, 증가, 감소, 감소, 증가로 증감을 거듭하고 있다.

① 2005년부터 2014년까지 1차 에너지 소비량은 연간 약 230~290백만TOE 사이이다. 석유 소비량은 연간 101.5~106.2백만TOE로 나머지 에너지 소비량의 합보다 적다.

② 석탄 소비량은 전체 기간으로 볼 때 완만한 상승세를 보이고 있다.

③ 기타 에너지 소비량은 지속적으로 증가하는 추세이다.

⑤ LNG 소비량은 2009년 이후로 지속적으로 증가하다가 2014년에 전년 대비 4.7백만TOE 감소하였다.

21 ④

각 기업의 1단계 조건 충족 여부는 다음과 같다.

기업	사무실조건 (25명/개 이하)	임원조건 (15명/명 이하)	차량조건 (100명/대 이하)	여유면적 조건 (650㎡ 이상)
A	26.4명/개 ×	10.2명/명 ○	44명/대 ○	950㎡ ○
B	22.9명/개 ○	26.7명/명 ×	80명/대 ○	680㎡ ○
C	24명/개 ○	17.1명/명 ×	120명/대 ×	140㎡ ×
D	24.3명/개 ○	8.6명/명 ○	85명/대 ○	650㎡ ○
E	22.5명/개 ○	13.5명/명 ○	67.5명/대 ○	950㎡ ○

22 ④

예비 선정된 기업인 D, E 중 임원평균근속기간이 더 긴 D 기업이 최종 선정된다.

23 ⑤

평가 점수를 계산하기 전에, 제안가격과 업계평판에서 90점 미만으로 최하위를 기록한 B업체와 위생도에서 최하위를 기록한 D업체는 선정될 수 없다. 따라서 나머지 A, C, E업체의 가중치를 적용한 점수를 계산해보면 다음과 같다.

- A업체 : $84 \times 0.4 + 92 \times 0.3 + 92 \times 0.15 + 90 \times 0.15 = 88.5$점
- C업체 : $93 \times 0.4 + 91 \times 0.3 + 91 \times 0.15 + 94 \times 0.15 = 92.25$점
- E업체 : $93 \times 0.4 + 92 \times 0.3 + 90 \times 0.15 + 93 \times 0.15 = 92.25$점

C와 E업체가 동점인 상황에서 가중치가 가장 높은 제안가격의 점수가 같으므로, 다음 항목인 위생도 점수에서 더 높은 점수를 얻은 E업체가 최종 선정될 업체는 E업체가 된다.

24 ⑤

객실의 층과 라인의 배열을 그림으로 표현하면 다음과 같다.

301호	302호	303호	304호
201호	202호	203호	204호
101호	102호	103호	104호

두 번째 조건에서 4호 라인에는 3개의 객실에 투숙하였다고 했으므로 104호, 204호, 304호에는 출장자가 있게 된다. 또한 3호 라인에는 1개의 객실에만 출장자가 투숙하였다고 했는데, 만일 203호나 303호에 투숙하였을 경우, 2층과 3층의 나머지 객실이 정해질 수 없다. 그러나 103호에 투숙하였을 경우, 1층의 2개 객실이 정해지게 되며 2층과 3층은 3호 라인을 제외한 1호와 2호 라인 모두에 출장자가 투숙하여야 한다. 따라서 보기 ⑤의 사실이 확인된다면 8명의 출장자가 투숙한 8개의 객실과 투숙하지 않는 4개의 객실 모두를 다음과 같이 알아낼 수 있다.

301호	302호	303호	304호
201호	202호	203호	204호
101호	102호	103호	104호

25 ②

남자사원의 경우 ㉡, ㉥, ⓞ에 의해 다음과 같은 두 가지 경우가 가능하다.

	월요일	화요일	수요일	목요일
경우 1	치호	영호	철호	길호
경우 2	치호	철호	길호	영호

[경우 1]

옥숙은 수요일에 보낼 수 없고, 철호와 영숙은 같이 보낼 수 없으므로 옥숙과 영숙은 수요일에 보낼 수 없다. 또한 영숙은 지숙과 미숙 이후에 보내야 하고, 옥숙은 지숙 이후에 보내야 하므로 조건에 따르면 다음과 같다.

	월요일	화요일	수요일	목요일
남	치호	영호	철호	길호
여	지숙	옥숙	미숙	영숙

[경우 2]

		월요일	화요일	수요일	목요일
	남	치호	철호	길호	영호
경우 2-1	여	미숙	지숙	영숙	옥숙
경우 2-2	여	지숙	미숙	영숙	옥숙
경우 2-3	여	지숙	옥숙	미숙	영숙

문제에서 영호와 옥숙을 같이 보낼 수 없다고 했으므로, [경우 1], [경우 2-1], [경우 2-2]는 해당하지 않는다. 따라서 [경우 2-3]에 의해 목요일에 보내야 하는 남녀사원은 영호와 영숙이다.

26 ①

각 조건에서 알 수 있는 내용을 정리하면 다음과 같다.

㉠ 사고 C는 네 번째로 발생하였다.

| 첫 번째 | 두 번째 | 세 번째 | C | 다섯번째 | 여섯번째 |

㉡ 사고 A는 사고 E보다 먼저 발생하였다. → A > E

㉢ 사고 B는 사고 A보다 먼저 발생하였다. → B > A

㉣ 사고 E는 가장 나중에 발생하지 않았다. → 사고 E는 2~3번째(∵ ㉡에 의해 A > E이므로) 또는 5번째로 발생하였다.

㉤ 사고 F는 사고 B보다 나중에 발생하지 않았다. → F > B

㉥ 사고 C는 사고 E보다 나중에 발생하지 않았다. → C > E

㉦ 사고 C는 사고 D보다 먼저 발생하였으나, 사고 B보다는 나중에 발생하였다. → B > C > D

따라서 모든 조건을 조합해 보면, 사고가 일어난 순서는 다음과 같으며 세 번째로 발생한 사고는 A이다.

| F | B | A | C | E | D |

27 ①

문제해결의 장애요소

㉠ 너무 일반적이거나 너무 크거나 또는 잘 정의되지 않은 문제를 다루는 경우

㉡ 문제를 정확히 분석하지 않고 곧바로 해결책을 찾는 경우

㉢ 잠재적 해결책을 파악할 때 중요한 의사결정 인물이나 문제에 영향을 받게되는 구성원을 참여시키지 않는 경우

㉣ 개인이나 팀이 통제할 수 있거나 영향력을 행사할 수 있는 범위를 넘어서는 문제를 다루는 경우

㉤ 창의적 해결책보다는 '즐겨 사용하는' 해결책을 적용하는 경우

㉥ 해결책을 선택하는 타당한 이유를 마련하지 못하는 경우

㉦ 선택한 해결책을 실행하고 평가하는 방식에 관해 적절하게 계획을 수립하지 못하는 경우

28 ③

시장의 위협을 회피하기 위해 강점을 사용하는 전략은 ST전략에 해당한다.

③ 부품의 10년 보증 정책은 강점, 통해 대기업의 시장 독점은 위협에 해당한다. (ST전략)

① 세계적인 유통라인은 강점, 개발도상국은 기회에 해당한다. (SO전략)

② 마진이 적은 것은 약점, 인구 밀도에 비해 대형마트가 부족한 도시는 기회에 해당한다. (WO전략)

④ 고가의 연구비는 약점, 부족한 정부 지원은 위협에 해당한다. (WT전략)

⑤ 친환경적 장점은 강점, 정부 지원을 받는 것은 기회에 해당한다. (SO전략)

29 ④

제시된 내용은 김치에서 이상한 냄새가 나고 있는 상황이다.

④는 '김치 표면에 하얀 것(하얀 효모)이 생겼을 때'의 확인 사항이다.

30 ③

③은 매뉴얼로 확인할 수 없는 내용이다.

31 ④

㉠ 09:22에 D구역에 있었던 산양 21마리에서 09:32에 C구역으로 1마리, 09:50에 B구역으로 1마리가 이동하였고 09:52에 C구역에서 3마리가 이동해 왔으므로 09:58에 D구역에 있는 산양은 21 − 1 − 1 + 3 = 22마리이다.

㉡ 09:10에 A구역에 있었던 산양 17마리에서 09:18에 C구역에서 5마리가 이동해 왔고 09:48에 C구역으로 4마리가 이동하였으므로 10:04에 A구역에 있는 산양은 17 + 5 − 4 = 18마리이다.

㉢ 09:30에 B구역에 있었던 산양 8마리에서 09:50에 D구역에서 1마리가 이동해 왔고, 10:05에 C구역에서 2마리가 이동해 왔으므로 10:10에 B구역에 있는 산양은 8 + 1 + 2 = 11마리이다.

㉣ 09:45에 C구역에 있었던 11마리에서 09:48에 A구역에서 4마리가 이동해 왔고, 09:52에 D구역으로 3마리, 10:05에 B구역으로 2마리가 이동하였으므로 10:15에 C구역에 있는 산양은 11 + 4 − 3 − 2 = 10마리이다.

32 ④

○○목장에서 키우는 산양의 총 마리 수는 22 + 18 + 11 + 10 = 61마리이다.

33 ④

제시된 내용은 지적재산권에 관한 것이다.

34 ②

자원의 성격

㉠ **자원의 가변성** : 자원의 가치는 과학기술과 문화적 배경 등에 따라 변화할 수 있다.

㉡ **자원의 상대성** : 동일 자원이 시대 또는 장소에 따라 다르게 사용될 수 있다.

㉢ **자원의 유한성** : 자원의 매장량은 한계가 있다.

㉣ **자원의 편재성** : 자원은 일부 지역에 편중되어 있다.

35 ②

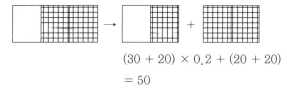

$$(30 + 20) \times 0.2 + (20 + 20)$$
$$= 50$$

36 ②

?표와 인접한 인접 지구 시너지 효과를 x라고 하면 다음과 같이 계산할 수 있다.

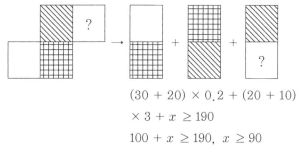

$$(30 + 20) \times 0.2 + (20 + 10)$$
$$\times 3 + x \geq 190$$
$$100 + x \geq 190, \ x \geq 90$$

따라서 업무 능력이 10인 홍보팀 팀원과 인접 배치 시너지 효과가 90 이상인 팀의 팀원이 앉아야 하므로 ? 자리에 올 수 있는 팀원은 영업팀 팀원이다.

37 ①

시간관리 매트릭스

	긴급함	긴급하지 않음
중요함	• 기간이 정해진 프로젝트	• 인간관계 구축 • 중장기 계획
중요하지 않음	• 눈앞의 급박한 상황	• 우편물 확인

38 ④

가장 먼저 해야 할 일은 1사분면의 일이다.
따라서 긴급하면서 중요한 일은 '마감이 가까운 업무'가 된다.

39 ②

甲~戊의 심사기준별 점수를 산정하면 다음과 같다. 단, 丁은 신청마감일(2014. 4. 30.) 현재 전입일부터 6개월 이상의 신청자격을 갖추지 못하였으므로 제외한다.

구분	거주 기간	가족 수	영농 규모	주택 노후도	사업 시급성	총점
甲	10	4	4	8	10	36점
乙	4	8	10	6	10	38점
丙	6	6	8	10	10	40점
戊	8	6	10	8	4	36점

따라서 상위 2가구는 丙과 乙이 되는데, 2가구의 주소지가 B읍·면으로 동일하므로 총점이 더 높은 丙을 지원하고, 나머지 1가구는 甲, 戊의 총점이 동점이므로 가구주의 연령이 더 높은 甲을 지원하게 된다.

40 ③

수도권 중 과밀억제권역에 해당하므로 우선변제를 받을 보증금 중 일정액의 범위는 2,000만 원이다. 그런데 ④처럼 하나의 주택에 임차인이 2명 이상이고 그 보증금 중 일정액을 모두 합한 금액(甲 2,000만 원 + 乙 2,000만 원 + 丙 1,000만 원 = 5,000만 원)이 주택가액인 8,000만 원의 2분의 1을 초과하므로 그 각 보증금 중 일정액을 모두 합한 금액에 대한 각 임차인의 보증금 중 일정액의 비율(2 : 2 : 1)로 그 주택가액의 2분의 1에 해당하는 금액(4,000만 원)을 분할한 금액을 각 임차인의 보증금 중 일정액으로 봐야 한다. 따라서 우선변제를 받을 보증금 중 일정액은 甲 1,600만 원, 乙 1,600만 원, 丙 800만 원으로 乙과 丙이 담보물권자보다 우선하여 변제받을 수 있는 금액의 합은 1,600 + 800 = 2,400만 원이다.

41 ③

Index 뒤에 나타나는 문자가 오류 문자이므로 이 상황에서 오류 문자는 'GHWDYC'이다. 오류 문자 중 오류 발생 위치의 문자와 일치하지 않는 알파벳은 G, H, W, D, Y 5개이므로 처리코드는 'Atnih'이다.

42 ①

제시된 내용은 프레젠테이션에 관한 것이다.
②③ 워드프로세서
④⑤ 스프레드시트

43 ①

- (자료)는 객관적 실제의 반영이며, 그것을 전달할 수 있도록 기호화한 것이다.
- (정보)는 (자료)를 특정한 목적과 문제해결에 도움이 되도록 가공한 것이다.
- (지식)은 (정보)를 집적하고 체계화하여 장래의 일반적인 사항에 대비해 보편성을 갖도록 한 것이다.

44 ③

제시된 내용은 윈도우(Windows)에 대한 설명이다.
③은 리눅스(Linux)에 대한 설명이다.

45 ②

한 셀에 두 줄 이상 입력하려고 하는 경우 줄을 바꿀 때는 〈Alt〉＋〈Enter〉를 눌러야 한다.

46 ③

$n=0, \ S=1$

$n=1, \ S=1+1^2$

$n=2, \ S=1+1^2+2^2$

…

$n=7, \ S=1+1^2+2^2+\cdots+7^2$

∴ 출력되는 S의 값은 141이다.

47 ②

터미널노드(Terminal Node)는 자식이 없는 노드로서 이 트리에서는 D, I, J, F, G, H 6개이다.

48 ③

DSUM함수는 DSUM(범위, 열 번호, 조건)으로 나타내며 조건에 부합하는 데이터를 합하는 수식이다. 제시된 수식은 영업부에 해당하는 4/4분기의 데이터를 합하라는 것이므로 15＋20＋20＝55가 된다.

49 ③

정품이 아닌 윈도우 소프트웨어는 정기적인 업데이트 서비스가 제한되어 있는 것이 일반적인 특징이다. 따라서 불법 소프트웨어는 사용을 금하는 것이 가장 현명한 PC 보안 방법이 된다. 정품이 아닌 소프트웨어의 그 밖의 특징으로는 설치 프로그램에 악성 코드 포함 가능성, 주요 기능 배제 또는 변형 우려, 컴퓨터의 성능 약화, 보안 기능 사용 불가 등이 있다.

50 ③

인터넷 송금에 필요한 보안 장치인 OTP 발생기는 보안을 강화시키기 위한 도구이며, 이를 지참하지 않은 것은 개인적 부주의의 차원이며, 인터넷의 역기능으로 볼 수는 없다.

1 ⑤

① 캡슐 커피라는 신제품을 통해 경쟁의 축을 바꿈으로써 시장을 선도하였다.

② 전체적인 구조조정을 통한 원가 혁신을 단행했다.

③ 시계를 패션 아이템으로 차별화하였다.

④ 경쟁의 범위를 솔루션 영역으로 확장하였다.

2 ④

한국의 관광 관련 고용자 수는 50만 명으로 전체 2% 수준이다. 이를 세계 평균 수준인 8% 이상으로 끌어올리려면 150만 여명 이상을 추가로 고용해야 한다. 백만 달러당 50명의 일자리가 추가로 창출되므로 150만 명 이상을 추가로 고용하려면 대략 300억 달러 이상이 필요하다.

① 약 1조 8,830억 달러 정도이다.

② 2017년 기준으로 지난해인 2016년도의 내용이므로 2015년의 종사자 규모는 알 수 없다. 2016년 기준으로는 전 세계 통신 산업의 종사자는 자동차 산업의 종사자의 약 3배 정도이다.

③ 간접 고용까지 따지면 2억 5,500만 명이 관광과 관련된 일을 하고 있어, 전 세계적으로 근로자 12명 가운데 1명이 관광과 연계된 직업을 갖고 있는 셈이다. 추측해보면 2017년 전 세계 근로자 수는 20억 명을 넘는다.

⑤ 2010년부터 2030년 사이 이 지역으로 여행하는 관광객이 연평균 9.7% 성장하여 2030년 5억 6,500만 명이 동북아시아를 찾을 것으로 전망했으므로 2020년에 동북아시아를 찾는 관광객의 수는 연간 약 2억 8,000명을 넘을 수 없다.

3 ①

"을"인 ○○발전이 "갑"인 한국전력공사로부터 태양열 발전 장려금을 수령하여 신청자에게 지급하는 것이 태양열 발전 장려금의 지급 흐름이 된다. 또한 이 경우, ○○발전은 한국전력공사의 요청에 의해 장려금 지급에 대한 사용실적 등의 내역을 열람할 수 있도록 해야 할 의무가 있을 것이다. 따라서 빈칸은 을 – 을 – 갑 – 갑의 순으로 채워지는 것이 타당하다.

4 ③

내규에 따르면 뇌물로 인정되기 위해서는 그것이 직무에 관한 것이어야 하는데, '직무'란 임직원 또는 중재인의 권한에 속하는 직무행위 그 자체뿐만 아니라 직무와 밀접한 관계가 있는 행위를 말한다. C의 경우 홍보부 가짜뉴스 대응팀 직원이므로 외국인 산업연수생에 대한 관리업체 선정은 C의 권한에 속하는 직무행위이거나 직무와 밀접한 관계에 있는 행위라고 볼 수 없으므로 뇌물에 관한 죄에 해당하지 않는다.

5 ④

④ 혼인이나 제사 따위의 관혼상제 같은 어떤 의식을 치르다.

① 사람이 어떤 장소에서 생활을 하면서 시간이 지나가는 상태가 되게 하다.

② 서로 사귀어 오다.

③ 과거에 어떤 직책을 맡아 일하다.

⑤ 계절, 절기, 방학, 휴가 따위의 일정한 시간을 보내다.

6 ①

부지 용도가 단독주택용지이고 토지사용 가능시기가 '즉시'라는 공고를 통해 계약만 이루어지면 즉시 이용이 가능한 토지임을 알 수 있다.

② 계약체결 후 남은 금액은 공급가격에서 계약금을 제외한 33,250,095,000원이다. 이를 무이자로 3년간 6회에 걸쳐 납부해야 하므로 첫 번째 내야 할 중도금은 5,541,682,500원이다.

③ 규모 400㎡의 단독주택용지를 주택건설업자에게 분양하는 공고이다.

④ 계약금은 공급가격의 10%로 보증금이 더 적다.

⑤ 본 계약은 선착순 수의계약이다.

7 ③

① 외부 전시장 사전 답사일인 7월 7일은 토요일이다.

② 丙 사원은 개인 주간 스케줄인 '홈페이지 전시 일정 업데이트' 외에 7월 2일부터 7월 3일까지 '브로슈어 표지 이미지 샘플조사'를 하기로 결정되었다.

④ 2018년 하반기 전시는 관내 전시장과 외부 전시장에서 열릴 예정이다.

⑤ 乙 사원은 7. 2(월)~7. 5(목)까지 상반기 전시 만족도 설문조사를 진행할 예정이다.

8 ④

설문조사지는 조사의 목적에 적합한 결과를 얻을 수 있는 문항으로 작성되어야 한다. 제시된 설문조사는 보다 나은 제품과 서비스 공급을 위하여 브랜드 인지도를 조사하는 것이 목적이므로, 자사 자사의 제품이 고객들에게 얼마나 인지되어 있는지, 어떻게 인지되었는지, 전자제품의 품목별 선호

브랜드가 동일한지 여부 등 인지도 관련 문항이 포함되어야 한다.

④ 특정 제품의 필요성을 묻고 있으므로 자사의 브랜드 인지도 제고와의 연관성이 낮아 설문조사 항목으로 가장 적절하지 않다.

9 ④

④ 다섯 번째 카드에서 교통약자석에 대한 인식 부족으로 교통약자석이 제 기능을 못하고 있다는 지적은 있지만, 그에 따른 문제점들을 원인에 따라 분류하고 있지는 않다.

① 첫 번째 카드

② 세 번째 카드

③ 네 번째 카드

⑤ 여섯 번째 카드

10 ②

② 카드 뉴스는 신문 기사와 달리 글과 함께 그림을 비중 있게 제시하여 의미 전달을 효과적으로 하고 있다.

① 통계 정보는 (나)에서만 활용되었다.

③ 표제와 부제의 방식으로 제시한 것은 (나)이다.

④ 비유적이고 함축적인 표현들은 (가), (나) 모두에서 사용되지 않았다.

⑤ 신문 기사는 표정이나 몸짓 같은 비언어적 요소를 활용할 수 없다.

11 ②

출발시각과 도착시각은 모두 현지 시각이므로 시차를 고려하지 않으면 A→B가 4시간, B→A가 12시간 차이가 난다. 비행시간은 양 구간이 동일하므로 $\frac{4+12}{2}=8$, 비행시간은 8시간이 된다.

비행시간이 8시간인데 시차를 고려하지 않은 A→B 구간의 이동시간이 4시간이므로 A가 B보다 4시간 빠르다는 것을 알 수 있다.

12 ③

2017년을 기준으로 볼 때, 중앙값이 1억 8,525만 원이며, 평균이 3억 1,142만 원임을 알 수 있다. 중앙값이 평균값에 비해 매우 적다는 것은 소수의 사람들에게 순자산 보유액이 집중되어 있다는 것을 의미한다고 볼 수 있다.

① 순자산 보유액 구간의 중간인 '4~5' 미만 기준으로 구분해 보면, 상대적으로 순자산 보유액이 많은 가구가 적은 가구보다 2017년 비중이 전년보다 더 증가하였다.

② 주어진 표로 가구의 소득은 알 수 없다.

④ 전체의 66.1%를 차지한다.

⑤ 2016년 34.7%에서 2017년 34.1%로 0.6%p 줄었다.

13 ③

③ 봉급이 193만 원 이라면 보수총액은 공제총액의 약 5.6배이다.

① 소득세는 지방소득세의 10배이다.

② 소득세가 공제총액에서 차지하는 비율은 약 31%이다.

④ 시간외수당은 정액급식비와 20만 원 차이난다.

⑤ 공제총액에서 차지하는 비율이 가장 낮은 것은 장기요양보험료(9,800원)이다.

14 ②

정전사고와 전기화재 건수 단위가 다른 것에 주의하여 계산해 보면, 2012년부터 정전사고와 전기화재 건수의 합은 각각 350,392건, 334,092건, 341,762건, 354,621건, 336,292건으로 지속적으로 감소한 것은 아님을 알 수 있다.

15 ④

2006년의 총 인구 수가 1천만 명이라면 총 자동차 감전사고 건수는 $1,000 \times 3.1 = 3,100$건이 된다. 2016년의 총 인구 수를 x라 하면, 2016년의 총 감전사고 건수가 3,100건이 되기 위해서는 $10,000 : 1.7 = x : 3,100$이 성립해야 한다.

따라서 $x = 10,000 \times 3,100 \div 1.7 = 18,235,294 \rightarrow 18,235$천 명이 된다.

16 ①

㉠ '거리 = 속도 × 시간'이므로,
- 정문에서 후문까지 가는 속도 : 20m/초 = 1,200m/분
- 정문에서 후문까지 가는데 걸리는 시간 : 5분
- 정문에서 후문까지의 거리 : $1200 \times 5 = 6,000$m

㉡ 5회 왕복 시간이 70분이므로,
- 정문에서 후문으로 가는데 소요한 시간 : 5회 × 5분 = 25분
- 후문에서 정문으로 가는데 소요한 시간 : 5회 × x분
- 쉬는 시간 : 10분
- 5회 왕복 시간 : $25 + 5x + 10$분 = 70분

∴ 후문에서 정문으로 가는데 걸린 시간 $x = 7$분

17 ④

㉠ 2006년 대비 2010년의 청소기 매출액 증가율이 62.5%이므로,

2010년의 매출액을 x라 하면,

$$\frac{x - 320}{320} \times 100 = 62.5, \quad \therefore x = 520 (억 원)$$

㉡ 2002년 대비 2004년의 청소기 매출액 감소율이 10%이므로,

2002년의 매출액을 y라 하면,

$$\frac{270 - y}{y} \times 100 = -10, \quad \therefore y = 300 (억 원)$$

∴ 2002년과 2010년의 청소기 매출액의 차이
: $520 - 300 = 220 (억 원)$

18 ③

㉠ 융합서비스의 생산규모 2006년에 전년대비 1.2배가 증가하였으므로,
- (가)는 $3.5 \times 1.2 = 4.2$가 되고
- (나)는 $38.7 + 9.0 + 4.2 = 51.9$가 된다.

㉡ 2007년 정보기기의 생산규모는 전년대비 3천억 원이 감소하였으므로,
- (바)는 $71.1 - (47.4 + 13.6) = 10.1$이고
- (다)는 $10.1 + 3 = 13.1$이고,
- (라)는 $43.3 + 13.1 + 15.3 = 71.7$이다.

따라서 (마)는 (나) + (라) = $51.9 + 71.7 = 123.6$이다.

19 ①

㉠ B사 주가의 최댓값은 57(백 원)

㉡ 월별 주가지수는
- 1월 주가지수 $= \dfrac{5000 + 6000}{5000 + 6000} \times 100 = 100.0$
- 2월 주가지수 $= \dfrac{4000 + 6000}{5000 + 6000} \times 100 \fallingdotseq 90.9$
- 3월 주가지수 $= \dfrac{5700 + 6300}{5000 + 6000} \times 100 \fallingdotseq 109.1$
- 4월 주가지수 $= \dfrac{4500 + 5900}{5000 + 6000} \times 100 \fallingdotseq 94.5$
- 5월 주가지수 $= \dfrac{3900 + 6200}{5000 + 6000} \times 100 \fallingdotseq 91.8$
- 6월 주가지수 $= \dfrac{5600 + 5400}{5000 + 6000} \times 100 = 100.0$

∴ 주가지수의 최솟값은 90.9(2월)이다.

20 ③

주어진 자료를 근거로 괄호 안의 숫자를 채우면 다음과 같다.

구분	2015년	2016년
남(초) + 여(초)	$260 - 22 = 238$	$(241 + 238 + x) \div 3$ $= 233,\ x = 220$
남(재) + 여(초)	$15 - 4 = 11$	$(14 + 11 + x) \div 3$ $= 12,\ x = 11$
남(초) + 여(재)	$19 - 4 = 15$	$(16 + 15 + x) \div 3$ $= 16,\ x = 17$
남(재) + 여(재)	$41 - 7 = 34$	$(33 + 34 + x) \div 3$ $= 33,\ x = 32$

따라서 ㉠은 초혼 남자이므로 '남(초) + 여(초)'인 220명과 '남(초) + 여(재)'인 17명의 합인 237명이 되며, ㉡은 재혼 남자이므로 '남(재) + 여(초)'인 11명과 '남(재) + 여(재)'인 32명의 합인 43명이 된다.

21 ④

㉮ 매년 '남(초) + 여(재)'의 건수가 '남(재) + 여(초)'의 건수보다 많으므로 타당한 판단이라고 볼 수 있다.

㉯ 이혼율 관련 자료가 제시되지 않아 이혼율과 초혼 간의 혼인율의 상관관계를 판단할 수 없다.

㉰ 여성의 재혼 건수는 2008년, 2010년, 2012년에 전년보다 증가하였다. 이때 남성의 재혼 건수도 전년보다 증가하였으므로 타당한 판단이다.

㉱ 2016년에는 10년 전보다 초혼, 재혼 등 모든 항목에 있어서 큰 폭의 감소를 나타내고 있다.

따라서 타당한 판단은 ㉮와 ㉰이다.

22 ⑤

직원	성공추구 경향성과 실패회피 경향성	성취행동 경향성
A	성공추구 경향성 $=3 \times 0.7 \times 0.2 = 0.42$	$=0.42 - 0.24 = 0.18$
	실패회피 경향성 $=1 \times 0.3 \times 0.8 = 0.24$	
B	성공추구 경향성 $=2 \times 0.3 \times 0.7 = 0.42$	$=0.42 - 0.21 = 0.21$
	실패회피 경향성 $=1 \times 0.7 \times 0.3 = 0.21$	
C	성공추구 경향성 $=3 \times 0.4 \times 0.7 = 0.84$	$=0.84 - 0.36 = 0.48$
	실패회피 경향성 $=2 \times 0.6 \times 0.3 = 0.36$	

23 ③

인천에서 모스크바까지 8시간이 걸리고, 6시간이 인천이 더 빠르므로

09 : 00시 출발 비행기를 타면 $9 + (8 - 6) = 11$시 도착

19 : 00시 출발 비행기를 타면 $19 + (8 - 6) = 21$시 도착

02 : 00시 출발 비행기를 타면 $2 + (8 - 6) = 4$시 도착

24 ①

② 흑수부는 백산부의 북서쪽에 있다.

③ 백산부는 불열부의 남쪽에 있다.

④ 안차골부는 속말부의 동북쪽에 있다.

⑤ 안차골부는 고구려에 인접해 있지 않다.

25 ⑤

• A가 거짓말을 하는 경우 : C의 말에 의해 E도 거짓말을 하기 때문에 조건에 맞지 않는다.

• B가 거짓말을 하는 경우 : A도 거짓말을 하기 때문에 조건에 맞지 않는다.

• C가 거짓말을 하는 경우 : A, E가 참이기 때문에 E의 진술에 의해 D도 거짓말이기 때문에 조건에 맞지 않는다.

• D가 거짓말을 하는 경우 : C의 말에 의해 E도 거짓말을 하기 때문에 조건에 맞지 않는다.

26 ③

① A 단체는 자유무역협정을 체결한 필리핀에 드라마 콘텐츠를 수출하고 있지만 올림픽과 관련된 사업은 하지 않는다. 최종 선정 시 올림픽 관련 단체를 엔터테인먼트 사업 단체보다 우선하므로 B, C와 같이 최종 후보가 된다면 A는 선정될 수 없다.

② 올림픽의 개막식 행사를 주관하는 모든 단체는 이미 보건복지부로부터 지원을 받고 있다. B 단체는 올림픽의 개막식 행사를 주관하는 단체이다. → B 단체는 선정될 수 없다.

③ A와 C 단체 중 적어도 한 단체가 최종 후보가 되지 못한다면, 대신 B와 E 중 적어도 한 단체는 최종 후보가 된다. 보기 ②⑤를 통해 B, E 단체를 후보가 될 수 없다. 후보는 A와 C가 된다.

④ D가 최종 후보가 된다면, 한국과 자유무역협정을 체결한 국가와 교역을 하는 단체는 모두 최종 후보가 될 수 없다. D가 최종 후보가 되면 A가 될 수 없고 A가 된다면 D는 될 수 없다.

⑤ 후보 단체들 중 가장 적은 부가가치를 창출한 단체는 최종 후보가 될 수 없고, 한국 음식문화 보급과 관련된 단체의 부가가치 창출이 가장 저조하였다. E 단체는 오랫동안 한국 음식문화를 세계에 보급해 온 단체이다. → E 단체는 선정될 수 없다.

27 ④

SWOT분석은 기업의 내부환경과 외부환경을 분석하여 강점(strength), 약점(weakness), 기회(opportunity), 위협(threat) 요인을 규정하고 이를 토대로 경영전략을 수립하는 기법이다. 기회 요인은 경쟁, 고객, 거시적 환경 등과 같은 외부환경으로 인해 비롯된 기회를 말한다.

④ 난공불락의 甲자동차회사는 위협 요인에 들어가야 한다.

28 ③

• (라)를 통해 일본은 ㉠~㉗의 일곱 국가 중 4번째인 ㉣에 위치한다는 것을 알 수 있다.

• (가)와 (나)를 근거로 ㉠~㉢은 스웨덴, 미국, 한국이, ㉤~㉗은 칠레, 멕시코, 독일이 해당된다는 것을 알 수 있다.

• (다)에서 20%p의 차이가 날 수 있으려면, 한국은 ㉠이 되어야 한다. ㉠이 한국이라고 할 때, 일본을 제외한 ㉡, ㉢, ㉤, ㉥, ㉗ 국가의 조합으로 20%p의 차이가 나는 조합을 찾으면, (68 + 25)와 (46 + 27)뿐이다. 따라서 ㉢은 스웨덴, ㉥은 칠레, ㉗은 멕시코임을 알 수 있다.

• (가)와 (나)에 의하여 남은 ㉡은 미국, ㉤은 독일이 된다.

29 ⑤

	한국어	영어	프랑스어	독일어	중국어	태국어
갑	○	○	×	×	×	×
을	○	×	○	×	×	×
병	×	○	×	○	×	×
정	×	×	○	×	○	×
무	○	×	×	×	×	○

30 ①

㉠ 제인의 기준 : 가격 + 원료

평가기준 \ 제품명	B	D	K	M
원료	10	8	5	8
가격	4	9	10	7
총점	14	<u>17</u>	15	15

㉡ 데이먼의 기준 : 소비자 평가 총점

평가기준 \ 제품명	B	D	K	M
원료	10	8	5	8
가격	4	9	10	7
인지도	8	7	9	10
디자인	5	10	9	7
총점	27	<u>34</u>	33	32

㉢ 밀러의 기준 : 인지도 + 디자인

평가기준 \ 제품명	B	D	K	M
인지도	8	7	9	10
디자인	5	10	9	7
총점	13	17	<u>18</u>	17

㉣ 휴즈의 기준 : 원료 + 가격 + 인지도

평가기준 \ 제품명	B	D	K	M
원료	10	8	5	8
가격	4	9	10	7
인지도	8	7	9	10
총점	22	24	24	<u>25</u>

㉤ 구매 결과

제인	데이먼	밀러	휴즈
D	D	K	M

31 ⑤

회의 시간이 런던을 기준으로 11월 1일 9시이므로, 이 때 서울은 11월 1일 18시, 시애틀은 11월 1일 2시이다.

- 甲은 런던을 기준으로 말했으므로 甲이 프로젝트에서 맡은 업무를 마치는 시간은 런던 기준 11월 1일 22시로, 甲이 맡은 업무를 마치는 데 필요한 시간은 22 − 9 = 13시간이다.

- 乙은 시애틀을 기준으로 이해하고 말했으므로 乙은 甲이 말한 乙이 말한 다음날 오후 3시는 시애틀 기준 11월 2일 15시이다. 乙은 甲이 시애틀을 기준으로 11월 1일 22시에 맡은 일을 끝내 줄 것이라고 생각하였으므로, 乙이 맡은 업무를 마치는 데 필요한 시간은 2 + 15 = 17시간이다.

- 丙은 서울을 기준으로 말했으므로 丙이 말한 모레 오전 10시는 11월 3일 10시이다. 丙은 乙이 서울을 기준으로 11월 2일 15시에 맡은 일을 끝내 줄 것이라고 생각하였으므로, 丙이 맡은 업무를 마치는 데 필요한 시간은 9 + 10 = 19시간이다.

따라서 계획대로 진행될 경우 甲, 乙, 丙이 맡은 업무를 끝내는 데 필요한 총 시간은 13 + 17 + 19 = 49시간으로, 2일하고 1시간이라고 할 수 있다. 이를 서울 기준으로 보면 11월 1일 18시에서 2일하고 1시간이 지난 후이므로, 11월 3일 19시이다.

32 ④

보기1에 의하면 네 개 지역 총 선거인수가 817,820명이며 영덕군과 포항시의 총 선거인수를 더하여 40만 명이 넘어야 하므로 ㉣은 반드시 영덕군 또는 포항시가 된다.

보기2에 의하면 영덕군과 군산시의 기표소 투표자 합이 10만 명을 넘지 않아야 하므로 ㉣은 영덕군과 군산시가 될 수 없음을 알 수 있다. 따라서 보기1과 보기2에 의해 ㉣은 포항시가 될 수밖에 없다. 또한 영덕군과 군산시는 ㉠과 ㉢ 또는 ㉡과 ㉢중 한 지역이어야 한다.

보기3에 의해 경주시, 영덕군과 각각 5.1%p의 찬성률 차이를 보이는 ㉡이 영덕군이 됨을 알 수 있다. 따라서 ㉢이 군산시가 되며, 나머지 ㉠이 경주시가 됨을 알 수 있다.

33 ③

채무자인 乙이 실제 수령한 금액인 1,200만 원을 기준으로 최고연이자율 연 30%를 계산하면 360만 원이다. 그런데 선이자 800만 원을 공제하였으므로 360만 원을 초과하는 440만 원은 무효이며, 약정금액 2,000만 원의 일부를 변제한 것으로 본다. 따라서 1년 후 乙이 갚기로 한 날짜에 甲에게 전부 변제하여야 할 금액은 2,000 − 440 = 1,560만 원이다.

34 ③

A씨 소유 대지의 면적은 15 × 20 = 300㎡이며, 제2종 일반주거지역이므로 최대 60%의 건폐율과 250%의 용적률이 적용된다. 건물의 한 면 길이가 18m로 주어져 있으므로 나머지 한 면의 길이를 x라 할 때, 제시된 산식에 의하여 건폐율 $60 \geq (18 \times x) \div 300 \times 100$이 되므로 $x \geq 10$이다. 따라서 A씨는 최대 18m × 10m의 건축물을 지을 수 있으므로 건축물의 면적은 180㎡가 된다.

다음으로 지상층 연면적을 y라고 할 때, 용적률 산식에 대입해 보면 $250 \geq y \div 300 \times 100$이므로 $y \geq 750$이다. 따라서 $750 \div 180 = 4.1666\cdots$이므로 최대 층수는 4층이 된다.

35 ④

런던 현지 시각 8월 10일 오전 10시 이전에 행사장에 도착하여야 한다.

그리고 런던 현지 시각이 서울보다 8시간 느리며, 입국 수속에서 행사장 도착까지 4시간이 소요된다는 것을 잊지 말아야 한다.

① 총 소요시간 : 7 + 12 + 4 = 23시간
  행사장 도착 시각 : 19 : 30 + 23 − 8 = 익일 10 : 30
② 총 소요시간 : 5 + 13 + 4 = 22시간
  행사장 도착 시각 : 20 : 30 + 22 − 8 = 익일 10 : 30
③ 총 소요시간 : 3 + 12 + 4 = 19시간
  행사장 도착 시각 : 23 : 30 + 19 − 8 = 익일 10 : 30
④ 총 소요시간 : 11 + 4 = 15시간
  행사장 도착 시각 : 02 : 30 + 15 − 8 = 09 : 30
⑤ 총 소요시간 : 9 + 4 = 13시간
  행사장 도착 시각 : 05 : 30 + 13 − 8 = 10 : 30

36 ⑤

① KTX $= (40 \times 8) + (30 \times 7) + (20 \times 5) + (10 \times 7)$
$= 320 + 210 + 100 + 70 = 700$

② 고속버스
$= (40 \times 5) + (30 \times 8) + (20 \times 8) + (10 \times 7)$
$= 200 + 240 + 160 + 70 = 670$

③ 승용차 $= (40 \times 4) + (30 \times 8) + (20 \times 3) + (10 \times 5)$
$= 160 + 240 + 60 + 50 = 510$

④ 자전거 $= (40 \times 1) + (30 \times 1) + (20 \times 9) + (10 \times 1)$
$= 40 + 30 + 180 + 10 = 260$

⑤ 비행기 $= (40 \times 9) + (30 \times 7) + (20 \times 4) + (10 \times 7)$
$= 360 + 210 + 80 + 70 = 720$

그러므로 정수는 보완적 평가방식을 사용하여 종합평가지수가 가장 높은 비행기를 선택하게 된다.

37 ③

책꽂이 20개를 제작하기 위해서는 칸막이 80개, 옆판 40개, 아래판 20개, 뒤판 20개가 필요하다. 재고 현황에서 칸막이는 40개, 옆판 30개가 있으므로 추가적으로 필요한 칸막이와 옆판의 개수는 각각 40개, 10개이다.

38 ⑤

완성품 납품 개수는 총 100개이다. 완성품 1개당 부품 A는 10개가 필요하므로 총 1,000개가 필요하고, B는 300개, C는 500개가 필요하다. 이때 각 부품의 재고 수량에서 A는 500개를 가지고 있으므로 필요한 1,000개에서 가지고 있는 500개를 빼면 500개의 부품을 주문해야 한다. 이와 같이 계산하면 부품 B는 180개, 부품 C는 250개를 주문해야 한다.

39 ①

- 직무 분석 결과에 따른 인사 배치는 '적재적소 배치의 원칙'을 적용한 것이다.
- 기업 부설 연수원에서 교육을 실시하는 것은 Off JT 형태이다.
- 건강 강좌를 제공하는 것은 법정 외 복리 후생 제도이다.

40 ③

ⓒ 최초 제품 생산 후 4분이 경과하면 두 번째 제품이 생산된다.

A 공정에서 E 공정까지 첫 번째 완제품을 생산하는 데 소요되는 시간은 12분이다. C 공정의 소요 시간이 2분 지연되어도 동시에 진행되는 B 공정과 D 공정의 시간이 7분이므로, 총소요시간에는 변화가 없다.

41 ③

INDEX(범위, 행, 열)이고 MOD 함수는 나누어 나머지를 구해서 행 값을 구한다.

INDEX 함수 = INDEX($E$2:$E$4, MOD(A2 − 1, 3) + 1)

범위 : $E$2:$E$4

행 : MOD(A2 − 1, 3) + 1

MOD 함수는 나머지를 구해주는 함수 = MOD(숫자, 나누는 수), MOD(A2 − 1, 3) + 1의 형태로 된다.

A2의 값이 1이므로 1 − 1 = 0, 0을 3으로 나누면 나머지 값이 0이 되는데 0 + 1을 해줌으로써 INDEX($E$2:$E$4,1)이 된다.

번호 6의 김윤중의 경우

INDEX($E$2:$E$4, MOD(A7 − 1, 3) + 1)

6(A7의 값) − 1 = 5, 5를 3으로 나누면 나머지가 2

2 + 1 = 3이므로 3번째 행의 총무팀 값이 들어감을 알 수 있다.

42 ③

FREQUENCY(배열1, 배열2) : 배열2의 범위에 대한 배열1 요소들의 빈도수를 계산

*PERCENTILE(범위, 인수) : 범위에서 인수 번째 백분위수 값

함수 형태 = FREQUENCY(Data_array, Bins_array)

Data_array : 빈도수를 계산하려는 값이 있는 셀 주소 또는 배열

Bins_array : Data_array를 분류하는데 필요한 구간 값들이 있는 셀 주소 또는 배열

수식 : { = FREQUENCY(B3:B9, E3:E6)}

43 ②

'#,###,'이 서식은 천 단위 구분 기호 서식 맨 뒤에 쉼표가 붙은 형태로 소수점 이하는 없애고 정수 부분은 천 단위로 나타내면서 동시에 뒤에 있는 3자리를 없애준다. 반올림 대상이 있을 경우 반올림을 한다. 2451648.81 여기에서 소수점 이하를 없애주면 2451648이 되고, 그 다음 정수 부분에서 뒤에 있는 3자리를 없애주는데 맨 뒤에서부터 3번째 자리인 6이 5 이상이므로 반올림이 된다. 그러므로 결과는 2,452가 된다.

44 ④

$= \text{SUM}(\$B\$2:C2)$ 이렇게 수식을 입력을 하고 아래로 채우기 핸들을 하게 되면 셀 주소가 다음과 같이 변하게 된다.

$= \text{SUM}(\$B\$2:C2) \rightarrow \text{D2셀}$

$= \text{SUM}(\$B\$2:C3) \rightarrow \text{D3셀}$

$= \text{SUM}(\$B\$2:C4) \rightarrow \text{D4셀}$

B2셀은 절대참조로 고정하였으므로 셀 주소가 변하지 않고, 상대참조로 잡은 셀은 열이 C열로 고정되었고 행 주소가 바뀌게 된다.

그러면 각각 셀에 계산된 결과가 다음과 같이 나온다.

D2셀에 나오는 값 결과 : 15 (5 + 10 = 15)

D3셀에 나오는 값 결과 : 36 (5 + 7 + 10 + 14 = 36)

D4셀에 나오는 값 결과 : 63 (5 + 7 + 9 + 10 + 14 + 18 = 63)

45 ④

MIN 함수에서 최소값을 반환한 후, IF 함수에서 "이상 없음" 문자열이 출력된다. B3의 내용이 1로 바뀌면 출력은 "부족"이 된다.

㉠ 반복문은 사용되고 있지 않다.

㉢ 현재 입력으로 출력되는 결과물은 "이상 없음"이다.

46 ④

'=LARGE(B2:B7,2)'는 범위 안에 있는 값들 중에서 2번째로 큰 값을 찾으라는 수식이므로 800이 답이다.

47 ②

숫자는 1, 4, 7, 10, 13, 16으로 채워지고 요일은 월, 수, 금, 일, 화, 목으로 채워지고 있다. 따라서 A6값은 16이고 B6값은 목요일이다.

48 ②

a, S의 값의 변화과정을 표로 나타내면

a	S
2012	0
2012	$0 + 2012$
201	$0 + 2012 + 201$
20	$0 + 2012 + 201 + 20$
2	$0 + 2012 + 201 + 20 + 2$
0	$0 + 2012 + 201 + 20 + 2 + 0$

따라서 인쇄되는 S의 값은

$0 + 2012 + 201 + 20 + 2 + 0 = 2235$ 이다.

49 ①

오른쪽 워크시트는 왼쪽 워크시트를 텍스트 나누기 기능을 통해 열구분선을 기준으로 하여 텍스트를 나눈 결과이다.

50 ③

2011년 10월 생산품이므로 1110의 코드가 부여되며, 일본 '왈러스' 사는 5K, 여성용 02와 블라우스 해당 코드 006, 10,215번째 입고품의 시리얼 넘버 10215가 제품 코드로 사용되므로 1110 – 5K – 02006 – 10215가 된다.

1 ④

국제사회와 빚고 있는 무역갈등은 자국의 이기주의 또는 보호무역주의에 의한 또 다른 문제로 볼 수 있으며, 제시된 기후변화와 화석에너지 정책의 변화 내용과는 관련이 없는 내용이라고 할 수 있다. 트럼프 행정부의 에너지 정책 추진에 관한 내용과 에너지원 활용 현황, 국제사회와의 협약 이행 여부 관찰 등은 모두 제시글의 말미에서 정리한 서론의 핵심 내용을 설명하기 위해 전개하게 될 사항들이다.

2 ③

발전소에서 생산된 전기는 변전소로 이동하기 전, 전압을 높이고 전류를 낮추는 승압(A) 과정을 거쳐 송전(B)된다. 또한 변전소에 공급된 전기는 송전 전압보다 낮은 전압으로 만들어져 여러 군데로 배분되는 배전(C) 과정을 거치게 되는데, 배전 과정에서 변압기를 통해 22.9KV의 전압을 가정에서 사용할 수 있는 최종 전압인 220V로 변압(D)하게 된다. 따라서 빈칸에 알맞은 말은 순서대로 '승압, 송전, 배전, 변압'이 된다.

3 ①

상사가 '다른 부분은 필요 없고, 어제 원유의 종류에 따라 전일 대비 각각 얼마씩 오르고 내렸는지 그 내용만 있으면 돼.'라고 하였다. 따라서 어제인 13일자 원유 가격을 종류별로 표시하고, 전일 대비 등락 폭을 한눈에 파악하기 쉽게 기호로 나타내 줘야 한다. 또한 '우리나라는 전국 단위만 표시하도록' 하였으므로 13일자 전국 휘발유와 전국 경유 가격을 마찬가지로 정리하면 ①과 같다.

4 ③

밑줄 친 '열고'는 '모임이나 회의 따위를 시작하다.'의 뜻으로 쓰였다. 따라서 이와 의미가 동일하게 쓰인 것은 ③이다.
① 닫히거나 잠긴 것을 트거나 벗다.
② 사업이나 경영 따위의 운영을 시작하다.

④ 새로운 기틀을 마련하다.
⑤ 자기의 마음을 다른 사람에게 터놓거나 다른 사람의 마음을 받아들이다.

5 ④

마지막 단락에서 언급하고 있는 바와 같이 신혼부부 가구의 추가적인 자녀계획 포기는 경제적 지원 부족보다는 자녀양육 환경문제에 가장 크게 기인한다. 따라서 여성에게 경제적 지원을 늘린다고 인구감소를 막을 수 있는 것은 아니다.

6 ③

ⓒ은 3년간 축제 참여 현황을 통해 나타난 사실에 대한 언급이다. 나머지 ⊙, ⓛ, ⓔ ⓜ은 화자의 생각이자 예측으로, 사실이 아닌 의견으로 구분할 수 있다.

7 ③

③ 제1조에 을(乙)은 갑(甲)에게 계약금→중도금→잔금 순으로 지불하도록 규정되어 있다.
① 제1조에 중도금은 지불일이 정해져 있으나, 제5조에 '중도금 약정이 없는 경우'가 있을 수 있음이 명시되어 있다.
② 제4조에 명시되어 있다.
④ 제5조의 규정으로, 을(乙)이 갑(甲)에게 중도금을 지불하기 전까지는 을(乙), 갑(甲) 중 어느 일방이 본 계약을 해제할 수 있다. 단, 중도금 약정이 없는 경우에는 잔금 지불하기 전까지 계약을 해제할 수 있다.
⑤ 제6조에 명시되어 있다.

8 ③

⊙ 남1의 발언에는 두 명의 성인 남녀라는 조건만 있을 뿐 민족과 국적에 대한 언급은 없다. 따라서 민족과 국적이 서로 다른 두 성인 남녀가 결혼하여 자녀를 입양한 가정은 가족으로 인정할 수 있다.

ㄴ 여1은 동성 간의 결합을 가족으로 인정하고 지지할 수 있지만, 남2는 핵가족 구조를 전통적인 성역할에 기초한다고 보기 때문에 동성 간의 결합을 가족으로 인정하고 지지하지 않을 것이다.

ㄷ 남2는 여성의 경제활동 참여율 증가를 전통적인 가족 기능의 위기를 가져오는 심각한 사회문제로 보고 있다. 따라서 여성의 경제활동 참여를 지원하는 아동보육시설의 확대정책보다는 아동을 돌보는 어머니에게 매월 일정액을 지급하는 아동수당 정책을 더 선호할 것이다.

ㄹ 여2는 남성 혼자서 가족을 부양하기 어려운 현실을 지적하며 남녀 모두 경제활동에 참여할 수 있도록 지원하는 국가의 정책이 필요하다고 보는 입장이다. 따라서 여성 직장인이 휴직을 해야 하는 육아휴직 확대정책보다는 여성의 경제활동이 유지될 수 있도록 육아도우미의 가정파견을 전액 지원하는 국가정책을 더 선호할 것이다.

9 ①

말다 … '말고' 꼴로 명사의 단독형과 함께 쓰여 '아니고'의 뜻을 나타낸다.

② 밥이나 국수 따위를 물이나 국물에 넣어서 풀다.

③ 종이나 김 따위의 얇고 넓적한 물건에 내용물을 넣고 돌돌 감아 싸다.

④⑤ 어떤 일이나 행동을 하지 않거나 그만두다.

10 ①

밑줄 친 부분은 "B 혜택(Benefits)"을 가시화시켜 설명하는 단계로 제시하는 이익이 고객에게 반영되는 경우 실제적으로 발생할 상황을 공감시키는 과정이다. 지문에서는 "가장 소득이 적고 많은 비용이 들어가는 은퇴시기"라고 실제 발생 가능한 상황을 제시하였다. 또한, 이해만으로는 설득이 어렵기 때문에 고객이 그로 인해 어떤 변화를 얻게 되는지를 설명하는데 지문에서는 보험 가입으로 인해 "편안하게 여행을 즐기시고 또한 언제든지 친구들을 부담 없이 만나"에서 그 내용을 알 수 있으며 이는 만족, 행복에 대한 공감을 하도록 유도하는 과정이다.

11 ③

선택한 4개의 날짜 중 가장 첫 날짜를 x라고 하면 선택되는 네 날짜는 $x+1$, $x+7$, $x+8$이다. 선택

한 4개의 날짜의 합이 88이 되려면,

$x+(x+1)+(x+7)+(x+8) = 4x+16 = 88$이 므로 $x=18$이고 선택된 4개의 날짜는 18, 19, 25, 26이 된다.

따라서 4개의 날짜 중 가장 마지막 날짜는 26일이다.

12 ③

③ 각 상품의 주문금액 대비 신용카드 결제금액 비율은 다음과 같다. 주문금액 대비 신용카드 결제금액 비율이 가장 낮은 상품은 '캠핑용품세트'이다.

캠핑용품세트	$\frac{32,700}{45,400} \times 100 = 72.0\%$
가을스웨터	$\frac{48,370}{57,200} \times 100 = 84.6\%$
샴푸	$\frac{34,300}{38,800} \times 100 = 88.4\%$
에코백	$\frac{7,290}{9,200} \times 100 = 79.2\%$

① 전체 할인율은 $\frac{22,810}{150,600} \times 100 = 15.1\%$ 이다.

② 각 상품의 할인율은 다음과 같다. 할인율이 가장 높은 상품은 '캠핑용품세트'이다.

캠핑용품세트	$\frac{4,540+4,860}{45,400} \times 100 = 20.7\%$
가을스웨터	$\frac{600+7,970}{57,200} \times 100 = 15.0\%$
샴푸	$\frac{38,800-35,800}{38,800} \times 100 = 7.7\%$
에코백	$\frac{1,840}{9,200} \times 100 = 20.0\%$

④ 10월 전체 주문금액의 3%가 11월 포인트로 적립된다면 11월에 적립되는 포인트는 $150,600 \times 0.03 = 4,518$원으로 10월 동안 사용한 포인트는 총 포인트는 5,130원보다 작다.

⑤ 각 상품의 결제금액 중 포인트로 결제한 금액이 차지하는 비율은 다음과 같다. 결제금액 중 포인트로 결제한 금액이 차지하는 비율이 두 번째로 낮은 상품은 '샴푸'이다.

캠핑용품세트	$\frac{3,300}{36,000} \times 100 = 9.2\%$
가을스웨터	$\frac{260}{48,630} \times 100 = 0.5\%$
샴푸	$\frac{1,500}{35,800} \times 100 = 4.2\%$
에코백	$\frac{1,840}{9,200} \times 100 = 20.0\%$

13 ②

인사이동에 따라 A지점에서 근무지를 다른 곳으로 이동한 직원 수는 모두 32 + 44 + 28 = 104명이나. 또한 A지점으로 근무지를 이동해 온 직원 수는 모두 16 + 22 + 31 = 69명이 된다. 따라서 69 - 104 = -35명이 이동한 것이므로 인사이동 후 A지점의 근무 직원 수는 425 - 35 = 390명이 된다.

같은 방식으로 D지점의 직원 이동에 따른 증감 수는 83 - 70 = 13명이 된다. 따라서 인사이동 후 D지점의 근무 직원 수는 375 + 13 = 388명이 된다.

14 ⑤

임대료는 선불 계산이므로 이번 달 임대료인 (540,000 + 350,000) ×1.1 = 979,000원은 이미 지불한 것으로 볼 수 있다. 오늘까지의 이번 달 사무실 사용일이 10일이므로 사용하지 않은 임대기간인 20일에 대한 금액인 $979,000 × \frac{2}{3}$ = 652,667원을 돌려받아야 한다. 또한 부가세를 포함하지 않은 1개월 치 임대료인 보증금 540,000 + 350,000 = 890,000원도 돌려받아야 하므로, 총 652,667 + 890,000 = 1,542,667원을 사무실 주인으로부터 돌려받아야 한다.

15 ⑤

보완적 평가방식은 각 상표에 있어 어떤 속성의 약점을 다른 속성의 강점에 의해 보완하여 전반적인 평가를 내리는 방식을 의미한다. 보완적 평가방식에서 차지하는 중요도는 60, 40, 20이므로 이러한 가중치를 각 속성별 평가점수에 곱해서 모두 더하면 결과 값이 나오게 된다. 각 대안(열차종류)에 대입해 계산하면 아래와 같은 결과 값을 얻을 수 있다.

• KTX 산천의 가치 값
  = (0.6 × 3) + (0.4 × 9) + (0.2 × 8) = 7
• ITX 새마을의 가치 값
  = (0.6 × 5) + (0.4 × 7) + (0.2 × 4) = 6.6
• 무궁화호의 가치 값
  = (0.6 × 4) + (0.4 × 2) + (0.2 × 3) = 3.8
• ITX 청춘의 가치 값
  = (0.6 × 6) + (0.4 × 4) + (0.2 × 4) = 6
• 누리로의 가치 값
  = (0.6 × 6) + (0.4 × 5) + (0.2 × 4) = 6.4

조건에서 각 대안에 대한 최종결과 값 수치에 대한 반올림은 없는 것으로 하였으므로 종합 평가점수가 가장 높은 KTX 산천이 김정은과 시진핑의 입장에 있어서 최종 구매대안이 되는 것이다.

16 ④

병원비 지원 기준에 따라 각 직원이 지원 받을 수 있는 내역을 정리하면 다음과 같다.

A 직원	본인 수술비 300만 원(100% 지원), 배우자 입원비 50만 원(90% 지원)
B 직원	배우자 입원비 50만 원(90% 지원), 딸 수술비 200만 원(직계비속→80% 지원)
C 직원	본인 수술비 300만 원(100% 지원), 아들 수술비 400만 원(직계비속→80% 지원)
D 직원	본인 입원비 100만 원(100% 지원), 어머니 수술비 100만 원(직계존속→80% 지원), 남동생 입원비 50만 원(직계존속 신청 有→지원 ×)

이를 바탕으로 A~D 직원 4명이 총 병원비 지원 금액을 계산하면 1,350만 원이다.

A 직원	300 + (50 × 0.9) = 345만 원
B 직원	(50 × 0.9) + (200 × 0.8) = 205만 원
C 직원	300 + (400 × 0.8) = 620만 원
D 직원	100 + (100 × 0.8) = 180만 원

17 ①

S→1→F 경로로 갈 경우에는 7명, S→3→2→F 경로로 갈 경우에는 11명이며, S→3→2→4→F 경로로 갈 경우에는 6명이므로, 최대 승객 수는 모두 더한 값인 24명이 된다.

18 ②

주어진 조건에 의해 다음과 같이 계산할 수 있다.
{(1,000,000 + 100,000 + 200,000) × 12 + (1,000,000 × 4) + 500,000} ÷ 365 × 30 = 1,652,055원
따라서 소득월액은 1,652,055원이 된다.

19 ②

차종별 주행거리에서 화물차는 2016년에 비해 2017년에 7.9% 증가하였음을 알 수 있다.

20 ③

지방도로의 주행거리에서 가장 높은 수단과 가장 낮은 수단과의 주행거리 차이는 승용차의 주행거리에서 화물차의 주행거리를 뺀 값으로 (61,466 - 2,387 = 59,079km)이다.

21 ②

①② 계약은 청약에 대한 승낙의 효력이 발생한 시점에 성립되므로 B의 승낙이 A에게 도달한 2018년 1월 14일에 성립된다.

③ 2018년 1월 15일까지 승낙 여부를 통지해 달라고 승낙기간을 지정하였으므로 청약은 철회될 수 없다.

④⑤ 청약에 대한 승낙은 동의의 의사표시가 청약자에게 도달하는 시점에 효력이 발생하므로 B의 승낙이 A에게 도달한 2018년 1월 14일에 성립된다.

22 ②

② 행위자 A와 직·간접적으로 연결되는 모든 행위자들과의 최단거리는 1 - 5명(D, E, F, G, H), 2 - 1명(B), 3 - 4명(I, J, K, M), 4 - 1명(C), 5 - 4명(L, N, O, P)으로 총 43으로 행위자 A의 근접 중심성은 $\frac{1}{43}$ 이다.

행위자 B와 직·간접적으로 연결되는 모든 행위자들과의 최단거리는 1 - 5명(G, I, J, K, M), 2 - 2명(A, C), 3 - 8명(D, E, F, H,, L, N, O, P)으로 총 33으로 행위자 B의 근접 중심성은 $\frac{1}{33}$ 이다.

23 ⑤

첫 번째는 직계존속으로부터 증여받은 경우로, 10년 이내의 증여재산가액을 합한 금액에서 5,000만 원만 공제하게 된다.

두 번째 역시 직계존속으로부터 증여받은 경우로, 아버지로부터 증여받은 재산가액과 어머니로부터 증여받은 재산가액의 합계액에서 5,000만 원을 공제하게 된다.

세 번째는 직계존속과 기타친족으로부터 증여받은 경우로, 아버지로부터 증여받은 재산가액에서 5,000만 원을, 삼촌으로부터 증여받은 재산가액에서 1,000만 원을 공제하게 된다.

따라서 세 가지 경우의 증여재산 공제액의 합은 5,000 + 5,000 + 6,000 = 1억 6천만 원이 된다.

24 ②

주어진 자료를 근거로, 다음과 같은 계산 과정을 거쳐 증여세액이 산출될 수 있다.

• 증여재산 공제 : 5천만 원

• 과세표준 : 1억 7천만 원 - 5천만 원 = 1억 2천만 원

• 산출세액 : 1억 2천만 원 × 20% - 1천만 원 = 1,400만 원

• 납부할 세액 : 1,400만 원 × 93% = 1,302만 원(자진신고 시 7% 공제)

25 ④

일찍 출근하는 것과 직무 몰입도의 관계에 대해서 언급한 사람은 B와 C이다. 그러므로 일찍 출근을 하지만 직무에 몰입하지 않는 임직원이 많을수록 B와 C의 결론이 약화된다.

26 ①

신입사원 오리엔테이션 당시 다섯 명의 자리 배치는 다음과 같다.

김 사원	이 사원	박 사원	정 사원	최 사원

확정되지 않은 자리를 SB(somebody)라고 할 때, D에 따라 가능한 경우는 다음의 4가지이다.

㉠	이 사원	SB 1	SB 2	정 사원	SB 3
㉡	SB 1	이 사원	SB 2	SB 3	정 사원
㉢	정 사원	SB 1	SB 2	이 사원	SB 3
㉣	SB 1	정 사원	SB 2	SB 3	이 사원

이 중 ㉠, ㉡은 B에 따라 불가능하므로, ㉢, ㉣의 경우만 남는다. 여기서 C에 따라 김 사원과 박 사원 사이에는 1명이 앉아 있어야 하므로 ㉢의 SB 2, SB 3과 ㉣의 SB 1, SB 2가 김 사원과 박 사원의 자리이다. 그런데 B에 따라 김 사원은 ㉣의 SB 1에 앉을 수

없고 박 사원은 ⓒ, ⓔ의 SB 2에 앉을 수 없으므로 다음의 2가지 경우가 생긴다.

ⓒ	정 사원	SB 1 (최 사원)	김 사원	이 사원	박 사원
ⓔ	박 사원	정 사원	김 사원	SB 3 (최 사원)	이 사원

따라서 어떤 경우에도 바로 옆에 앉는 두 사람은 김 사원과 최 사원이다.

27 ②

마지막 조건에 의하면 첫 번째 자리 숫자가 1이 되며 세 번째 조건에 의해 가장 큰 수는 6이 되는데, 마지막 조건에서 오름차순으로 설정하였다고 하였으므로 네 번째 자리 숫자가 6이 된다. 두 번째 조건에서 곱한 수가 20보다 크다고 하였으므로 0은 사용되지 않았다. 따라서 (1××6) 네 자리 수의 합이 11이 되기 위해서는 1과 6을 제외한 두 번째와 세 번째 자리 수의 합이 4가 되어야 하는데, 같은 수가 연달아 한 번 반복된다고 하였으므로 (1136) 또는 (1226) 중 모두 곱한 수가 20보다 큰 (1226)이 된다.

28 ③

조건에 따라 그림으로 나타내면 다음과 같다. 네 번째 술래는 C가 된다.

29 ④

MBO는 기업 조직의 경우 단기적인 목표와 그에 따른 성과에만 급급하여 기업 조직의 사기 및 분위기나 문화 등이 경영환경에 대응해야만 하는 조직의 장기적인 안목에 대한 전략이 약화될 수 있으므로 주의해야 하며 동시에 목표설정의 곤란, 목표 이외 사항의 경시 가능성, 장기 목표의 경시 가능성 등의 문제점이 발생할 수 있다.

30 ④

④ 수소를 제조하는 기술에는 화석연료를 열분해·가스화 하는 방법과 원자력에너지를 이용하여 물을 열화학분해하는 방법, 재생에너지를 이용하여 물을 전기분해하는 방법, 그리고 유기성 폐기물에서 얻는 방법 등 네 가지 방법이 있다.

31 ②

각 영역의 '통과'와 '미통과'를 판단하면 다음과 같다. 모든 영역이 통과로 판단된 프로젝트인 C와 F는 전년과 동일한 금액을 편성해야 한다.

프로 젝트	계획의 충실성 (90점 이상)	계획 대비 실적 (85점 이상)	성과지표 달성도 (80점 이상)
A	96→통과	95→통과	76→미통과
B	93→통과	83→미통과	81→통과
C	94→통과	96→통과	82→통과
D	98→통과	82→미통과	75→미통과
E	95→통과	92→통과	79→미통과
F	95→통과	90→통과	85→통과

32 ①

각 프로젝트의 2018년도 예산 편성은 다음과 같다. 따라서 甲기업의 2018년도 A~F 프로젝트 예산 총액은 110억 원으로 2017년보다 10억 원 감소한다.

프로 젝트	예산 편성액
A	2개 영역 통과→20 × 0.9 =18억 원
B	계획 대비 실적 영역 미통과→20 × 0.85 = 17억 원
C	전년 동일 20억 원
D	계획 대비 실적 영역 미통과→20 × 0.85 = 17억 원
E	2개 영역 통과→20 × 0.9 =18억 원
F	전년 동일 20억 원

33 ④

2016년 기준 최근 실시한 임기만료에 의한 국회의원 선거의 선거권자 총수는 3천만 명이고 보조금 계상단가는 1,030원(2015년 1,000원+30원)이므로 309억 원을 지급하여야 하는데, 5월 대통령선거와 8월 동시지방선거가 있으므로 각각 309억 원씩을 더하여 총 927억 원을 지급해야 한다.

34 ④

A사를 먼저 방문하고 중간에 회사로 한 번 돌아와야 하며, 거래처에서 바로 퇴근하는 경우의 수와 그에 따른 이동 거리는 다음과 같다.

- 회사 − A − 회사 − C − B : 20 + 20 + 14 + 16 = 70km
- 회사 − A − 회사 − B − C : 20 + 20 + 26 + 16 = 82km
- 회사 − A − C − 회사 − B : 20 + 8 + 14 + 26 = 68km
- 회사 − A − B − 회사 − C : 20 + 12 + 26 + 14 = 72km

따라서 68km가 최단 거리 이동 경로가 된다.

35 ④

최장 거리 이동 경로는 회사 − A − 회사 − B − C이며, 최단 거리 이동 경로는 회사 − A − C − 회사 − B이므로 각각의 연료비를 계산하면 다음과 같다.

- 최장 거리 : 3,000 + 3,000 + 3,900 + 3,000 = 12,900원
- 최단 거리 : 3,000 + 600 + 2,100 + 3,900 = 9,600원

따라서 두 연료비의 차이는 12,900 − 9,600 = 3,300원이 된다.

36 ②

Open−To−Buy plan = planned EOM stock(6백만 원) − Projected EOM stock(4백 6십만 원) = 1백 4십만 원

37 ⑤

$$용적률 = \frac{건축연면적}{대지면적} \times 100$$
$$= \frac{140(= 2층 + 3층)}{100} \times 100 = 140\%$$

38 ③

제조업체 (1,2,3)에서 도매상 (1,2)으로 가는 거래의 수 : 6, 도매상 (1, 2)에서 소매상 (1,2,3,4,5,6)으로 가는 거래의 수 : 12, 그러므로 총 거래 수는 18개이다.

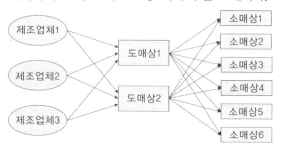

39 ⑤

총 안전재고를 구하기 위한 과정은 다음과 같다.

① 주문기간 중의 평균수요
- 소매상 = 5 × 20/7 = 14.28 ≒ 14
- 도매상 = 50 × 39/7 = 278.57 ≒ 279
- 공장창고 = 2,500 × 41/7 = 14,642.86 ≒ 14,643

② 평균안전재고
- 소매상 = 500 × (25 − 14) = 5,500
- 도매상 = 50 × (350 − 279) = 3,550
- 공장창고 = 1 × (19,000 − 14,643) = 4,357

∴ 총 안전재고 = 5,500 + 3,550 + 4,357 = 13,407

40 ①

- 대안 1 : 10억 원의 설치비용이 드는 소각장을 10년간 사용 가능하므로, 1년에 1억 원의 쓰레기 처리비용이 발생한다. → 선택
- 대안 2 : 매년 1,200톤의 쓰레기를 배출하는데, 쓰레기 처리비용이 10만 원/ton이므로, 1년에 1억 2천만 원의 쓰레기 처리비용이 발생한다.
- 대안 3 : 연간 1억 1천만 원의 쓰레기 처리비용이 발생한다.

41 ③

파일에서 마우스 왼쪽 버튼을 누르면 해당 파일의 바탕이 파란색으로 나타날 뿐 삭제하는 메뉴가 나타나지 않는다.

42 ⑤

Alt + Enter 는 선택한 대상에 대한 속성을 표시하는 역할을 한다.

43 ④

시간대별 날씨에서 현재시간 15시에 31도를 나타내고 있다. 하지만, 자정이 되는 12시에는 26도로써 온도가 5도 정도 낮아져서 현재보다는 선선한 날씨가 된다는 것을 알 수 있다.

44 ③

메신저는 인터넷 상에서 실시간으로 메시지 및 데이터 등을 주고받을 수 있는 소프트웨어를 의미한다. 또한 대부분의 메신저가 파일 교환을 지원하기 때문에 FTP를 거치지 않고 바로 파일을 교환할 수 있다.

45 ③

A=1, S=1
A=2, S=1+2
A=3, S=1+2+3
…
A=10, S=1+2+3+…+10
∴ 출력되는 S의 값은 55이다.

46 ④

DSUM(범위, 열번호, 조건)은 조건에 맞는 수치를 합하는 함수이며 DCOUNT(범위, 열번호, 조건)은 조건에 맞는 셀의 개수를 세는 함수이다. 따라서 DSUM이 아닌 DCOUNT 함수를 사용해야 하며, 추리영역이 있는 열은 4열이므로 '=DCOUNT(A1:D6,4,F2:F3)'를 입력해야 한다.

47 ②

SUMIF는 조건에 맞는 데이터를 더해주는 함수로서 범위는 B2:B10으로 설정해 주고 조건은 3천만원 초과가 아니라 이상이라고 했으므로 ")=30000000"으로 설정한다.

48 ①

DMAX는 데이터 최대값을 구할 때 사용되는 함수이고, 주어진 조건에 해당하는 값을 선택하여 평균을 구할 때는 DAVERAGE가 사용된다. 따라서 DAVERAGE(범위, 열번호, 조건)을 입력해야 하는데 범위는 [A1]부터 [C9]까지이고 점수를 평균내야 하기 때문에 열 번호는 3이다. 조건은 2학년이기 때문에 'E4:E5'로 설정한다.

49 ①

RANK(number, ref, [order])
number는 순위를 지정하는 수이므로 B2, ref는 범위를 지정하는 것이므로 $B$2:$B$8이다. oder는 0이나 생략하면 내림차순으로 순위가 매겨지고 0이 아닌 값을 지정하면 오름차순으로 순위가 매겨진다.

50 ②

DSUM 함수는 범위에서 조건에 맞는 레코드 필드 열에 있는 값의 합계를 계산할 때 사용하는 함수이다. 데이터가 있는 범위인 A1:E5을 지정하여야 하며, 총점이 데이터 범위 중 다섯 번째 열에 있으므로 5를 입력하고, 조건이 있는 B7:B8을 입력하게 되면, 값은 247 + 240 = 487이 된다.

서 원 각

www.goseowon.co.kr

한국전력공사

NCS 직무능력검사
모의고사(사무 분야)

제 3 회	영 역	의사소통능력, 수리능력, 문제해결능력, 자원관리능력, 정보능력
	문항수	50문항
	시 간	65분
	비 고	객관식 5지선다형

SEOWONGAK
(주)서원각

1. 다음 글이 어느 전체 글의 서론에 해당하는 내용일 때, 본론에서 다루어질 내용이라고 판단하기에 적절하지 않은 것은 어느 것인가?

지난 2017년 1월 20일 제 45대 미국 대통령으로 취임한 도널드 트럼프는 미국 내 석유·천연가스 생산을 증진하고 수출을 늘려 미국의 고용과 성장을 추구하며 이를 위해 각종 규제들을 완화하거나 폐지해야 한다는 주장을 해왔다. 이어 트럼프 행정부는 취임 직후부터 에너지 부문 규제를 전면 재검토하고 중단되었던 에너지 인프라 프로젝트를 추진하는 등 관련 조치들을 단행하였다. 화석에너지 자원을 중시하는 트럼프 행정부의 에너지 정책은 과거 오바마 행정부가 온실가스 감축과 신재생에너지 확산을 중시하면서 화석연료 소비는 절약 및 효율개선을 통해 줄이려했던 것과는 반대되는 모습이다.

셰일혁명에 힘입어 세계 에너지 시장과 산업에서 미국의 영향력은 점점 커지고 있어 미국의 정책 변화는 미국의 에너지 산업이나 에너지수급 뿐만 아니라 세계 에너지 시장과 산업에 상당한 영향을 미칠 수 있다. 물론 미국의 행정부 교체에 따른 에너지정책 변화가 미국과 세계의 에너지 부문에 급격히 많은 변화를 야기할 것이라는 전망은 다소 과장된 것일 수 있다. 미국의 에너지정책은 상당부분 주정부의 역할이 오히려 더 중요한 역할을 하고 있기도 하고 미국의 에너지시장은 정책 요인보다는 시장논리에 따라서 움직이는 요소가 크다는 점에서 연방정부의 정책 변화의 영향은 제한적일 것이라는 분석도 일리가 있다. 또한 기후변화 대응을 위한 온실가스 감축노력과 저탄소 에너지 사용 확대 노력은 이미 세계적으로 대세를 형성하고 있어 이러한 흐름을 미국이 역행하는 것은 한계가 있다는 견해도 많다.

어쨌든 트럼프 행정부가 이미 출범했고 화석연료 중심의 에너지정책과 규제 완화 등 공약사항들을 상당히 빠르게 추진하고 있어 이에 따른 미국 및 세계 에너지 수급과 에너지시장에의 영향을 조기에 전망하고 우리나라의 에너지수급과 관련된 사안이 있다면 이에 대한 적절한 대응을 위한 시사점을 찾아낼 필요가 있으며 트럼프 행정부 초기에 이러한 작업을 하는 것은 매우 시의적절하다 하겠다.

① 트럼프 행정부의 에너지 정책 추진 동향에 대한 분석
② 세계 에너지부문에의 영향을 파악하여 우리나라의 대응 방안 모색
③ 미국의 화석에너지 생산 및 소비 현황과 국제적 비중 파악
④ 중국, EU 등 국제사회와의 무역 갈등에 대한 원인과 영향 분석
⑤ 기후변화에 따른 국제사회와의 협약 이행 여부 및 기후변화에 대한 인식 파악

2. 다음은 발전소에서 만들어진 전기가 가정으로 공급되기까지의 과정을 요약하여 설명한 글이다. 다음을 참고하여 도식화한 〈전기 공급 과정〉의 빈 칸 (A)~(D)에 들어갈 말이 순서대로 바르게 나열된 것은?

발전소에서 만들어지는 전기는 크게 화력과 원자력이 있다. 수력, 풍력, 태양열, 조력, 태양광 등 여러 가지 방법이 있지만 현재 우리나라에서 발전되는 대부분의 전기는 화력과 원자력에 의존한다. 발전회사에서 만들어진 전기는 변압기를 통하여 승압을 하게 된다. 승압을 거치는 것은 송전상의 이유 때문이다.

전력은 전압과 전류의 곱과 같게 되므로 동일 전력에서 승압을 하면 전류가 줄어들게 되고, 전류가 작을수록 선로에서 발생하는 손실은 적어지게 된다. 하지만 너무 높게 승압을 할 경우 고주파가 발생하기 때문에 전파 장애 혹은 선로와 지상 간의 대기가 절연파괴를 일으킬 수도 있으므로 적정 수준까지 승압을 하게 된다. 이것이 345KV, 765KV 정도가 된다.

이렇게 승압된 전기는 송전 철탑을 거쳐서 송전을 하게 된다. 송전되는 중간에도 연가(선로의 위치를 서로 바꾸어 주는) 등 여러 작업을 거친 전기는 변전소로 들어가게 된다. 변전소에서는 배전 과정을 거치게 되며, 이 과정에서 전압을 다시 22.9KV로 강하시키게 된다. 강하된 전기는 변압기를 통하여 가정으로 나누어지기 위해 최종 변압인 220V로 다시 바뀌게 된다.

대단위 아파트나 공장 등에서는 22.9KV의 전기가 주상변압기를 거치지 않고 바로 들어가는 경우도 있으며, 이 경우 자체적으로 변압기를 사용해서 변압을 하여 사용하기도 한다.

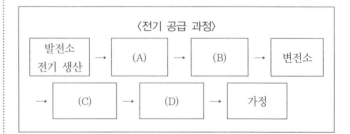

〈전기 공급 과정〉

① 승압, 배전, 송전, 변압
② 변압, 배전, 송전, 강압
③ 승압, 송전, 배전, 변압
④ 송전, 배전, 강압, 변압
⑤ 승압, 송전, 변압, 배전

3. ○○정유회사에 근무하는 N씨는 상사로부터 다음과 같은 지시를 받았다. 다음 중 N씨가 표를 구성할 방식으로 가장 적절한 것은?

> 상사 : 이 자료를 간단하게 표로 작성해 줘. 다른 부분은 필요 없고, 어제 원유의 종류에 따라 전일 대비 각각 얼마씩 오르고 내렸는지 그 내용만 있으면 돼. 우리나라는 전국 단위만 표시하도록 하고. 한눈에 자료의 내용이 들어올 수 있도록, 알겠지?

> **자료**
>
> 주요 국제유가는 중국의 경제성장률이 시장 전망치와 큰 차이를 보이지 않으면서 사흘째 올랐다. 우리나라 유가는 하락세를 지속했으나, 다음 주에는 상승세로 전환될 전망이다.
> 한국석유공사는 오늘(14일) 석유정보망(http://www.petronet.co.kr/)을 통해 13일 미국 뉴욕상업거래소에서 8월 인도분 서부텍사스산 원유(WTI)는 배럴당 87.10달러로 전날보다 1.02달러 오르면서 장을 마쳤다며 이같이 밝혔다. 또한 영국 런던 ICE선물시장에서 북해산 브렌트유도 배럴당 102.80달러로 전날보다 1.73달러 상승세로 장을 마감했다.
> 이는 중국의 지난 2·4분기 국내총생산(GDP)이 작년 동기 대비 7.6% 성장, 전분기(8.1%)보다 낮아졌으며 시장 전망을 벗어나지 않으면서 유가 상승세를 이끌었다고 공사 측은 분석했다. 이로 인해 중국 정부가 추가 경기 부양에 나설 것이라는 전망도 유가 상승에 힘을 보탰다.
> 13일 전국 주유소의 리터(ℓ)당 평균 휘발유가격은 1천892.14원, 경유가격은 1천718.72원으로 전날보다 각각 0.20원, 0.28원 떨어졌다. 이를 지역별로 보면 휘발유가격은 현재 전날보다 소폭 오른 경기·광주·대구를 제외하고 서울(1천970.78원, 0.02원↓) 등 나머지 지역에서는 인하됐다.
> 한편, 공사는 내주(15일~21일) 전국 평균 휘발유가격을 1천897원, 경유가격을 1천724원으로 예고, 이번 주 평균가격보다 각각 3원, 5원 오를 전망이다.

①

원유 종류	13일 가격	전일 대비
WTI	87.10 (달러/배럴)	▲ 1.02
북해산 브렌트유	102.80 (달러/배럴)	▲ 1.73
전국 휘발유	1892.14 (원/리터)	▼ 0.20
전국 경유	1718.72 (원/리터)	▼ 0.28

②

원유 종류	13일 가격	자료출처
WTI	87.10 (달러/배럴)	석유정보망 (http://www.petronet.co.kr/)
북해산 브렌트유	102.80 (달러/배럴)	
전국 휘발유	1892.14 (원/리터)	
전국 경유	1718.72 (원/리터)	

③

원유 종류	13일 가격	등락 폭
전국 휘발유	1892.14 (원/리터)	0.20 하락
서울 휘발유	1970.78 (원/리터)	0.02 하락
경기·광주·대구 휘발유	1718.12 (원/리터)	0.28 상승

④

원유 종류	내주 예상 가격	금주 대비	자료출처
전국 휘발유	1897 (원/리터)	▲ 3.0	한국석유공사
전국 경유	1724 (원/리터)	▲ 5.0	

⑤

원유 종류	내주 예상 가격	금주 대비
전국 휘발유	1897 (원/리터)	▲ 3.0
전국 경유	1724 (원/리터)	▲ 5.0
서울 휘발유	1970.78 (원/리터)	▼ 0.02
경기·광주·대구 휘발유	1718.12 (원/리터)	▲ 0.28

4. 다음 밑줄 친 단어의 의미와 동일하게 쓰인 것을 고르시오.

> 농림축산식품부를 비롯한 농정 유관기관들이 제7호 태풍 '쁘라삐룬'과 집중호우 피해 최소화에 총력을 모으고 나섰다.
> 농식품부는 2일 오전 10시 농식품부 소관 실국과 농촌진흥청, 농어촌공사, 농협중앙회 등 유관기관이 참여하는 '태풍 쁘라삐룬 2차 대책회의를 <u>열고</u> 집중호우에 따른 농업분야 피해 및 대책 추진상황을 긴급 점검했다.
> 농식품부가 지자체 등의 보고를 토대로 집계한 농업분야 피해는 이날 오전 6시 현재 농작물 4258ha, 저수지 1개소 제방 유실, 용수간선 4개소 유실·매몰 피해가 발생했다.

① 안전기의 스위치를 <u>열고</u> 퓨즈가 끊어진 것을 확인한다.
② 아직 교육의 혜택을 제대로 받지 못한 오지에 학교를 <u>열었다</u>.
③ 정상회담에 앞서서 준비회담을 <u>열었으나</u> 그 회담 내용은 알려지지 않았다.
④ 사람들이 토지에 정착하여 살 수 있게 됨으로써 인류 역사에 농경 시대를 <u>열게</u> 되었다.
⑤ 모든 사람에게 마음을 <u>열고</u> 살기 위해서는 무엇보다도 타인에 대한 사랑과 이해가 우선되어야 한다.

5. 다음 글을 통해서 내릴 수 있는 결론으로 가장 타당하지 않은 것은?

신혼부부 가구의 주거안정을 위해서는 우선적으로 육아·보육지원 정책의 확대·강화가 필요한 것으로 나타났다. 신혼부부 가구는 주택마련 지원정책보다 육아수당, 육아보조금, 탁아시설 확충과 같은 육아·보육지원 정책의 확대·강화가 더 필요하다고 생각하고 있으며 특히, 믿고 안심할 수 있는 육아·탁아시설 확대가 필요한 것으로 나타났다. 이는 최근 부각된 보육기관 아동학대 문제 등 사회적 분위기에 영향을 받은 것으로 사료되며, 또한 맞벌이 가구의 경우는 자녀의 안정적인 보육환경이 전제되어야만 안심하고 경제활동을 할 수 있기 때문으로 사료된다.

신혼부부가구 중 아내의 경제활동 비율은 평균 38.3%이며, 맞벌이 비율은 평균 37.2%로 나타났다. 일반적으로 자녀 출산 시기로 볼 수 있는 혼인 3년차 부부에서 아내의 경제활동 비율이 30% 수준까지 낮아지는 경향을 보이고 있는데, 이는 자녀의 육아환경 때문으로 판단된다. 또한, 외벌이 가구의 81.5%가 자녀의 육아·보육을 위해 맞벌이를 하지 않는 것으로 나타났는데, 이 역시 결혼 여성의 경제활동 지원을 위해서는 무엇보다 육아를 위한 보육시설 확대가 필요하다는 것을 시사한다. 맞벌이의 주된 목적이 주택비용 마련임을 고려할 때, 보육시설의 확대는 결혼 여성에게 경제활동 기회를 제공하여 신혼부부 가구의 경제력을 높이게 되고, 내 집 마련 시기를 앞당기는 기회를 제공할 수 있다는 점에서 중요성을 갖는다.

특히, 신혼부부 가구가 계획하고 있는 총 자녀의 수가 1.83명이나 자녀양육의 환경문제 등으로 추가적인 자녀계획을 포기하는 경우가 있을 수 있으므로 실제 이보다 낮은 자녀수를 나타낼 것으로 예상된다. 따라서 인구증가를 위한 출산장려를 위해서도 결혼 여성의 경제활동을 지원하기 위한 현재의 육아·보육지원 정책보다 강화된 국가적 차원의 배려와 관심이 필요하다고 할 수 있다.

① 육아·보육지원은 신혼부부의 주거안정을 위한 정책이다.

② 신혼부부들은 육아수당, 육아보조금 등이 주택마련 지원보다 더 필요하다고 생각한다.

③ 자녀의 보육환경이 개선되면 맞벌이 비율이 상승한다.

④ 여성에게 경제적 지원을 늘리게 되면 인구감소를 막을 수 있다.

⑤ 보육환경의 개선은 신혼부부가 내 집 마련을 보다 이른 시기에 할 수 있게 해 준다.

6. 다음 글의 내용을 사실과 의견으로 구분할 때, 사실인 것은?

㉠ 우리 지역 축제에 유명 연예인을 초청해야 한다고 생각합니다. ㉡ 그 이유는 지역 주민의 축제 참여율을 높일 필요가 있기 때문입니다. ㉢ 지난 3년간 축제 참여 현황을 보면 지역 주민의 참여율이 전체 주민의 10% 미만으로 매우 저조하고, 이마저도 계속 낮아지는 추세입니다. ㉣ 우리 지역에서는 연예인을 직접 볼 기회가 많지 않으므로 유명 연예인을 초청하면 지역 주민들이 축제에 더 많은 관심을 보일 것입니다. ㉤ 따라서 유명 연예인을 초청하여 지역 주민의 축제 참여를 유도할 필요가 있습니다.

① ㉠   ② ㉡

③ ㉢   ④ ㉣

⑤ ㉤

7. 다음 표준 임대차 계약서의 일부를 보고 추론할 수 없는 내용은 어느 것인가?

[임대차계약서 계약조항]
제1조[보증금] 을(乙)은 상기 표시 부동산의 임대차보증금 및 차임(월세)을 다음과 같이 지불하기로 한다.
- 보증금 : 금○○원으로 한다.
- 계약금 : 금○○원은 계약 시에 지불한다.
- 중도금 : 금○○원은 2017년 ○월 ○일에 지불한다.
- 잔 금 : 금○○원은 건물명도와 동시에 지불한다.
- 차임(월세): 금○○원은 매월 말일에 지불한다.
제4조[구조변경, 전대 등의 제한] 을(乙)은 갑(甲)의 동의 없이 상기 표시 부동산의 용도나 구조 등의 변경, 전대, 양도, 담보제공 등 임대차 목적 외에 사용할 수 없다.
제5조[계약의 해제] 을(乙)이 갑(甲)에게 중도금(중도금 약정이 없는 경우에는 잔금)을 지불하기 전까지는 본 계약을 해제할 수 있는 바, 갑(甲)이 해약할 경우에는 계약금의 2배액을 상환하며 을(乙)이 해약할 경우에는 계약금을 포기하는 것으로 한다.
제6조[원상회복의무] 을(乙)은 존속기간의 만료, 합의 해지 및 기타 해지사유가 발생하면 즉시 원상회복하여야 한다.

① 중도금 약정 없이 계약이 진행될 수도 있다.

② 부동산의 용도를 변경하려면 갑(甲)의 동의가 필요하다.

③ 을(乙)은 계약금, 중도금, 보증금의 순서대로 임대보증금을 지불해야 한다.

④ 중도금 혹은 잔금을 지불하기 전까지만 계약을 해제할 수 있다.

⑤ 원상회복에 대한 의무는 을(乙)에게만 생길 수 있다.

8. 다음은 가족제도의 붕괴, 비혼, 저출산 등 사회적인 이슈에 대해 자유롭게 의견을 나누는 자리에서 직원들 간에 나눈 대화의 일부분이다. 이를 바탕으로 옳게 추론한 것을 모두 고르면?

> 남1 : 가족은 혼인제도에 의해 성립된 집단으로 두 명의 성인 남녀와 그들이 출산한 자녀 또는 입양한 자녀로 이루어져야만 해. 이러한 가족은 공동의 거주, 생식 및 경제적 협력이라는 특성을 갖고 있어.
>
> 여1 : 가족은 둘 이상의 사람들이 함께 거주하면서 지속적인 관계를 유지하는 집단을 말해. 이들은 친밀감과 자원을 서로 나누고 공동의 의사결정을 하며 가치관을 공유하는 등의 특성이 있지.
>
> 남2 : 핵가족은 전통적인 성역할에 기초하여 아동양육, 사회화, 노동력 재생산 등의 기능을 가장 이상적으로 수행할 수 있는 가족 구조야. 그런데 최근 우리사회에서 발생하는 출산율 저하, 이혼율 증가, 여성의 경제활동 참여율 증가 등은 전통적인 가족 기능의 위기를 가져오는 아주 심각한 사회문제야. 그래서 핵가족 구조와 기능을 유지할 수 있는 정책이 필요해.
>
> 여2 : 전통적인 가족 개념은 가부장적 위계질서를 가지고 있었어. 하지만 최근에는 민주적인 가족관계를 형성하고자 하는 의지가 가족 구조를 변화시키고 있지. 게다가 여성의 자아실현 욕구가 증대하고 사회·경제적 구조의 변화에 따라 남성 혼자서 가족을 부양하기 어려운 것이 현실이야. 그래서 한 가정 내에서 남성과 여성이 모두 경제활동에 참여할 수 있도록 지원하는 국가의 정책이 필요하다고 생각해.

> ㉠ 남1에 의하면 민족과 국적이 서로 다른 두 남녀가 결혼하여 자녀를 입양한 가정은 가족으로 인정하기 어렵다.
> ㉡ 여1과 남2는 동성(同性) 간의 결합을 가족으로 인정하고 지지할 것이다.
> ㉢ 남2는 아동보육시설의 확대정책보다는 아동을 돌보는 어머니에게 매월 일정액을 지급하는 아동수당 정책을 더 선호할 것이다.
> ㉣ 여2는 무급의 육아휴직 확대정책보다는 육아도우미의 가정 파견을 전액 지원하는 국가정책을 더 선호할 것이다.

① ㉠, ㉢
② ㉡, ㉣
③ ㉢, ㉣
④ ㉠, ㉡, ㉢
⑤ ㉠, ㉡, ㉢, ㉣

9. 다음 중 밑줄 친 부분과 같은 의미로 쓰인 것은?

> "자숙 말고 자수하라" 이는 공연·연극·문화·예술계 전반에 퍼진 미투(#MeToo) 운동을 지지하는 위드유(with you) 집회에서 울려 퍼진 구호이다. 성범죄 피해자에 대한 제대로 된 사과와 진실규명을 바라는 목소리라고 할 수 있다. 그동안 전 ○○거리패 연출가를 시작으로 유명한 중견 남성 배우들의 성추행 폭로가 줄을 이었는데, 폭로에 의해 밝혀지는 것보다 스스로 밝히는 것이 나을 것이라 판단한 것인지 자진신고자도 나타났다. 연극계에 오랫동안 몸담고서 영화와 드라마에서도 인상 깊은 연기를 펼쳤던 한 남성 배우는 과거 성추행 사실을 털어놓으며 공식 사과했다.

① 그는 공부 말고도 운동, 바둑, 컴퓨터 등 모든 면에서 너보다 낫다.
② 뜨거운 숭늉에 밥을 말고 한 술 뜨기 시작했다.
③ 그는 땅바닥에 털썩 주저앉아 종이에 담배를 말고 피우기 시작했다.
④ 유치한 소리 말고 가만있으라는 말에 입을 다물었다.
⑤ 거짓말 말고 사실대로 대답하라.

10. 다음의 사례는 FABE 화법을 활용한 대화 내용이다. 이를 읽고 밑줄 친 부분에 대한 내용으로 가장 옳은 것으로 추정되는 항목을 고르면?

> 〈개인 보험가입에 있어서의 재무 설계 시 이점〉
>
> 상담원 : 저희 보험사의 재무 설계는 고객님의 자산 흐름을 상당히 효과적으로 만들어 줍니다.
>
> 상담원 : 그로 인해 고객님께서는 언제든지 원하는 때에 원하는 일을 이룰 수 있습니다.
>
> 상담원 : 그 중에서도 가장 소득이 적고 많은 비용이 들어가는 은퇴시기에 고객님은 편안하게 여행을 즐기시고, 또한 언제든지 친구들을 부담 없이 만나 행복한 시간을 보낼 수 있습니다.
>
> 상담원 : 저희 보험사에서 재무 설계는 우선 예산을 조정해 드리고 있으며, 선택과 집중을 통해 고객님의 생애에 있어 가장 중요한 부분들을 먼저 준비할 수 있도록 도와드리기 때문입니다.

① 해당 이익이 고객에게 반영될 시에 발생 가능한 상황을 공감시키는 과정이라고 할 수 있다.
② 해당 상품 및 서비스의 설명이 완료되어 마무리하는 부분이라 할 수 있다.
③ 제시하는 상품의 특징을 언급하는 부분이라 할 수 있다.
④ 이득이 발생할 수 있음을 예시하는 것이라 할 수 있다.
⑤ 이익이 발생하는 근거를 설명하는 부분이다.

11. 어느 달의 달력에서 그림과 같이 색칠된 사각형 모양으로 4개의 날짜를 선택하려고 한다. 이 달에서 선택한 4개의 날짜의 합이 88이 될 때, 4개의 날짜 중 가장 마지막 날짜는?

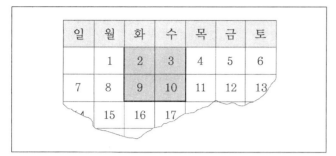

일	월	화	수	목	금	토
		1	2	3	4	5	6
7	8	9	10	11	12	13
	15	16	17			

① 19일   ② 24일

③ 26일   ④ 29일

⑤ 30일

12. 다음은 김 대리의 9월 인터넷 쇼핑 구매내역이다. 이에 대한 설명으로 옳은 것은? (단, 소수 둘째자리에서 반올림한다)

〈10월 인터넷 쇼핑 구매내역〉

(단위 : 원, 포인트)

상품	주문금액	할인금액	결제금액
캠핑용품세트	45,400	즉시할인 4,540 쿠폰할인 4,860	신용카드 32,700 +포인트 3,300 = 36,000
가을스웨터	57,200	즉시할인 600 쿠폰할인 7,970	신용카드 48,370 +포인트 260 = 48,630
샴푸	38,800	즉시할인 0 쿠폰할인 ( )	신용카드 34,300 +포인트 1,500 = 35,800
에코백	9,200	즉시할인 1,840 쿠폰할인 0	신용카드 7,290 +포인트 70 = 7,360
전체	150,600	22,810	127,790

1) 결제금액(원) = 주문금액 − 할인금액

2) 할인율(%) = $\dfrac{할인금액}{주문금액} \times 100$할인금액

3) 1포인트는 결제금액 1원에 해당

① 전체 할인율은 15% 미만이다.

② 할인율이 가장 높은 상품은 '에코백'이다.

③ 주문금액 대비 신용카드 결제금액 비율이 가장 낮은 상품은 '캠핑용품세트'이다.

④ 10월 전체 주문금액의 3%가 11월 포인트로 적립된다면, 10월 구매로 적립된 11월 포인트는 10월 동안 사용한 포인트보다 크다.

⑤ 결제금액 중 포인트로 결제한 금액이 차지하는 비율이 두 번째로 낮은 상품은 '가을스웨터'이다.

13. 다음은 직원들의 인사이동에 따른 4개의 지점별 직원 이동 현황을 나타낸 자료이다. 다음 자료를 참고할 때, 빈칸 ⒜, ⒝에 들어갈 수치로 알맞은 것은 어느 것인가?

〈인사이동에 따른 지점별 직원 이동 현황〉

(단위 : 명)

이동 전 \ 이동 후	A	B	C	D
A	–	32	44	28
B	16	–	34	23
C	22	18	–	32
D	31	22	17	–

〈지점별 직원 현황〉

(단위 : 명)

지점 \ 시기	인사이동 전	인사이동 후
A	425	(⒜)
B	390	389
C	328	351
D	375	(⒝)

① 380, 398   ② 390, 388

③ 400, 398   ④ 410, 408

⑤ 420, 418

14. 사무실 2개를 임대하여 사용하던 M씨가 2개의 사무실을 모두 이전하고자 한다. 다음과 같은 조건을 참고할 때, M씨가 주인과 주고받아야 할 금액에 대한 설명으로 옳은 것은? (소수점 이하는 반올림하여 원 단위로 계산함)

- 큰 사무실 임대료 : 54만 원
- 작은 사무실 임대료 : 35만 원
- 오늘까지의 이번 달 사무실 사용일 : 10일
- ☞ 임대료는 부가세(별도)와 함께 입주 전 선불 계산한다.
- ☞ 임대료는 월 단위이며 항상 30일로 계산한다.(단, 임대기간을 채우지 않고 나갈 경우, 사용하지 않은 기간만큼 일할 계산하여 환급한다)
- ☞ 보증금은 부가세 포함하지 않은 1개월 치 임대료이다.

① 주고받을 금액이 정확히 상계 처리된다.
② 사무실 주인으로부터 979,000원을 돌려받는다.
③ 사무실 주인에게 326,333원을 지불한다.
④ 사무실 주인에게 652,667원을 지불한다.
⑤ 사무실 주인으로부터 1,542,667원을 돌려받는다.

15. 김정은과 시진핑은 양국의 우정을 돈독히 하기 위해 함께 서울에 방문하여 용산역에서 목포역까지 열차를 활용한 우정 휴가를 계획하고 있다. 아래의 표는 인터넷 사용법에 능숙한 김정은과 시진핑이 서울—목포 간 열차종류 및 이에 해당하는 요소들을 배치해 알아보기 쉽게 도표화한 것이다. 아래의 표를 참조하여 이 둘이 선택할 수 있는 대안(열차종류)을 보완적 방식을 통해 고르면 어떠한 열차를 선택하게 되겠는가? (단, 각 대안에 대한 최종결과 값 수치에 대한 반올림은 없는 것으로 한다.)

평가 기준	중요도	열차 종류				
		KTX 산천	ITX 새마을	무궁화호	ITX 청춘	누리로
경제성	60	3	5	4	6	6
디자인	40	9	7	2	4	5
서비스	20	8	4	3	4	4

① ITX 새마을
② ITX 청춘
③ 무궁화호
④ 누리로
⑤ KTX 산천

16. 제시된 자료는 ○○병원 직원의 병원비 지원에 대한 내용이다. 다음 중 A~D 직원 4명의 총 병원비 지원 금액은 얼마인가?

병원비 지원 기준
■ 임직원 본인의 수술비 및 입원비 : 100% 지원
■ 임직원 가족의 수술비 및 입원비
• 임직원의 배우자 : 90% 지원
• 임직원의 직계 존·비속 : 80%
• 임직원의 형제 및 자매 : 50%(단, 직계 존·비속 지원이 우선되며, 해당 신청이 없을 경우에 한하여 지급한다.)
• 병원비 지원 신청은 본인 포함 최대 3인에 한한다.

병원비 신청 내역	
A 직원	본인 수술비 300만 원, 배우자 입원비 50만 원
B 직원	배우자 입원비 50만 원, 딸 수술비 200만 원
C 직원	본인 수술비 300만 원, 아들 수술비 400만 원
D 직원	본인 입원비 100만 원, 어머니 수술비 100만 원, 남동생 입원비 50만 원

① 1,200만 원
② 1,250만 원
③ 1,300만 원
④ 1,350만 원
⑤ 1,400만 원

17. 바른 항공사는 서울—상해 직항 노선에 50명이 초과로 예약 승객이 발생하였다. 승객 모두는 비록 다른 도시를 경유해서라도 상해에 오늘 도착하기를 바라고 있다. 아래의 그림이 경유 항공편의 여유 좌석 수를 표시한 항공로일 때, 타 도시를 경유하여 상해로 갈 수 있는 최대의 승객 수를 구하면?

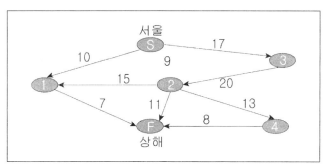

① 24
② 29
③ 30
④ 33
⑤ 37

18. 다음은 국민연금 보험료를 산정하기 위한 소득월액 산정 방법에 대한 설명이다. 다음 설명을 참고할 때, 김갑동 씨의 신고 소득월액은 얼마인가?

소득월액은 입사(복직) 시점에 따른 근로자간 신고 소득월액 차등이 발생하지 않도록 입사(복직) 당시 약정되어 있는 급여 항목에 대한 1년치 소득총액에 대하여 30일로 환산하여 결정하며, 다음과 같은 계산 방식을 적용한다.
• 소득월액 = 입사(복직) 당시 지급이 약정된 각 급여 항목에 대한 1년간 소득총액 ÷ 365 × 30

〈김갑동 씨의 급여 내역〉
• 기본급 : 1,000,000원
• 교통비 : 월 100,000원
• 고정 시간외 수당 : 월 200,000원
• 분기별 상여금 : 기본급의 100%(1, 4, 7, 10월 지급)
• 하계휴가비(매년 7월 지급) : 500,000원

① 1,645,660원   ② 1,652,055원
③ 1,668,900원   ④ 1,727,050원
⑤ 1,740,000원

---

19. 다음의 도표를 보고 분석한 내용으로 가장 옳지 않은 것을 고르면?

• 차종별 주행거리

구분	2016년		2017년		증감률 (%)
	주행거리 (천대 · km)	구성비 (%)	주행거리 (천대 · km)	구성비 (%)	
승용차	328,812	72.2	338,753	71.3	3.0
버스	12,407	2.7	12,264	2.6	−1.2
화물차	114,596	25.1	123,657	26.1	7.9
계	455,815	100.0	474,674	100.0	4.1

• 차종별 평균 일교통량

구분	2016년		2017년		증감률 (%)
	교통량 (대/일)	구성비 (%)	교통량 (대/일)	구성비 (%)	
승용차	10,476	72.2	10,648	71.3	1.6
버스	395	2.7	386	2.6	−2.3
화물차	3,652	25.1	3,887	26.1	6.4
계	14,525	100.0	14,921	100.0	2.7

① 차종별 평균 일교통량에서 버스는 2016년에 비해 2017년에 와서는 -2.3 정도 감소하였음을 알 수 있다.

② 차종별 주행거리에서 화물차는 2016년에 비해 2017년에 7.9% 정도 감소하였음을 알 수 있다.

③ 차종별 평균 일교통량에서 화물차는 2016년에 비해 2017년에는 6.4% 정도 증가하였음을 알 수 있다.

④ 차종별 주행거리에서 버스의 주행거리는 2016년에 비해 2017년에는 -1.2% 정도 감소하였다.

⑤ 차종별 평균 일교통량에서 2016년의 총교통량(승용차, 버스, 화물차)은 2017년에 들어와 총교통량(승용차, 버스, 화물차)이 2.7% 정도 증가하였다.

20. 다음 그림은 교통량 흐름에 관한 내용의 일부를 발췌한 것이다. 이에 대한 분석결과로써 가장 옳지 않은 항목을 고르면? (단, 교통수단은 승용차, 버스, 화물차로 한정한다.)

• 고속국도

구분	주행거리 (천대 · km)	구성비 (%)
승용차	153,946	68.5
버스	6,675	3.0
화물차	63,934	28.5
계	224,555	100.0

• 일반국도

구분	주행거리 (천대 · km)	구성비 (%)
승용차	123,341	75.7
버스	3,202	2.0
화물차	36,239	22.3
계	162,782	100.0

• 지방도 계

구분	주행거리 (천대 · km)	구성비 (%)
승용차	61,466	70.4
버스	2,387	2.7
화물차	23,484	26.9
계	87,337	100.0

• 국가지원지방도

구분	주행거리 (천대 · km)	구성비 (%)
승용차	18,164	70.1
버스	684	2.6
화물차	7,064	27.3
계	25,912	100.0

• 지방도

구분	주행거리 (천대 · km)	구성비 (%)
승용차	43,302	70.5
버스	1,703	2.8
화물차	16,420	26.7
계	61,425	100.0

① 고속국도에서 승용차는 주행거리 및 구성비 등이 다 교통수단에 비해 압도적으로 높음을 알 수 있다.

② 일반국도의 경우 주행거리는 버스가 3,202km로 가장 낮다.

③ 지방도로의 주행거리에서 보면 가장 높은 수단과 가장 낮은 수단과의 주행거리 차이는 47,752km이다.

④ 국가지원지방도로에서 구성비가 가장 높은 수단과 가장 낮은 수단과의 차이는 67.5%p이다.

⑤ 지방도로에서 버스의 경우 타 교통수단에 비해 주행거리가 가장 낮다.

21. ○○기업 직원인 A는 2018년 1월 1일 거래처 직원인 B와 전화통화를 하면서 ○○기업 소유 X물건을 1억 원에 매도하겠다는 청약을 하고, 그 승낙 여부를 2018년 1월 15일까지 통지해 달라고 하였다. 다음 날 A는 "2018년 1월 1일에 했던 청약을 철회합니다."라고 B와 전화통화를 하였는데, 같은 해 1월 12일 B는 "X물건에 대한 A의 청약을 승낙합니다."라는 내용의 서신을 발송하여 같은 해 1월 14일 A에게 도달하였다. 다음 법 규정을 근거로 판단할 때, 옳은 것은?

제○○조
① 청약은 상대방에게 도달한 때에 효력이 발생한다.
② 청약은 철회될 수 없는 것이더라도, 철회의 의사표시가 청약의 도달 전 또는 그와 동시에 상대방에게 도달하는 경우에는 철회될 수 있다.

제○○조 청약은 계약이 체결되기까지는 철회될 수 있지만, 상대방이 승낙의 통지를 발송하기 전에 철회의 의사표시가 상대방에게 도달되어야 한다. 다만 승낙기간의 지정 또는 그 밖의 방법으로 청약이 철회될 수 없음이 청약에 표시되어 있는 경우에는 청약은 철회될 수 없다.

제○○조
① 청약에 대한 동의를 표시하는 상대방의 진술 또는 그 밖의 행위는 승낙이 된다. 침묵이나 부작위는 그 자체만으로 승낙이 되지 않는다.
② 청약에 대한 승낙은 동의의 의사표시가 청약자에게 도달하는 시점에 효력이 발생한다. 청약자가 지정한 기간 내에 동의의 의사표시가 도달하지 않으면 승낙의 효력이 발생하지 않는다.

제○○조 계약은 청약에 대한 승낙의 효력이 발생한 시점에 성립된다.

제○○조 청약, 승낙, 그 밖의 의사표시는 상대방에게 구두로 통고된 때 또는 그 밖의 방법으로 상대방 본인, 상대방의 영업소나 우편주소에 전달된 때, 상대방이 영업소나 우편주소를 가지지 아니한 경우에는 그의 상거소(장소에 주소를 정하려는 의사 없이 상당기간 머무는 장소)에 전달된 때에 상대방에게 도달된다.

---

① 계약은 2018년 1월 15일에 성립되었다.
② 계약은 2018년 1월 14일에 성립되었다.
③ A의 청약은 2018년 1월 2일에 철회되었다.
④ B의 승낙은 2018년 1월 1일에 효력이 발생하였다.
⑤ B의 승낙은 2018년 1월 12일에 효력이 발생하였다.

---

22. 소셜미디어 회사에 근무하는 甲은 사회 네트워크에 대한 이론을 바탕으로 자사 SNS 서비스를 이용하는 A~P에 대한 분석을 실시하였다. 甲이 분석한 내용 중 잘못된 것은?

사회 네트워크란 '사람들이 연결되어 있는 관계망'을 의미한다. '중심성'은 한 행위자가 전체 네트워크에서 중심에 위치하는 정도를 표현하는 지표이다. 중심성을 측정하는 방법에는 여러 가지가 있는데, 대표적인 것으로 '연결정도 중심성'과 '근접 중심성'의 두 가지 유형이 있다.

'연결정도 중심성'은 사회 네트워크 내의 행위자와 직접적으로 연결되는 다른 행위자 수의 합으로 얻어진다. 이는 한 행위자가 다른 행위자들과 얼마만큼 관계를 맺고 있는가를 통하여 그 행위자가 사회 네트워크에서 중심에 위치하는 정도를 측정하는 것이다. 예를 들어 〈예시〉에서 행위자 A의 연결정도 중심성은 A와 직접 연결된 행위자의 숫자인 4가 된다.

'근접 중심성'은 사회 네트워크에서의 두 행위자 간의 거리를 강조한다. 사회 네트워크상의 다른 행위자들과 가까운 위치에 있다면 그들과 쉽게 관계를 맺을 수 있고 따라서 그만큼 중심적인 역할을 담당한다고 간주한다. 연결정도 중심성과는 달리 근접 중심성은 네트워크 내에서 직·간접적으로 연결되는 모든 행위자들과의 최단거리의 합의 역수로 정의된다. 이때 직접 연결된 두 점의 거리는 1이다. 예를 들어 〈예시〉에서 A의 근접 중심성은 $\frac{1}{6}$이 된다.

〈예시〉

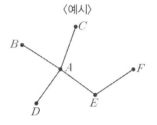

〈SNS 서비스를 이용하는 A~P의 사회 네트워크〉

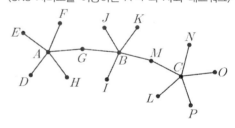

---

① 행위자 G의 근접 중심성은 $\frac{1}{37}$이다.
② 행위자 A의 근접 중심성은 행위자 B의 근접 중심성과 동일하다.
③ 행위자 G의 근접 중심성은 행위자 M의 근접 중심성과 동일하다.
④ 행위자 G의 연결정도 중심성은 행위자 M의 연결정도 중심성과 동일하다.
⑤ 행위자 A의 연결정도 중심성과 행위자 K의 연결정도 중심성의 합은 6이다.

증여세는 타인으로부터 무상으로 재산을 취득하는 경우, 취득자에게 무상으로 받은 재산가액을 기준으로 하여 부과하는 세금이다. 특히, 증여세 과세대상은 민법상 증여뿐만 아니라 거래의 명칭, 형식, 목적 등에 불구하고 경제적 실질이 무상 이전인 경우 모두 해당된다. 증여세는 증여받은 재산의 가액에서 증여재산 공제를 하고 나머지 금액(과세표준)에 세율을 곱하여 계산한다.

> 증여재산 − 증여재산공제액 = 과세표준
> 과세표준 × 세율 = 산출세액

증여가 친족 간에 이루어진 경우 증여받은 재산의 가액에서 다음의 금액을 공제한다.

증여자	공제금액
배우자	6억 원
직계존속	5천만 원
직계비속	5천만 원
기타친족	1천만 원

수증자를 기준으로 당해 증여 전 10년 이내에 공제받은 금액과 해당 증여에서 공제받을 금액의 합계액은 위의 공제금액을 한도로 한다.

또한, 증여받은 재산의 가액은 증여 당시의 시가로 평가되며, 다음의 세율을 적용하여 산출세액을 계산하게 된다.

〈증여세 세율〉

과세표준	세율	누진공제액
1억 원 이하	10%	−
1억 원 초과~5억 원 이하	20%	1천만 원
5억 원 초과~10억 원 이하	30%	6천만 원
10억 원 초과~30억 원 이하	40%	1억 6천만 원
30억 원 초과	50%	4억 6천만 원

※ 증여세 자진신고 시 산출세액의 7% 공제함

23. 위의 증여세 관련 자료를 참고할 때, 다음 〈보기〉와 같은 세 가지 경우에 해당하는 증여재산 공제액의 합은 얼마인가?

〈보기〉
- 아버지로부터 여러 번에 걸쳐 1천만 원 이상 재산을 증여받은 경우
- 성인 아들이 아버지와 어머니로부터 각각 1천만 원 이상 재산을 증여받은 경우
- 아버지와 삼촌으로부터 1천만 원 이상 재산을 증여받은 경우

① 5천만 원 　　　　② 6천만 원

③ 1억 원 　　　　④ 1억 5천만 원

⑤ 1억 6천만 원

24. 성년인 김부자 씨는 아버지로부터 1억 7천만 원의 현금을 증여받게 되어, 증여세 납부 고지서를 받기 전 스스로 증여세를 납부하고자 세무사를 찾아 갔다. 세무사가 계산해 준 김부자 씨의 증여세 납부액은 얼마인가?

① 1,400만 원 　　　　② 1,302만 원

③ 1,280만 원 　　　　④ 1,255만 원

⑤ 1,205만 원

25. 아래의 내용은 직장만족 및 직무몰입에 대한 A, B, C, D의 견해를 나타낸 것이다. A~D까지 각각의 견해에 관한 진술로써 가장 옳은 내용을 고르면?

어느 회사의 임직원을 대상으로 조사한 결과에 대해 상이한 견해가 있다. A는 직무 몰입도가 높으면 직장 만족도가 높고 직무 몰입도가 낮으면 직장 만족도도 낮다고 해석하여, 직무 몰입도가 직장 만족도를 결정한다고 결론지었다. B는 일찍 출근하는 사람의 직무 몰입도와 직장 만족도가 높고, 그렇지 않은 경우 직무 몰입도와 직장 만족도가 낮다고 결론지었다. C는 B의 견해에 동의하면서, 근속 기간이 길수록 빨리 출근 한다고 보고, 전자가 후자에 영향을 준다고 해석하였다. D는 직장 만족도가 높으면 직무 몰입도가 높고 직장 만족도가 낮으면 직무 몰입도도 낮다고 해석하여, 직장 만족도가 직무 몰입도를 결정한다고 결론지었다.

① 일찍 출근하며 직무 몰입도가 높고 직장에도 만족하는 임직원이 많을수록 A의 결론이 B의 결론보다 강화된다.

② 직장에는 만족하지만 직무에 몰입하지 않는 임직원이 많을수록 A의 결론은 강화되고 D의 결론은 약화된다.

③ 직무에 몰입하지만 직장에는 만족하지 않는 임직원이 많을수록 A의 결론은 약화되고 D의 결론은 강화된다.

④ 일찍 출근하지만 직무에 몰입하지 않는 임직원이 많을수록 B와 C의 결론이 약화된다.

⑤ 근속 기간이 길지만 직장 만족도가 낮은 임직원이 많을수록 B와 C의 결론이 약화된다.

26. 김 사원, 이 사원, 박 사원, 정 사원, 최 사원은 신입사원 오리엔테이션을 받으며 왼쪽부터 순서대로 앉아 강의를 들었다. 각기 다른 부서로 배치된 이들은 4년 후 신규 대리 진급자 시험을 보기 위해 다시 같은 강의실에 모이게 되었다. 다음의 〈조건〉을 모두 만족할 때, 어떤 경우에도 바로 옆에 앉는 두 사람은 누구인가?

〈조건〉
A. 신규 대리 진급자 시험에 응시하는 사람은 김 사원, 이 사원, 박 사원, 정 사원, 최 사원뿐이다.
B. 오리엔테이션 당시 앉았던 위치와 같은 위치에 앉아서 시험을 보는 직원은 아무도 없다.
C. 김 사원과 박 사원 사이에는 1명이 앉아 있다.
D. 이 사원과 정 사원 사이에는 2명이 앉아 있다.

① 김 사원, 최 사원
② 이 사원, 박 사원
③ 김 사원, 이 사원
④ 정 사원, 최 사원
⑤ 정 사원, 박 사원

27. 다음 조건을 만족할 때, 민 대리가 설정해 둔 비밀번호는?

• 민 대리가 설정한 비밀번호는 0~9까지의 숫자를 이용한 4자리수이며, 같은 수는 연달아 한 번 반복된다.
• 4자리의 수를 모두 더한 수는 11이며, 모두 곱한 수는 20보다 크다.
• 4자리의 수 중 가장 큰 수와 가장 작은 수는 5만큼의 차이가 난다.
• 비밀번호는 첫 번째 자릿수인 1을 시작으로 오름차순으로 설정하였다.

① 1127
② 1226
③ 1235
④ 1334
⑤ 1136

28. 5명(A ~ E)이 다음 규칙에 따라 게임을 하고 있다. 4→1→1의 순서로 숫자가 호명되어 게임이 진행되었다면 네 번째 술래는?

• A→B→C→D→E 순으로 반시계방향으로 동그랗게 앉아 있다.
• 한 명의 술래를 기준으로, 술래는 항상 숫자 3을 배정받고, 반시계방향으로 술래 다음 사람이 숫자 4를, 그 다음 사람이 숫자 5를, 술래 이전 사람이 숫자 2를, 그 이전 사람이 숫자 1을 배정받는다.
• 술래는 1 ~ 5의 숫자 중 하나를 호명하고, 호명된 숫자에 해당하는 사람이 다음 술래가 된다. 새로운 술래를 기준으로 다시 위의 조건에 따라 숫자가 배정되며 게임이 반복된다.
• 첫 번째 술래는 A다.

① A
② B
③ C
④ D
⑤ E

29. 아래의 내용을 읽고 밑줄 친 부분을 해결방안으로 삼아 실행했을 시에 주의해야 하는 내용으로 바르지 않은 것은?

동합금 제조기업 서원은 연간 40억 원의 원가 절감을 목표로 '원가혁신 2030' 출범 행사를 열었다고 26일 밝혔다. 원가혁신 2030은 오는 2020년까지 경영혁신을 통해 원가 또는 비용은 20% 줄이고 이익은 30% 향상시키는 혁신활동의 일환이라고 회사 측은 설명했다.

이 회사는 원가혁신 2030을 통해 연간 40억 원을 절감한다는 계획이다. 이를 달성하기 위해 체계적으로 원가코스트 센터를 통해 예산을 통제하고, 원가활동별로 비용 절감을 위한 개선활동도 진행한다. 또 종합생산성혁신(Total Productivity Innovation)을 통해 팀별, 본부별 단위로 목표에 의한 관리를 추진할 예정이다. 이에 대한 성과 평가와 보상을 위한 성과관리시스템도 구축 중이다.

서원은 비용 및 원가 절감뿐 아니라 원가혁신 2030을 통해 미래 성장비전도 만들어가기로 했다. 정직, 인재, 도전, 창조, 상생의 5개 핵심가치를 중심으로 지식을 공유하는 조직문화를 정착시키는 계획도 추진한다. 박기원 원가혁신위원장은 "내실을 다지면서 변화와 혁신을 도구 삼아 지속 성장이 가능한 기업으로 거듭나야 한다"라며 "제2의 창업이라는 각오로 혁신활동을 안착시키겠다"라고 말했다.

① 목표에 의한 관리가 제대로 수행되어질 수 있게끔 조직을 분권화 하는 등의 조직시스템의 재정비가 뒤따라야 한다.
② 의사소통의 통로 및 종업원들의 태도와 그들의 행위변화에 대한 대책을 마련하여, 올바른 조직문화 형성에 노력을 아끼지 말아야 한다.

③ 종업원들끼리의 지나친 경쟁과 리더의 역할갈등으로 인해 집단 저항의 우려가 있다.

④ 기업 조직의 사기 및 분위기나 문화 등이 경영환경에 대응해야만 하는 조직의 단기적인 안목에 대한 전략이 약화될 수 있으므로 주의해야 한다.

⑤ 구체적인 목표 제시가 되어야 한다.

30. ◇◇자동차그룹 기술개발팀은 수소연료전지 개발과 관련하여 다음의 자료를 바탕으로 회의를 진행하고 있다. 잘못된 분석을 하고 있는 사람은?

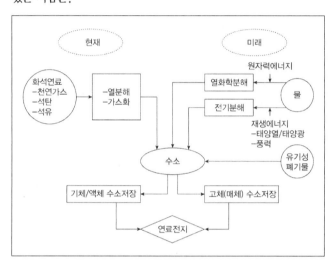

① 甲 : 현재는 석유와 천연가스 등 화석연료에서 수소를 얻고 있지만, 미래에는 재생에너지나 원자력을 활용한 수소 제조법이 사용될 것이다.

② 乙 : 수소는 기체, 액체, 고체 등 저장 상태에 관계없이 연료전지에 활용할 수 있다는 장점을 갖고 있다.

③ 丙 : 수소저장기술은 기체나 액체 상태로 저장하는 방식과 고체(매체)로 저장하는 방식으로 나눌 수 있다.

④ 丁 : 수소를 제조하는 기술에는 화석연료를 전기분해하는 방법과 재생에너지를 이용하여 물을 열분해하는 두 가지 방법이 있다.

⑤ 戊 : 수소는 물, 석유, 천연가스 및 유기성 폐기물 등에 함유되어 있으므로, 다양한 원료로부터 생산할 수 있다는 장점을 갖고 있다.

┃31~32┃ 甲기업 재무팀에서는 2018년도 예산을 편성하기 위해 2017년에 시행되었던 A~F 프로젝트에 대한 평가를 실시하여, 아래와 같은 결과를 얻었다. 물음에 답하시오.

〈프로젝트 평가 결과〉

(단위 : 점)

프로젝트	계획의 충실성	계획 대비 실적	성과지표 달성도
A	96	95	76
B	93	83	81
C	94	96	82
D	98	82	75
E	95	92	79
F	95	90	85

• 프로젝트 평가 영역과 각 영역별 기준 점수는 다음과 같다.
 – 계획의 충실성 : 기준 점수 90점
 – 계획 대비 실적 : 기준 점수 85점
 – 성과지표 달성도 : 기준 점수 80점
• 평가 점수가 해당 영역의 기준 점수 이상인 경우 '통과'로 판단하고 기준 점수 미만인 경우 '미통과'로 판단한다.
• 모든 영역이 통과로 판단된 프로젝트에는 전년과 동일한 금액을 편성하며, 2개 영역이 통과로 판단된 프로젝트에는 전년 대비 10% 감액, 1개 영역만 통과로 판단된 프로젝트에는 15% 감액하여 편성한다. 다만 '계획 대비 실적' 영역이 미통과인 경우 위 기준과 상관없이 15 % 감액하여 편성한다.
• 2017년도 甲기업의 A~F 프로젝트 예산은 각각 20억 원으로 총 120억 원이었다.

31. 전년과 동일한 금액의 예산을 편성해야 하는 프로젝트는 총 몇 개인가?

① 1개　　　　　　　　② 2개

③ 3개　　　　　　　　④ 3개

⑤ 5개

32. 甲기업의 2018년도 A~F 프로젝트 예산 총액은 전년 대비 얼마나 감소하는가?

① 10억 원　　　　　　② 9억 원

③ 8억 원　　　　　　④ 7억 원

⑤ 6억 원.

33. 다음은 국고보조금의 계상과 관련된 법조문이다. 이를 근거로 제시된 상황을 판단할 때, 2016년 정당에 지급할 국고보조금 총액은?

제00조(국고보조금의 계상)
① 국가는 정당에 대한 보조금으로 최근 실시한 임기만료에 의한 국회의원선거의 선거권자 총수에 보조금 계상단가를 곱한 금액을 매년 예산에 계상하여야 한다.
② 대통령선거, 임기만료에 의한 국회의원선거 또는 동시지방선거가 있는 연도에는 각 선거(동시지방선거는 하나의 선거로 본다)마다 보조금 계상단가를 추가한 금액을 제1항의 기준에 의하여 예산에 계상하여야 한다.
③ 제1항 및 제2항에 따른 보조금 계상단가는 전년도 보조금 계상단가에 전전년도와 대비한 전년도 전국소비자물가 변동률을 적용하여 산정한 금액을 증감한 금액으로 한다.
④ 중앙선거관리위원회는 제1항의 규정에 의한 보조금(경상보조금)은 매년 분기별로 균등분할하여 정당에 지급하고, 제2항의 규정에 의한 보조금(선거보조금)은 당해 선거의 후보자등록마감일 후 2일 이내에 정당에 지급한다.

• 2014년 실시된 임기만료에 의한 국회의원선거의 선거권자 총수는 3천만 명이었고, 국회의원 임기는 4년이다.
• 2015년 정당에 지급된 국고보조금의 보조금 계상단가는 1,000원이었다.
• 전국소비자물가 변동률을 적용하여 산정한 보조금 계상단가는 전년 대비 매년 30원씩 증가한다.
• 2016년에는 5월에 대통령선거가 있고 8월에 임기만료에 의한 동시지방선거가 있다. 각 선거의 한 달 전에 후보자등록을 마감한다.
• 2017년에는 대통령선거, 임기만료에 의한 국회의원선거 또는 동시지방선거가 없다.

① 600억 원   ② 618억 원
③ 900억 원   ④ 927억 원
⑤ 971억 원

┃34~35┃ 다음 자료를 보고 이어지는 물음에 답하시오.

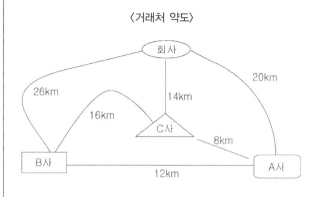

〈거래처 약도〉

〈각 구간별 연비〉
• 회사~A사/B사/C사 : 각 10km/L(시내)
• A사~B사 : 14km/L(국도)
• B사~C사 : 8km/L(비포장도로)
• C사~A사 : 20km/L(고속도로)
※ 연료비는 1L당 1,500원으로 계산한다.

34. 최 대리는 오늘 외출을 하여 A, B, C 거래처를 방문해야 한다. 세 군데 거래처를 모두 방문하고 마지막 방문지에서 바로 퇴근을 할 예정이지만, 서류 전달을 위해 중간에 한 번은 다시 회사로 돌아왔다 가야 한다. A사를 가장 먼저 방문할 경우 최 대리의 모든 거래처 방문이 완료되는 최단 거리 이동 경로는 몇 km인가?

① 58km   ② 60km
③ 64km   ④ 68km
⑤ 70km

35. 위와 같은 거래처 방문 조건 하에서 최장 거리 이동 경로와 최단 거리 이동 경로의 총 사용 연료비 차액은 얼마인가?

① 3,000원   ② 3,100원
③ 3,200원   ④ 3,300원
⑤ 3,400원

36. 자원관리능력은 예산관리, 시간관리, 물적자원관리, 인적자원 관리 등으로 구분되는데, 이 중 예산관리는 업무수행에 있어 필요한 자본자원을 최대한도로 모아 업무에 어떻게 활용할 것인지를 결정하게 된다. 통상적으로 기업에서는 고객이 원하는 품목, 원하는 시점 및 바람직한 물량을 항상 정확하게 파악하는 것인데, 구매를 위한 자유재량 예산의 확보를 자유재량구입예산이라 한다. 이러한 개념을 활용하여 아래의 내용을 보고 자유재량구입예산(Open-To-Buy)을 구하면?

> • 계획된 월말재고 : 6백만 원
> • 조정된 월말재고 : 4백 6십만 원
> • 실제 월별 추가재고 : 5십만 원
> • 실제 주문량 : 2백 5십만 원

① 9십만 원

② 1백 4십만 원

③ 1백 8십만 원

④ 2백만 원

⑤ 2백 3십만 원

37. 물적자원관리는 조직 업무수행에 있어 필요로 하는 각종 재료 및 관련 자원들을 모아서 실제 업무에 적용시키기 위한 계획을 말하는데, ㈜하늘은 점포의 신축을 계획하고 있다. 대지 면적이 100㎡ 인 곳에 바다 면적이 70㎡인 건물을 지하 1층, 지상 3층으로 짓고 1층 전체를 주차장으로 만들었다고 하면 이 건물의 용적률을 구하면? (단, 용적률 계산 시 지하 및 지상주차장은 제외됨)

① 100%

② 110%

③ 120%

④ 130%

⑤ 140%

38. 제조업체 입장에서 볼 때, 소매상과 직접 거래하는 것보다는 도매상을 거치는 것이 교환과정에 있어 필요한 거래수의 감소를 가져오는데, 이는 곧 시간관리 능력을 향상시켜 주는 결과를 얻게 한다. 만일 이때, 제조업체가 3곳, 도매상이 2곳, 소매상이 6곳일 경우 총 거래의 수는 얼마인지 구하면?

① 12개 거래

② 15개 거래

③ 18개 거래

④ 20개 거래

⑤ 22개 거래

39. 물적 자원관리는 업무에 있어 여러 재료 및 자원을 통합해 적용할 것인지를 계획 및 관리하는 것인데, 재고 또한 기업의 입장에서는 물적 자원에 해당한다. 기업이 보유하고 있는 물적 자원 중 하나인 안전재고는 완충재고라고도 하며, 수요 또는 리드타임의 불확실성으로 인해 주기 재고량을 초과하여 유지하는 재고를 의미한다. 이러한 안전재고량은 확률적 절차로 인해 결정되는데, 수요변동의 범위 및 재고의 이용 가능성 수준에 달려 있다. 이 때, 다음에서 제시하는 내용을 토대로 유통과정에서 발생하는 총 안전재고를 계산하면?

> • 해당 제품의 주당 평균 수요는 2,500단위로 가정한다.
> • 소매상은 500개 업체, 도매상은 50개 업체, 공장창고는 1개 업체가 존재한다.

구분	평균수요(주)	주문주기(일)	주문기간 중 최대수요
소매상	5	20	25
도매상	50	39	350
공장창고	2,500	41	19,000

① 약 23,555 단위

② 약 19,375 단위

③ 약 16,820 단위

④ 약 14,936 단위

⑤ 약 13,407 단위

40. 다음 글을 읽고 A국의 예산집행 담당자의 결정으로 가장 바람직한 것을 고르면?

A국은 인구 1천 명의 작은 섬 국가이다. A국은 현재 쓰레기 매립장이 포화상태가 되었고, 쓰레기를 처리할 방법이 마련되지 않아 집집마다 쓰레기가 쌓이고 있다. A국 정부는 쓰레기 처리문제를 해결하기 위하여 다음의 3가지 방안을 비교하고 있다.

❑ 대안 1 – 10억 원을 들여 쓰레기 소각장을 설치한다.
 • 쓰레기 소각장을 설치하면 모든 국민이 배출하는 쓰레기를 문제없이 처리할 수 있으며, 관리를 위한 추가적인 비용은 발생하지 않는다.
 • 쓰레기 소각장은 10년간 사용이 가능하며, 그 이후에는 다시 건설하여야 한다.
❑ 대안 2 – 대규모 쓰레기 소각장을 보유한 B국에 쓰레기 처리비용을 지불하고 쓰레기를 처리한다.
 • 쓰레기 처리비용은 10만 원/ton이다.
 • A국은 매년 1,200톤의 쓰레기를 배출한다.
❑ 시내 중심의 공원을 쓰레기 매립장으로 이용한다.
 • 공원의 위치가 시내 중심이므로 악취와 전염병이 발생할 수 있다.
 • 이 방안으로 인해 발생하는 사회적 비용은 연간 1억 1천만 원으로 추산된다.

① 각 대안들을 비교하여 쓰레기 문제 해결에 필요한 비용이 가장 적은 대안인 대안 1을 시행해야 한다.
② 대안 2를 선택하는 것이 장기적으로 가장 좋은 결정이다.
③ 대안 3의 사회적 비용이 가장 적은 경우라도 대안 3을 선택해서는 안 된다.
④ 대안 2와 대안 3만 있는 경우라면, 대안 2를 선택하는 것이 합리적인 결정이다.
⑤ B국이 10년간 쓰레기 처리를 위탁할 경우, 총 비용의 10%를 할인해 주겠다고 제안했다면 대안 2를 선택해야 한다.

41. 컴퓨터에 대해 지식이 거의 전무한 트럼프는 어렵사리 컴퓨터를 켜고 문서를 작성하였다. 하지만 해당 문서가 쓸모없다고 여기며 삭제 또는 휴지통에 버리고 싶어 한다. 하지만 컴퓨터에 대한 지식이 없는 트럼프는 어찌할 줄 모르고 있다. 이렇게 불필요한 파일들은 삭제 또는 휴지통에 버리게 되는 데, 통상적으로 파일은 여러 가지 방법으로 휴지통으로 이동이 가능하다. 다음 중 이에 대한 내용으로 옳지 않은 것은?

① 파일을 선택하고 "Del" 키를 누른다.
② 휴지통 아이콘으로 파일을 끌어 놓는다.
③ 파일에서 마우스 왼쪽 버튼을 누른 다음 메뉴에서 삭제 단추를 누른다.
④ 윈도우 XP에서 사이드 메뉴의 삭제를 누른다.
⑤ 윈도우 XP 탐색기에서 파일을 선택하고 파일 메뉴의 삭제를 누른다.

42. 아베 총리는 북한과의 친선관계를 도모하고자 김정은에게 이메일을 보내려고 한다. 하지만, 일일이 타이핑이 하기 싫은 아베는 어느 날 독하게 마음을 먹고 단축키를 외워서 활용하고자 하는 다짐을 하고 이를 실천에 옮겼다. 하지만, 처음이라 많이 서툰 상황이 벌어지고 있다. 다음 중 아베가 단축키를 사용하는 데 있어서 해당 메뉴와 그에 대한 설명으로 가장 옳지 않은 것을 고르면?

① F1 : 도움말을 표시한다.
② F3 : 파일 또는 폴더 등을 검색한다.
③ F8 : 컴퓨터 부팅 시에 메뉴를 표시한다.
④ Alt + F4 : 현재 활성화되어 있는 프로그램의 창을 닫는다.
⑤ Alt + Enter : 작업 전환 창을 활용해서 타 응용 프로그램으로 이동한다.

43. 원모와 친구들은 여름휴가를 와서 바다에 입수하기 전 팬션 1층에 모여 날씨가 궁금해 인터넷을 통해 날씨를 보고 있다. 이때 아래에 주어진 조건을 참조하여 원모와 친구들 중 주어진 날씨 데이터를 잘못 이해한 사람을 고르면?

(조건 1) 현재시간은 월요일 오후 15시이다.
(조건 2) 5명의 휴가기간은 월요일 오후 15시(팬션 첫날)부터 금요일 오전 11시(팬션 마지막 날)까지이다.

오늘

31℃
흐림, 어제 기온과 같아요
23˚/33˚ | 체감온도 33.7˚
자외선 7 높음

미세먼지 55µg/m³ 보통
초미세먼지 27µg/m³ 보통
오존지수 0.072ppm 보통

시간대별 날씨

31˚　31˚　30˚　29˚　27˚　26˚　25˚　24˚
15시　16시　17시　18시　21시　00시　03시　06시

주간날씨

월 오늘	화 내일	수 모레	목 8.23	금 8.24
20%	60%	10%	30%	60%
30%	20%	30%	60%	30%
23˚/33˚	23˚/31˚	25˚/35˚	25˚/31˚	25˚/31˚

① 원모 : 우리 팬션 퇴실하는 날에는 우산을 준비 해야겠어.
② 형일 : 내일 오전에는 비가 와서 우산 없이는 바다를 보며 산책하기는 어려울 것 같아.
③ 우진 : 우리들이 휴가 온 이번 주 날씨 중에서 수요일 오후 온도가 가장 높아.
④ 연철 : 자정이 되면 지금보다 온도가 더 높아져서 열대야 현상으로 인해 오늘밤 잠을 자기가 힘들 거야.
⑤ 규호 : 오늘 미세먼지는 보통수준이야.

44. 다음 아래의 2가지 메신저에 대한 내용을 보고 잘못 말하고 있는 사람을 고르면?

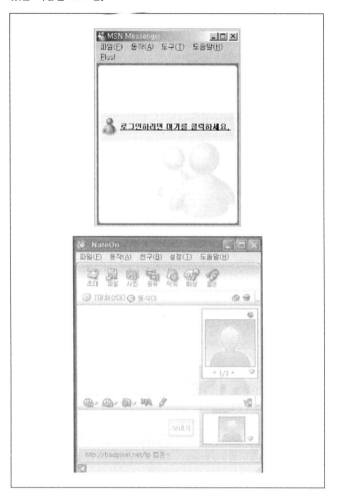

① 유희 : 위와 같은 메신저를 사용하게 되면 상대가 인터넷에 접속해 있는지를 확인할 수 있으므로 응답이 즉각적으로 이루어져서 전자우편보다 훨씬 속도가 빠르지.
② 병훈 : 인터넷에 연결되어 있기 때문에 각종 뉴스나 증권, 음악 정보 등의 서비스도 제공받을 수 있어.
③ 윤철 : 대부분의 메신저는 FTP를 거쳐야만 파일을 교환할 수 있어.
④ 정태 : 메신저는 프로그램을 갖춘 사이트에 접속하여 회원으로 등록한 후에 해당 프로그램을 다운로드 받아 컴퓨터에 설치하여 사용하면 되고, 회원가입과 사용료는 대부분 무료야.
⑤ 지선 : 여러 사람과의 채팅과 음성채팅도 지원되고 또한, 메신저는 인터넷을 기반으로 하고 있으므로 여러 사람과의 채팅과 음성채팅도 지원하며, 대용량의 동영상 파일은 물론 이동전화에 문자 메시지 전송도 가능해.

45. 다음의 알고리즘에서 인쇄되는 S는?

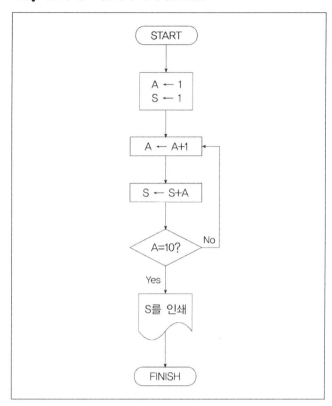

① 36

② 45

③ 55

④ 66

⑤ 77

46. 다음의 워크시트에서 추리영역이 90점 이상인 사람의 수를 구하고자 할 때, [D8] 셀에 입력할 수식으로 옳은 것은?

	A	B	C	D	E	F
1	이름	언어영역	수리영역	추리영역		
2	김철수	72	85	91		추리영역
3	김영희	65	94	88		>=90
4	인영이	95	76	91		
5	이윤희	92	77	93		
6	채준수	94	74	95		
7						
8	추리영역 90점 이상인 사람의 수			4		
9						

① =DSUM(A1:D6,4,F2:F3)

② =DSUM(A1:D6,3,F2:F3)

③ =DCOUNT(A1:D6,3,F2:F3)

④ =DCOUNT(A1:D6,4,F2:F3)

⑤ =DCOUNT(A1:D6,2,F2:F3)

47. 다음 워크시트에서 연봉이 3천만원 이상인 사원들의 총 연봉액을 구하는 함수식으로 옳은 것은?

	A	B
1	사원	연봉
2	한길동	25,000,000
3	이미순	30,000,000
4	소순미	18,000,000
5	김동준	26,000,000
6	김사라	27,000,000
7	나마수	19,000,000
8	전진연	40,000,000
9	김연지	26,000,000
10	채지수	31,000,000

① =SUMIF(B2:B10,">30000000")

② =SUMIF(B2:B10,">=30000000")

③ =SUMIF(A2:A10,">=30000000")

④ =SUM(B2:B10,">=30000000")

⑤ =SUM(A2:A10,">=30000000")

48. 다음의 워크시트에서 2학년의 평균점수를 구하고자 할 때 [F5] 셀에 입력할 수식으로 옳은 것은?

	A	B	C	D	E	F
1	이름	학년	점수			
2	윤성희	1학년	100			
3	이지연	2학년	95			
4	유준호	3학년	80		학년	평균점수
5	송민기	2학년	80		2학년	
6	유시준	1학년	100			
7	임정순	4학년	85			
8	김정기	2학년	95			
9	신길동	4학년	80			

① =DAVERAGE(A1:C9,3,E4:E5)

② =DAVERAGE(A1:C9,2,E4:E5)

③ =DAVERAGE(A1:C9,3,E4:E4)

④ =DMAX(A1:C9,3,E4:E5)

⑤ =DMAX(A1:C9,2,E4:E5)

49. 다음 워크시트는 학생들의 수리영역 성적을 토대로 순위를 매긴 것이다. 다음 중 [C2] 셀의 수식으로 옳은 것은?

	A	B	C
1		수리영역	순위
2	이순자	80	3
3	이준영	95	2
4	정소이	50	7
5	금나라	65	6
6	윤민준	70	5
7	도성민	75	4
8	최지애	100	1

① =RANK(B2,$B$2:$B$8)

② =RANK(B2,$B$2:$B$8,1)

③ =RANK(C2,$B$2:$B$8)

④ =RANK(C2,$B$2:$B$8,0)

⑤ =RANK(C2,$B$2:$B$8,1)

50. G사는 사내 진급자들을 대상으로 다음과 같은 교육 평가 자료를 만들었다. 무역실무 점수가 80점 이상인 직원을 선별하여 선별된 직원들의 총점의 합계를 구하고자 한다. 이를 위한 적절한 수식은 어느 것인가?

	A	B	C	D	E
1	성명	무역실무	외환관리	법무지식	총점
2	남길영	89	78	80	247
3	엄상철	60	70	89	219
4	권민호	90	90	60	240
5	신서윤	79	67	77	223
6					
7		무역실무			
8		>=80			
9					

① =DCOUNT(A1:E5,5,B7:B8)

② =DSUM(A1:E5,5,B7:B8)

③ =DCOUNTA(A1:E5,5,B7:B8)

④ =DSUM($A$1:$E$5,5,B7:B8)

⑤ =DCOUNT($A$1:$E$5,5,B7:B8)

서 원 각

www.goseowon.co.kr

한국전력공사

NCS 직무능력검사
모의고사(사무 분야)

영 역	의사소통능력, 수리능력, 문제해결능력, 자원관리능력, 정보능력
제 **2** 회	문항수	50문항
	시 간	65분
	비 고	객관식 5지선다형

SEOWONGAK
(주)서원각

문항수 : 50문항   풀이시간 : 65분

1. 다음 중 아래 글을 읽고 글로벌 기업의 성공적 대응 유형에 해당하지 않는 것을 고르면?

전 세계적으로 저성장이 장기화되고 있고, 낮은 가격을 무기로 개발도상국 업체들이 추격해 오고 있다. 이와 같이 가격 경쟁이 치열해 지는 상황에서 글로벌 기업들이 성공적으로 대응하는 유형은 크게 5가지로 구분할 수 있다.

첫 번째로 차별화 전략을 들 수 있다. 디자인, 성능, 브랜드 및 사용 경험 등을 차별화하는 방법이다.

두 번째로 저가로 맞대응하는 유형이다. 전체적인 구조조정을 통한 원가 혁신으로 상대 기업에 비해서 가격 경쟁력을 확보하는 전략이다.

세 번째로 차별화와 원가 혁신의 병행 전략을 선택하는 경우이다. IT 기술의 발달로 제품 및 서비스의 비교가 쉬워지면서 제품 차별화 혹은 원가 혁신과 같은 단일 전략보다는 차별화와 원가 혁신을 동시에 추구하는 전략이 큰 호응을 얻고 있다.

네 번째는 경쟁의 축을 바꿈으로써 시장을 선도하는 경우이다. 이는 시장에 새로운 게임의 룰을 만들어서 경쟁에서 벗어나는 방법이다.

마지막으로 제품만 팔다가 경쟁의 범위를 솔루션 영역으로 확장하면서 경쟁력을 높이는 경우이다.

① A식품은 캡슐 커피라는 신제품을 통해 새로운 커피 시장을 창출할 수 있었다.

② B항공사는 필수 서비스만 남기는 파격적 혁신으로 우수한 영업 실적을 기록했다.

③ C사는 시계를 기능성 제품보다 패션 아이템으로 인식되도록 하는 전략을 구사했다.

④ D사는 최근 IT 기기 판매 대신 기업들의 IT 서비스 및 컨설팅을 주력으로 하고 있다.

⑤ E사는 신제품 홍보에 온라인과 오프라인을 골고루 활용하여 고객의 주목을 받고 있다.

2. 다음 제시된 내용을 토대로 관광회사 직원들이 추론한 내용으로 가장 적합한 것은?

세계여행관광협의회(WTTC)에 따르면 지난해인 2016년 전 세계 국내총생산(GDP) 총합에서 관광산업이 차지한 직접 비중은 2.7%이다. 여기에 고용, 투자 등 간접적 요인까지 더한 전체 비중은 9.1%로, 금액으로 따지면 6조 3,461억 달러에 이른다. 직접 비중만 놓고 비교해도 관광산업의 규모는 자동차 산업의 2배이고 교육이나 통신 산업과 비슷한 수준이다. 아시아를 제외한 전 대륙에서는 화학 제조업보다도 관광산업의 규모가 큰 것으로 나타났다.

서비스 산업의 특성상 고용을 잣대로 삼으면 그 차이는 더욱 더 벌어진다. 지난해 전세계 관광산업 종사자는 9,800만 명으로 자동차 산업의 6배, 화학 제조업의 5배, 광업의 4배, 통신 산업의 2배로 나타났다. 간접 고용까지 따지면 2억 5,500만 명이 관광과 관련된 일을 하고 있어, 전 세계적으로 근로자 12명 가운데 1명이 관광과 연계된 직업을 갖고 있는 셈이다. 이러한 수치는 향후 2~3년간은 계속 유지될 것으로 보인다. 실제 백만 달러를 투입할 경우, 관광산업에서는 50명분의 일자리가 추가로 창출되어 교육 부문에 이어 두 번째로 높은 고용 창출효과가 있는 것으로 조사되었다.

유엔세계관광기구(UNWTO)의 장기 전망에 따르면 관광산업의 성장은 특히 한국이 포함된 동북아시아에서 두드러질 것으로 예상된다. UNWTO는 2010년부터 2030년 사이 이 지역으로 여행하는 관광객이 연평균 9.7% 성장하여 2030년 5억 6,500만명이 동북아시아를 찾을 것으로 전망했다. 전 세계 시장에서 차지하는 비율도 현 22%에서 2030년에는 30%로 증가할 것으로 예측했다.

그런데 지난해 한국의 관광산업 비중(간접 분야 포함 전체 비중)은 5.2%로 세계 평균보다 훨씬 낮다. 관련 고용자수(간접 고용 포함)도 50만 3,000여 명으로 전체의 2%에 불과하다. 뒤집어 생각하면 그만큼 성장의 여력이 크다고 할 수 있다.

① 상민 : 2016년 전 세계 국내총생산(GDP) 총합에서 관광산업이 차지한 직접 비중을 금액으로 따지면 2조 달러가 넘는다.

② 대현 : 2015년 전 세계 통신 산업의 종사자는 자동차 산업의 종사자의 약 3배 정도이다.

③ 동근 : 2017년 전 세계 근로자 수는 20억 명을 넘지 못한다.

④ 수진 : 한국의 관광산업 수준이 간접 고용을 포함하는 고용 수준에서 현재의 세계 평균 수준 비율과 비슷해지려면 3백억 달러 이상을 관광 산업에 투자해야 한다.

⑤ 영수 : 2020년에는 동북아시아를 찾는 관광객의 수가 연간 약 2억 8,000명을 넘을 것이다.

3. 다음은 한국전력공사가 거래처인 ○○발전과 맺은 태양열 발전 장려금 지급 약정서에 기재된 약정 세부사항이다. 빈칸 (가)~(라)에 들어갈 말을 순서대로 알맞게 나열한 것은 다음 보기 중 어느 것인가?

〈태양열 발전 장려금 지급 약정서〉

한국전력공사(이하 "갑"이라 한다)와 ○○발전(이하 "을"이라 한다)은 다음과 같이 「태양열 발전 장려금 지급 약정(이하 "본 약정"이라 한다)」을 체결한다.

제1조(목적)
본 약정은 태양열 발전 수요확대를 위하여 태양열 전기의 수요관리 실적에 따른 태양열 발전 장려금을 "갑"이 "을"에게 지급하는 데에 필요한 사항을 약정함을 목적으로 한다.

제2조(약정기간)
본 약정의 유효기간은 체결일로부터 1년간으로 하며, 계약만료일 1개월 전까지 양당사자의 서면합의로 약정기간을 연장할 수 있다. 다만, "갑"은 관련 법규 등의 개·폐에 따라 불가피한 사유가 발생할 경우 약정기간을 변경할 수 있다.

제3조(장려금 지급 기준)
"갑"이 "을"에게 지급하는 장려금 기준은 "갑"이 시행하는 수요관리 장려금 지급지침에 따른다.

제4조(장려금 지급절차 및 의무)
① "(가)"은 장려금 신청자가 태양열 발전 장려금을 신청한 경우에 관계 증빙서류를 확인한 후 지급하며, 장려금 신청자의 사용물량을 확인하여야 한다.
② "을"은 "갑"으로부터 태양열 발전 장려금을 수령 후 지체 없이 신청자에 지급하여야 하며 제세공과금 등에 대하여 관련 법령을 준수하여야 한다.
③ "갑"과 "을"은 상호 신의와 성실로 본 약정을 성실히 수행하고, "을"이 태양열 발전 장려금을 본 약정에 정하지 아니한 용도로 사용할 때에는 회수 조치할 수 있다.

제5조(장려금 홍보)
"갑"과 "을"은 태양열 발전 장려금 제도에 대하여 불특정 다수인을 상대로 안내 및 홍보하여야 한다.

제6조(관계자료 제출 등)
"(나)"은 "(다)"이 요청 시 지급한 장려금의 연간 사용실적을 제출하여야 하며, "(라)"이 신청자 등에 대하여 현장 확인 및 관련 서류의 열람 요청 시 성실히 응하여야 한다.

제7조(행정사항 등)
본 약정의 해석상 이의가 있을 경우에는 "갑"과 "을"이 협의하여 결정하되, 합의가 이루어지지 아니한 경우에는 "갑"의 의견에 따른다.

---

① 을 - 을 - 갑 - 갑
② 갑 - 갑 - 을 - 을
③ 을 - 갑 - 갑 - 을
④ 갑 - 을 - 갑 - 을
⑤ 을 - 갑 - 을 - 갑

---

4. 한국전력공사 상임감사위원인 甲은 내부고발을 통해 다섯 건의 부정행위를 알게 되었다. 회사내규가 다음과 같을 때 A~E의 행위가 '뇌물에 관한 죄'에 해당하지 않는 것은?

〈내규〉

제○○조
① 뇌물에 관한 죄는 임직원 또는 중재인이 그 직무에 관하여 뇌물을 수수(收受)·요구 또는 약속하는 수뢰죄와 임직원 또는 중재인에게 뇌물을 약속·공여(자진하여 제공하는 것)하거나 공여의 의사표시를 하는 증뢰죄를 포함한다. 뇌물에 관한 죄가 성립하기 위해서는 직무에 관하여 뇌물을 수수·요구 또는 약속한다는 사실에 대한 고의(故意)가 있어야 한다. 즉 직무의 대가에 대한 인식이 있어야 한다. 또한 뇌물로 인정되기 위해서는 그것이 직무에 관한 것이어야 하며, 뇌물은 불법한 보수이어야 한다. 여기서 '직무'란 임직원 또는 중재인의 권한에 속하는 직무행위 그 자체뿐만 아니라 직무와 밀접한 관계가 있는 행위도 포함하는 개념이다. 그리고 '불법한 보수'란 정당하지 않은 보수이므로, 법령이나 사회윤리적 관점에서 인정될 수 있는 정당한 대가는 뇌물이 될 수 없다. 그 밖에 '수수'란 뇌물을 취득하는 것을 의미하며, 수수라고 하기 위해서는 자기나 제3자의 소유로 할 목적으로 남의 재물을 취득할 의사가 있어야 한다. 한편 보수는 직무행위와 대가관계에 있는 것임을 요하고, 그 종류, 성질, 액수나 유형, 무형을 불문한다.
② 중재인이란 법령에 의하여 중재의 직무를 담당하는 자를 말한다. 예컨대 노동조합 및 노동관계조정법에 의한 중재위원, 중재법에 의한 중재인 등이 이에 해당한다.

---

① A는 사장님 비서실에 재직하면서 ○○은행장인 Z로부터 ○○은행으로 주거래 은행을 바꾸도록 사장님께 건의해 달라는 취지의 부탁을 받고 금전을 받았다.

② B는 각종 인·허가로 잘 알게 된 담당공무원 Y에게 건축허가를 해달라고 부탁하면서 술을 접대하였을 뿐만 아니라 Y가 윤락여성과 성관계를 맺을 수 있도록 하였다.

③ 홍보부 가짜뉴스 대응팀 직원인 C는 ○○회사가 외국인 산업연수생에 대한 관리업체로 선정되도록 중소기업협동조합중앙회 회장 J에게 잘 이야기해 달라는 부탁을 받고 K로부터 향응을 제공받았다.

④ D는 자신이 담당하는 공사도급 관련 입찰 정보를 넘겨주는 조건으로 공사도급을 받으려는 건설업자 X로부터 금품을 받아 이를 개인적인 용도로 사용하였다.

⑤ 해외파견팀장으로서 해외파견자 선발 업무를 취급하던 E가 V로부터 자신을 선발해 달라는 부탁과 함께 사례조로 받은 자기앞수표를 자신의 은행계좌에 예치시켰다가 그 뒤 후환을 염려하여 V에게 반환하였다.

5. 다음 중 밑줄 친 단어와 같은 의미로 사용된 문장은?

종묘(宗廟)는 조선시대 역대 왕과 왕비, 그리고 추존(追尊)된 왕과 왕비의 신주(神主)를 봉안하고 제사를 <u>지내는</u> 왕실의 사당이다. 신주는 사람이 죽은 후 하늘로 돌아간 신혼(神魂)이 의지하는 것으로, 왕과 왕비의 사후에도 그 신혼이 의지할 수 있도록 신주를 제작하여 종묘에 봉안했다. 조선 왕실의 신주는 우주(虞主)와 연주(練主) 두 종류가 있는데, 이 두 신주는 모양은 같지만 쓰는 방식이 달랐다. 먼저 우주는 묘호(廟號), 상시(上諡), 대왕(大王)의 순서로 붙여서 썼다. 여기에서 묘호와 상시는 임금이 승하한 후에 신위(神位)를 종묘에 봉안할 때 올리는 것으로서, 묘호는 '태종', '세종', '문종' 등과 같은 추존 칭호이고 상시는 8글자의 시호로 조선의 신하들이 정해 올렸다.

한편 연주는 유명증시(有明贈諡), 사시(賜諡), 묘호, 상시, 대왕의 순서로 붙여서 썼다. 사시란 중국이 조선의 승하한 국왕에게 내려준 시호였고, 유명증시는 '명나라 왕실이 시호를 내린다'는 의미로 사시 앞에 붙여 썼던 것이었다. 하지만 중국 왕조가 명나라에서 청나라로 바뀐 이후에는 연주의 표기 방식이 바뀌었는데, 종래의 표기 순서 중에서 유명증시와 사시를 빼고 표기하게 되었다. 유명증시를 뺀 것은 더 이상 시호를 내려줄 명나라가 존재하지 않았기 때문이었고, 사시를 뺀 것은 청나라가 시호를 보냈음에도 불구하고 조선이 청나라를 오랑캐의 나라로 치부하여 그것을 신주에 반영하지 않았기 때문이었다.

① 그는 산속에서 <u>지내면서</u> 혼자 공부를 하고 있다.

② 둘은 전에 없이 친하게 <u>지내고</u> 있었다.

③ 그는 이전에 시장을 <u>지내고</u> 지금은 시골에서 글을 쓰며 살고 있다.

④ 비가 하도 오지 않아 기우제를 <u>지내기로</u> 했다.

⑤ 아이들은 휴양지에서 여름 방학을 <u>지내기를</u> 소원하였다.

6. 다음은 N사의 단독주택용지 수의계약 공고문 중 일부이다. 공고문의 내용을 바르게 이해한 것은?

[○○ 블록형 단독주택용지(1필지) 수의계약 공고]

1. 공급대상토지

면적 (㎡)	세대수 (호)	평균 규모 (㎡)	용적률 (%)	공급가격 (천원)	계약보증금 (원)	사용 가능 시기
25,479	63	400	100% 이하	36,944,550	3,694,455,000	즉시

2. 공급일정 및 장소

일정	2019년 1월 11일 오전 10시부터 선착순 수의계약 (토·일요일 및 공휴일, 업무시간 외는 제외)
장소	N사 ○○지역본부 1층

3. 신청자격

아래 두 조건을 모두 충족한 자

– 실수요자 : 공고일 현재 주택법에 의한 주택건설사업자로 등록한 자

– 3년 분할납부(무이자) 조건의 토지매입 신청자

※ 납부 조건 : 계약체결 시 계약금 10%, 중도금 및 잔금 90%(6개월 단위 6회 납부)

4. 계약체결 시 구비서류

– 법인등기부등본 및 사업자등록증 사본 각 1부

– 법인인감증명서 1부 및 법인인감도장(사용인감계 및 사용인감)

– 대표자 신분증 사본 1부(위임 시 위임장 1부 및 대리인 신분증 제출)

– 주택건설사업자등록증 1부

– 계약금 납입영수증

① 계약이 체결되면 즉시 해당 토지에 단독주택을 건설할 수 있다.

② 계약체결 후 첫 번째 내야 할 중도금은 5,250,095,000원 이다.

③ 규모 400㎡의 단독주택용지를 일반 수요자에게 분양하는 공고이다.

④ 계약에 대한 보증금이 공급가격보다 더 높아 실수요자에게 부담을 줄 우려가 있다.

⑤ 토지에 대한 계약은 계약체결 시 구비서류를 갖춰 신청한 사람 중 최고가 입찰액을 작성한 사람에게 이루어진다.

7. 다음은 ○○문화회관 전시기획팀의 주간회의록이다. 자료에 대한 내용으로 옳은 것은?

주 간 회 의 록

회의 일시	2018. 7. 2(월)	부서	전시기획팀	작성자	사원 甲

참석자	戊 팀장, 丁 대리, 丙 사원, 乙 사원

회의 안건	1. 개인 주간 스케줄 및 업무 점검 2. 2018년 하반기 전시 일정 조정

	내용	비고
회의 내용	1. 개인 주간 스케줄 및 업무 점검 • 戊 팀장 : 하반기 전시 참여 기관 미팅, 외부 전시장 섭외 • 丁 대리 : 하반기 전시 브로슈어 작업, 브로슈어 인쇄 업체 선정 • 丙 사원 : 홈페이지 전시 일정 업데이트 • 乙 사원 : 2018년 상반기 전시 만족도 조사 2. 2018년 하반기 전시 일정 조정 • 하반기 전시 기간 : 9~11월, 총 3개월 • 전시 참여 기관 : A~I 총 9팀 – 관내 전시장 6팀, 외부 전시장 3팀 • 전시 일정 : 관내 2팀, 외부 1팀으로 3회 진행	• 7월 7일 AM 10:00 외부 전시장 사전답사 (戊 팀장, 丁 대리) • 회의 종료 후, 전시 참여 기관에 일정 안내 (7월 4일까지 변경 요청 없을 시 그대로 확정)

장소 기간	관내 전시장	외부 전시장
9월	A, B	C
10월	D, E	F
11월	G, H	I

	내용	작업자	진행일정
결정 사항	브로슈어 표지 이미지 샘플조사	丙 사원	2018. 7. 2~7. 3
	상반기 전시 만족도 설문조사	乙 사원	2018. 7. 2~7. 5

특이 사항	다음 회의 일정 : 7월 9일 • 2018년 상반기 전시 만족도 확인 • 브로슈어 표지 결정, 내지 1차 시안 논의

① 이번 주 금요일 외부 전시장 사전 답사에는 戊 팀장과 丁 대리만 참석한다.

② 丙 사원은 이번 주에 홈페이지 전시 일정 업데이트만 하면 된다.

③ 7월 4일까지 전시 참여 기관에서 별도의 연락이 없었다면, H팀의 전시는 2018년 11월 관내 전시장에 볼 수 있다.

④ 2018년 하반기 전시는 ○○문화회관 관내 전시장에서만 열릴 예정이다.

⑤ 乙 사원은 이번 주 금요일까지 상반기 전시 만족도 설문 조사를 진행할 예정이다.

8. 다음은 T전자회사가 기획하고 있는 '전자제품 브랜드 인지도에 관한 설문조사'를 위하여 작성한 설문지의 표지 글이다. 다음 표지 글을 참고할 때, 설문조사의 항목에 포함되기에 가장 적절하지 않은 것은?

[전자제품 브랜드 인지도에 관한 설문조사]

안녕하세요? T전자회사 홍보팀입니다.
저희 T전자에서는 고객들에게 보다 나은 제품을 제공하기 위하여 전자제품 브랜드 인지도에 대한 고객 분들의 의견을 청취하고자 합니다. 전자제품 브랜드에 대한 여러분의 의견을 수렴하여 더 좋은 제품과 서비스를 공급하고자 하는 것이 이 설문조사의 목적입니다. 바쁘시더라도 잠시 시간을 내어 본 설문조사에 응해주시면 감사하겠습니다. 응답해 주신 사항에 대한 철저한 비밀 보장을 약속드립니다. 감사합니다.

T전자회사 홍보팀 담당자 홍길동
전화번호 : 1588-0000

---

① 귀하는 T전자회사의 브랜드인 'Think-U'를 알고 계십니까?

㉠ 예 　　 ㉡ 아니오

② 귀하가 주로 이용하는 전자제품은 어느 회사 제품입니까?

㉠ T전자회사 　 ㉡ R전자회사 　 ㉢ M전자회사 　 ㉣ 기타(　)

③ 귀하에게 전자제품 브랜드 선택에 가장 큰 영향을 미치는 요인은 무엇입니까?

㉠ 광고 　 ㉡ 지인 추천 　 ㉢ 기존 사용 제품 　 ㉣ 기타(　)

④ 귀하가 일상생활에 가장 필수적이라고 생각하시는 전자제품은 무엇입니까?

㉠ TV 　　 ㉡ 통신기기 　　 ㉢ 청소용품 　　 ㉣ 주방용품

⑤ 귀하는 전자제품의 품목별 브랜드를 달리 선택하는 편입니까?

㉠ 예 　　 ㉡ 아니오

┃9~10┃ (가)는 카드 뉴스, (나)는 신문 기사이다. 물음에 답하시오.

(나)

– 교통약자석, 본래의 기능 다하고 있나? –
좌석에 대한 올바른 인식 필요

요즘 대중교통 교통약자석이 논란이 되고 있다. 실제로 서울 지하철 교통약자석 관련 민원이 2014년 117건에서 2016년 400건 이상으로 대폭 상승했다. 다음은 교통약자석과 관련된 인터뷰 내용이다.

"저는 출근 전 아이를 시댁에 맡길 때 지하철을 이용해요. 가끔 교통약자석에 앉곤 하는데, 그 자리가 어르신들을 위한 자리 같아 마음이 불편해요. 자리다툼이 있었다는 뉴스를 본 후 앉는 것이 더 망설여져요." (회사원 김○○ 씨 (여, 32세))

'교통약자의 이동편의 증진법'에 따라 설치된 교통약자석은 장애인, 고령자, 임산부, 영유아를 동반한 사람, 어린이 등 일상생활에서 이동에 불편을 느끼는 사람이라면 누구나 이용할 수 있다. 그러나 위 인터뷰에서처럼 시민들이 교통약자석에 대해 제대로 알지 못해 교통약자석이 본래의 기능을 다하고 있지 못하는 실정이다. 교통약자석이 제 기능을 다하기 위해서는 이에 대한 시민들의 올바른 인식이 필요하다.

– 2017. 10. 24. ○○신문, □□□기자

---

9. (가)에 대한 이해로 적절하지 않은 것은?

① 의문을 드러내고 그에 답하는 방식을 통해 교통약자석에 대한 잘못된 통념을 환기하고 있다.

② 교통약자석과 관련된 법을 제시하여 글의 정확성과 신뢰성을 높이고 있다.

③ 용어에 대한 설명을 통해 '교통약자'의 의미를 이해하도록 돕고 있다.

④ 교통약자석에 대한 인식 부족으로 인해 발생하는 문제점들을 원인에 따라 분류하고 있다.

⑤ 교통약자석의 설치 의의를 언급함으로써 글의 주제에 대해 공감할 수 있도록 유도하고 있다.

10. (가)와 (나)를 비교한 내용으로 적절한 것은?

① (가)와 (나)는 모두 다양한 통계 정보를 활용하여 주제를 뒷받침하고 있다.

② (가)는 (나)와 달리 글과 함께 그림들을 비중 있게 제시하여 의미 전달을 용이하게 하고 있다.

③ (가)는 (나)와 달리 제목을 표제와 부제의 방식으로 제시하여 뉴스에 담긴 의미를 강조하고 있다.

④ (나)는 (가)와 달리 비유적이고 함축적인 표현들을 주로 사용하여 주제 전달의 효과를 높이고 있다.

⑤ (나)는 (가)와 달리 표정이나 몸짓 같은 비언어적 요소를 활용하여 내용을 실감 나게 전달하고 있다.

11. 다음 A, B 두 국가 간의 시간차와 비행시간으로 옳은 것은?

〈A↔B 국가 간의 운항 시간표〉

구간	출발시각	도착시각
A → B	09 : 00	13 : 00
B → A	18 : 00	06 : 00(다음날)

- 출발 및 도착시간은 모두 현지시각이다.
- 비행시간은 A → B 구간, B → A 구간 동일하다.
- A가 B보다 1시간 빠르다는 것은 A가 오전 5시일 때, B가 오전 4시임을 의미한다.

	시차	비행시간
①	A가 B보다 4시간 느리다.	12시간
②	A가 B보다 4시간 빠르다.	8시간
③	A가 B보다 2시간 느리다.	10시간
④	A가 B보다 2시간 빠르다.	8시간
⑤	A가 B보다 4시간 느리다.	10시간

12. 다음은 가구당 순자산 보유액 구간별 가구 분포에 관련된 표이다. 이 표를 바탕으로 이해한 내용으로 가장 적절한 것은?

〈가구당 순자산 보유액 구간별 가구 분포〉

(단위 : %, %p)

순자산(억 원)	가구분포		
	2016년	2017년	전년차(비)
−1 미만	0.2	0.2	0.0
−1~0 미만	2.6	2.7	0.1
0~1 미만	31.9	31.2	−0.7
1~2 미만	19.1	18.5	−0.6
2~3 미만	13.8	13.5	−0.3
3~4 미만	9.5	9.4	−0.1
4~5 미만	6.3	6.8	0.5
5~6 미만	4.4	4.6	0.2
6~7 미만	3.0	3.2	0.2
7~8 미만	2.0	2.2	0.2
8~9 미만	1.5	1.5	0.0
9~10 미만	1.2	1.2	0.0
10 이상	4.5	5.0	0.5
평균(만 원)	29,918	31,142	4.1
중앙값(만 원)	17,740	18,525	4.4

① 순자산 보유액이 많은 가구보다 적은 가구의 2017년 비중이 전년보다 더 증가하였다.

② 순자산이 많은 가구의 소득은 2016년 대비 2017년에 더 감소하였다.

③ 소수의 사람들이 많은 순자산을 가지고 있다.

④ 2017년의 순자산 보유액이 3억 원 미만인 가구는 전체의 50%가 조금 안 된다.

⑤ 1억 원 미만의 순자산을 보유한 가구의 비중은 2017년에 전혀 줄지 않았다.

13. 다음은 동석이의 7월 보수 지급 명세서이다. 이에 대한 설명으로 옳지 않은 것은?

〈보수 지급 명세서〉

(단위 : 원)

실수령액 : ( )			
보수		공제	
보수항목	보수액	공제항목	공제액
봉급	( )	소득세	150,000
중요직무급	130,000	지방소득세	15,000
시간외수당	320,000	일반기여금	184,000
정액급식비	120,000	건강보험료	123,000
직급보조비	200,000	장기요양보험료	9,800
보수총액	( )	공제총액	( )

① 소득세는 지방소득세의 8배 이상이다.

② 소득세가 공제총액에서 차지하는 비율은 30% 이상이다.

③ 봉급이 193만 원 이라면 보수총액은 공제총액의 6배 이상이다.

④ 시간외수당은 정액급식비와 15만 원 이상 차이난다.

⑤ 공제총액에서 차지하는 비율이 가장 낮은 것은 장기요양보험료이다.

|14~15| 다음은 전기 관련 사고에 대한 자료이다. 물음에 답하시오.

구분	2006	2011	2012	2013	2014	2015	2016
감전사고(건)	212	222	224	215	224	232	221
정전사고(건)	6,166	5,229	5,392	5,092	4,762	4,621	4,292
전기화재 (천 건)	336	341	345	329	337	350	332
인구 1만 명당 감전사고(건)	3.1	2.4	2.4	2.2	2.0	1.9	1.7
인구 10만 명당 감전사고 사망자수(명)	12.7	10.7	10.8	10.1	9.4	9.1	8.5
전기화재 피해자 중 사망자 구성비(%)	37.4	39.1	37.6	38.9	40.1	38.8	39.9

14. 다음 중 위의 자료를 올바르게 해석하지 못한 것은 어느 것인가?

① 2016년에는 10년 전보다 감전사고 건수와 전기화재 피해자 중 사망자 구성비가 더 증가하였다.

② 정전사고와 전기화재 건수의 합은 2012년 이후 지속적으로 감소하였다.

③ 2011~2016년까지의 평균 감전사고 건수보다 더 높은 건수를 기록한 해는 3개 연도이다.

④ 전기화재가 발생하면 10명 중 약 4명꼴로 사망하였다.

⑤ 2012년 이후 인구 1만 명당 감전사고 건수와 인구 10만 명당 감전사고 사망자 수는 지속 감소하였다.

15. 2006년의 총 인구 수가 1천만 명이었다고 가정할 경우, 2016년의 총 감전사고 건수가 2006년과 같아지게 될 때의 총 인구 수는 몇 명인가? (반올림하여 천의 자리까지 표시함)

① 17,508천 명 ② 17,934천 명

③ 18,011천 명 ④ 18,235천 명

⑤ 18,569천 명

16. 다음은 서원이가 매일하는 운동에 관한 기록지이다. 1회당 정문에서 후문을 왕복하여 달리는 운동을 할 때, 정문에서 후문까지의 거리 ㉠과 후문에서 정문으로 돌아오는데 걸린 시간 ㉡은? (단, 매회 달리는 속도는 일정하다고 가정한다.)

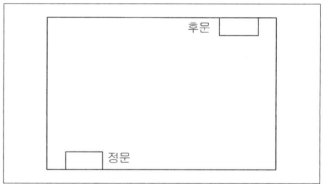

회차	속도		시간
1회	정문→후문	20m/초	5분
	후문→정문		
⋮			⋮
5회			70분

※ 총 5회 반복

※ 마지막 바퀴는 10분을 쉬고 출발

	㉠	㉡
①	6,000m	7분
②	5,000m	8분
③	4,000m	9분
④	3,000m	10분
⑤	2,000m	11분

17. 다음은 H국의 연도별 청소기 매출에 관한 자료이다. 다음의 조건에 따를 때, 2002년과 2010년의 청소기 매출액의 차이는?

〈조건〉
㉠ 2006년 대비 2010년의 청소기 매출액 증가율은 62.5%
㉡ 2002년 대비 2004년의 청소기 매출액 감소율은 10%

① 190억 원　　　　② 200억 원
③ 210억 원　　　　④ 220억 원
⑤ 230억 원

18. 다음은 연도별 ICT산업 생산규모 관한 자료이다. 다음 상황을 참고하여 ㈐에 들어갈 값으로 적절한 것은?

(단위 : 천억 원)

구분	연도	2005	2006	2007	2008
정보통신방송서비스	통신서비스	37.4	38.7	40.4	42.7
	방송서비스	8.2	9.0	9.7	9.3
	융합서비스	3.5	(가)	4.9	6.0
	소계	49.1	(나)	55.0	58.0
정보통신방송기기	통신기기	43.4	43.3	47.4	61.2
	정보기기	14.5	(다)	(바)	9.8
	음향기기	14.2	15.3	13.6	(사)
	소계	72.1	(라)	71.1	85.3
합계		121.2	(마)	126.1	143.3

〈상황〉
㉠ 2006년 융합서비스의 생산규모는 전년대비 1.2배가 증가하였다.
㉡ 2007년 정보기기의 생산규모는 전년대비 3천억 원이 감소하였다.

① 121.4　　　　② 122.8
③ 123.6　　　　④ 124.9
⑤ 125.2

8

19. 다음은 두 회사의 주가에 관한 자료이다. 다음 중 B사 주가의 최댓값과 주가지수의 최솟값은?

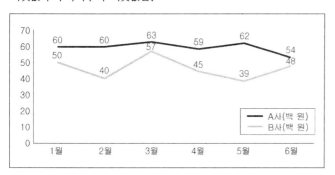

$$주가지수 = \frac{해당\ 월\ A사의\ 주가 + 해당\ 월\ B사의\ 주가}{1월\ A사의\ 주가 + 1월\ B사의\ 주가} \times 100$$

	B사 주가의 최댓값	주가지수의 최솟값
①	57	90.9
②	50	91.8
③	48	94.5
④	45	100.0
⑤	40	109.1

|20~21| 다음은 A시의 연도별·혼인종류별 건수와 관련된 자료이다. 자료를 보고 이어지는 물음에 답하시오.

〈A시의 연도별·혼인종류별 건수〉
(단위 : 건)

구분		2007	2008	2009	2010	2011	2012	2013	2014	2015	2016
남자	초혼	279	270	253	274	278	274	272	257	253	㉠
	재혼	56	58	52	53	47	55	48	47	45	㉡
여자	초혼	275	266	248	269	270	272	267	255	249	231
	재혼	60	62	57	58	55	57	53	49	49	49

(단위 : 건)

구분	2007	2008	2009	2010	2011	2012	2013	2014	2015	2016
남(초) + 여(초)	260	250	235	255	260	255	255	241	( )	( )
남(재) + 여(초)	15	16	13	14	10	17	12	14	( )	( )
남(초) + 여(재)	19	20	18	19	18	19	17	16	( )	( )
남(재) + 여(재)	41	42	39	39	37	38	36	33	( )	( )

※ 초 : 초혼, 재 : 재혼

20. 아래 자료를 참고할 때, 위의 빈 칸 ㉠, ㉡에 들어갈 알맞은 수치는 얼마인가?

구분	2015년의 2007년 대비 증감 수	2014~2016년의 연평균 건수
남(초) + 여(초)	-22	233
남(재) + 여(초)	-4	12
남(초) + 여(재)	-4	16
남(재) + 여(재)	-7	33

① 237, 53   ② 240, 55

③ 237, 43   ④ 240, 43

⑤ 237, 55

21. 위의 상황을 근거로 한 다음 〈보기〉와 같은 판단 중 타당한 것으로 볼 수 있는 것을 모두 고르면?

〈보기〉
㈎ 자신은 초혼이지만 상대방은 재혼이라도 괜찮다고 생각한 것은 남성이 여성보다 매년 더 많다.
㈏ 이혼율이 증가하면 초혼 간의 혼인율이 감소한다.
㈐ 여성의 재혼 건수가 전년보다 증가한 해는 남성의 재혼 건수도 항상 전년보다 증가한다.
㈑ 2016년에는 10년 전보다 재혼이 증가하고 초혼이 감소하였다.

① ㈎, ㈑   ② ㈏, ㈐

③ ㈏, ㈑   ④ ㈎, ㈐

⑤ ㈐, ㈑

22. A기업 기획팀에서는 새로운 프로젝트를 추진하면서 업무추진력이 높은 직원은 프로젝트의 팀장으로 발탁하려고 한다. 성취행동 경향성이 높은 사람을 업무추진력이 높은 사람으로 규정할 때, 아래의 정의를 활용해서 〈보기〉의 직원들을 업무추진력이 **높은** 사람부터 순서대로 바르게 나열한 것은?

성취행동 경향성(TACH)의 강도는 성공추구 경향성(Ts)에서 실패회피 경향성(Tf)을 뺀 점수로 계산할 수 있다(TACH = Ts − Tf). 성공추구 경향성에는 성취동기(Ms)라는 잠재적 에너지의 수준이 영향을 준다. 왜냐하면 성취동기는 성과가 우수하다고 평가받고 싶어 하는 것으로 어떤 사람의 포부수준, 노력 및 끈기를 결정하기 때문이다. 어떤 업무에 대해서 사람들이 제각기 다양한 방식으로 행동하는 것은 성취동기가 다른 데도 원인이 있지만, 개인이 처한 환경요인이 서로 다르기 때문이기도 하다. 이 환경요인은 성공기대확률(Ps)과 성공결과의 가치(Ins)로 이루어진다. 즉 성공추구 경향성은 이 세 요소의 곱으로 결정된다(Ts = Ms × Ps × Ins).

한편 실패회피 경향성은 실패회피동기, 실패기대확률 그리고 실패결과의 가치의 곱으로 결정된다. 이때 성공기대확률과 실패기대확률의 합은 1이며, 성공결과의 가치와 실패결과의 가치의 합도 1이다.

〈보기〉
- A는 성취동기가 3이고, 실패회피동기가 1이다. 그는 국제환경협약에 대비한 공장건설환경규제안을 만들었는데, 이 규제안의 실현가능성을 0.7로 보며, 규제안이 실행될 때의 가치를 0.2로 보았다.
- B는 성취동기가 2이고, 실패회피동기가 1이다. 그는 도시고속화도로 건설안을 기획하였는데, 이 기획안의 실패가능성을 0.7로 보며, 도로건설사업이 실패하면 0.3의 가치를 갖는다고 보았다.
- C는 성취동기가 3이고, 실패회피동기가 2이다. 그는 △△지역의 도심재개발계획을 주도하였는데, 이 계획의 실현가능성을 0.4로 보며, 재개발사업이 실패하는 경우의 가치를 0.3으로 보았다.

① A, B, C
② B, A, C
③ B, C, A
④ C, A, B
⑤ C, B, A

23. 김대리는 모스크바 현지 영업소로 출장을 갈 계획이다. 4일 오후 2시(현지시각) 모스크바에서 회의가 예정되어 있어 모스크바 공항에 적어도 오전 11시 이전에는 도착하고자 한다. 인천에서 모스크바까지 8시간이 걸리며, 시차는 인천이 모스크바보다 6시간이 더 빠르다. 김대리는 인천에서 늦어도 몇 시(인천기준)에 출발하는 비행기를 예약하여야 하는가?

① 3일 09 : 00
② 3일 19 : 00
③ 4일 09 : 00
④ 4일 11 : 00
⑤ 5일 02 : 00

24. 다음 글을 읽고 이 글의 내용과 부합되는 것을 고르시오.

말갈은 고구려의 북쪽에 있으며 읍락마다 추장이 있으나 서로 하나로 통일되지는 못했다. 무릇 7종이 있으니 첫째는 속말부라 부르며 고구려에 접해 있고, 둘째는 백돌부로 속말의 북쪽에 있다. 셋째, 안차골부는 백돌의 동북쪽에 있고, 넷째, 불열부는 백돌의 동쪽에 있다. 다섯째는 호실부로 불열의 동쪽에 있고, 여섯째는 흑수부로 안차골의 서북쪽에 있으며, 일곱째는 백산부로 속말의 동쪽에 있다. 정병은 3천이 넘지 않고 흑수부가 가장 강하다.

① 벽돌부는 호실부의 서쪽에 있다.
② 흑수부는 백산부의 동쪽에 있다.
③ 백산부는 불열부의 북쪽에 있다.
④ 안차골부는 속말부의 서북쪽에 있다.
⑤ 안차골부는 고구려에 인접해 있다.

25. 다음 다섯 사람 중 오직 한 사람만이 거짓말을 하고 있다. 거짓말을 하고 있는 사람은 누구인가?

- A : B는 거짓말을 하고 있지 않다.
- B : C의 말이 참이면 D의 말도 참이다.
- C : E는 거짓말을 하고 있다.
- D : B의 말이 거짓이면 C의 말은 참이다.
- E : A의 말이 참이면 D의 말은 거짓이다.

① A   ② B

③ C   ④ D

⑤ E

26. 다음 글의 내용이 참일 때 최종 선정되는 단체는 어디인가?

문화체육관광부는 우수 문화예술 단체 A, B, C, D, E 중 한 곳을 선정하여 지원하려 한다. 문화체육관광부의 금번 선정 방침은 다음 두 가지이다. 첫째, 어떤 형태로든 지원을 받고 있는 단체는 최종 후보가 될 수 없다. 둘째, 최종 선정 시 올림픽 관련 단체를 엔터테인먼트 사업(드라마, 영화, 게임) 단체보다 우선한다.

A 단체는 자유무역협정을 체결한 필리핀에 드라마 콘텐츠를 수출하고 있지만 올림픽과 관련한 사업은 하지 않는다. B 단체는 올림픽의 개막식 행사를, C 단체는 올림픽의 폐막식 행사를 각각 주관하는 단체이다. E 단체는 오랫동안 한국 음식문화를 세계에 보급해 온 단체이다. A와 C 단체 중 적어도 한 단체가 최종 후보가 되지 못한다면, 대신 B와 E 중 적어도 한 단체는 최종 후보가 된다. 반면 게임 개발로 각광을 받는 단체인 D가 최종 후보가 된다면, 한국과 자유무역협정을 체결한 국가와 교역을 하는 단체는 모두 최종 후보가 될 수 없다.

후보 단체들 중 가장 적은 부가가치를 창출한 단체는 최종 후보가 될 수 없고, 최종 선정은 최종 후보가 된 단체 중에서만 이루어진다.

문화체육관광부의 조사 결과, 올림픽의 개막식 행사를 주관하는 모든 단체는 이미 보건복지부로부터 지원을 받고 있다. 그리고 위 문화예술 단체 가운데 한국 음식문화 보급과 관련된 단체의 부가가치 창출이 가장 저조하였다.

① A   ② B

③ C   ④ D

⑤ E

27. 최근 수입차의 가격 할인 프로모션 등으로 인하여 국내 자동차 시장이 5년 만에 마이너스 성장한 것으로 나타남에 따라 乙자동차회사에 근무하는 A대리는 신차 개발에 앞서 자동차 시장에 대한 환경 분석과 관련된 보고서를 제출하라는 업무를 받았다. 다음은 A대리가 작성한 자동차 시장에 대한 SWOT분석이다. 기회 요인에 작성한 내용 중 잘못된 것은?

강점	약점
• 자동차그룹으로서의 시너지 효과 • 그룹 내 위상·역할 강화 • G 시리즈의 성공적인 개발 경험 • 하이브리드 자동차 기술 개발 성공	• 노조의 잦은 파업 • 과도한 신차 개발 • 신차의 짧은 수명 • 경쟁사의 공격적인 마케팅 대응 부족 • 핵심 부품의 절대적 수입 비중

기회	위협
① 노후 경유차 조기폐차 보조금 지원 ② 하이브리드 자동차에 대한 관심 증대 ③ 국제유가 하락세의 장기화 ④ 난공불락의 丙자동차회사 ⑤ 자동차 개별소비사 인하 기간 연장	• 대대적인 수입차 가격 할인 프로모션 • 취업난으로 인한 젊은 층의 소득 감소 • CEO의 부정적인 이미지 이슈화 • 미국의 한국산 자동차 관세 부과 시사

28. 한전에 다니는 甲은 학술지에 실린 국가별 신재생에너지 보급률 관련 자료가 훼손된 것을 발견하였다. ㉠~㉦까지가 명확하지 않은 상황에서 〈보기〉의 내용만을 가지고 그 내용을 추론한다고 할 때, 바르게 나열된 것은?

㉠	㉡	㉢	㉣	㉤	㉥	㉦	평균
68%	47%	46%	37%	28%	27%	25%	39.7%

〈보기〉

㈎ 스웨덴, 미국, 한국은 평균보다 높은 신재생에너지 보급률을 보인다.

㈏ 가장 높은 신재생에너지 보급률을 나타내는 국가의 절반에 못 미치는 신재생에너지 보급률을 보인 나라는 칠레, 멕시코, 독일이다.

㈐ 한국과 멕시코의 신재생에너지 보급률의 합은 스웨덴과 칠레의 신재생에너지 보급률의 합보다 20%p 많다.

㈑ 일본보다 신재생에너지 보급률이 높은 국가의 수와 낮은 국가의 수는 동일하다.

① 미국 - 한국 - 스웨덴 - 일본 - 멕시코 - 독일 - 칠레

② 스웨덴 - 미국 - 한국 - 일본 - 칠레 - 멕시코 - 독일

③ 한국 - 미국 - 스웨덴 - 일본 - 독일 - 칠레 - 멕시코

④ 한국 - 스웨덴 - 미국 - 일본 - 독일 - 멕시코 - 칠레

⑤ 미국 - 한국 - 스웨덴 - 일본 - 칠레 - 독일 - 멕시코

29. 다음 조건을 통해 추론을 할 때, 서로 대화가 가능한 사람끼리 짝지어진 것은?

- 갑, 을, 병, 정은 사용가능한 언어만으로 대화를 할 수 있다.
- 갑, 을, 병, 정은 모두 2개 국어를 사용한다.
- 갑은 영어와 한국어를 사용한다.
- 을은 한국어와 프랑스를 사용한다.
- 병은 독일어와 영어를 사용한다.
- 정은 프랑스어와 중국어를 사용한다.
- 무는 태국어와 한국어를 사용한다.

① 갑, 정 ② 을, 병
③ 병, 무 ④ 정, 병
⑤ 무, 갑

30. 다음은 1년간 판매율이 가장 높았던 제품 4종에 대한 소비자 평가 점수이다. 이 자료를 참고할 때, 제시된 네 명의 구매자에게 선택받지 못한 제품은?

〈제품에 대한 소비자 평가 점수〉
(단위 : 점)

평가기준 \ 제품명	B	D	K	M
원료	10	8	5	8
가격	4	9	10	7
인지도	8	7	9	10
디자인	5	10	9	7

〈구매 기준〉

㉠ 제인 : 나는 제품을 고를 때, 가격과 원료를 꼼꼼히 확인하겠어.
㉡ 데이먼 : 고민 없이 소비자 평가 총점이 높은 제품을 구매하겠어.
㉢ 밀러 : 내 기준에서 제품의 인지도와 디자인이 중요하다고 봐.
㉣ 휴즈 : 화장품은 원료, 가격, 인지도 모두가 중요한 요소라고 생각해.

① B ② D
③ K ④ M
⑤ 없음

31. 외국계 은행 서울지사에 근무하는 甲은 런던지사 乙, 시애틀지사 丙과 같은 프로젝트를 진행하면서 다음과 같이 영상업무회의를 진행하였다. 회의 시각은 런던을 기준으로 11월 1일 오전 9시라고 할 때, ㉠에 들어갈 일시는? (단 런던은 GMT+0, 서울은 GMT+9, 시애틀은 GMT−7을 표준시로 사용한다.)

甲 : 제가 프로젝트에서 맡은 업무는 오늘 오후 10시면 마칠 수 있습니다. 런던에서 받아서 1차 수정을 부탁드립니다.

乙 : 네, 저는 甲님께서 제시간에 끝내 주시면 다음날 오후 3시면 마칠 수 있습니다. 시애틀에서 받아서 마지막 수정을 부탁드립니다.

丙 : 알겠습니다. 저는 앞선 두 분이 제시간에 끝내 주신다면 서울을 기준으로 모레 오전 10시면 마칠 수 있습니다. 제가 업무를 마치면 프로젝트가 최종 마무리 되겠군요.

甲 : 잠깐, 다들 말씀하신 시각의 기준이 다른 것 같은데요? 저는 처음부터 런던을 기준으로 이해하고 말씀드렸습니다.

乙 : 저는 처음부터 시애틀을 기준으로 이해하고 말씀드렸는데요?

丙 : 저는 처음부터 서울을 기준으로 이해하고 말씀드렸습니다. 그렇다면 계획대로 진행될 때 서울을 기준으로 (㉠)에 프로젝트를 최종 마무리할 수 있겠네요.

甲, 乙 : 네, 맞습니다.

① 11월 2일 오후 3시
② 11월 2일 오후 11시
③ 11월 3일 오전 10시
④ 11월 3일 오후 3시
⑤ 11월 3일 오후 7시

32. 다음은 중·저준위방사성폐기물 처분시설 유치 관련 주민투표 결과를 나타내는 표이다. 중·저준위방사성폐기물 처분시설 부지선정은 19년간 표류하였던 최장기 국책사업이 최초로 주민투표를 통해 결정됨으로써 풀뿌리 민주주의 실현을 통한 효과적인 폐자원 처리능력과 함께 사회적 갈등에 대한 민주적 해결사례의 새로운 모델을 제시한 바 있다. 다음 〈보기〉의 설명을 토대로 할 때, 빈 칸 ㉠~㉣에 들어갈 알맞은 지역명을 순서대로 나열한 것은 어느 것인가?

(단위 : 명)

구분	㉠	㉡	㉢	㉣
총 선거인수	208,607	196,980	37,536	374,697
투표인수	147,625	138,192	30,107	178,586
-부재자 투표	70,521	65,336	9,523	63,851
-기표소 투표	77,115	72,856	20,584	114,735
투표율(%)	70.8	70.2	80.2	47.7
찬성률(%)	89.5	84.4	79.3	67.5

〈보기〉
1. 영덕군과 포항시의 총 선거인수의 합은 네 개 지역 전체 선거인 수의 절반이 넘는다.
2. 영덕군과 군산시의 기표소 투표자의 합은 10만 명을 넘지 않는다.
3. 경주시와 군산시의 찬성률 차이는 군산시와 영덕군의 찬성률 차이와 정확히 같다.

① 포항시 - 군산시 - 영덕군 - 경주시
② 경주시 - 영덕군 - 군산시 - 포항시
③ 군산시 - 경주시 - 영덕군 - 포항시
④ 경주시 - 군산시 - 영덕군 - 포항시
⑤ 경주시 - 군산시 - 포항시 - 영덕군

33. 다음 글과 〈법조문〉을 근거로 판단할 때, 甲이 乙에게 2,000만 원을 1년간 빌려주면서 선이자로 800만 원을 공제하고 1,200만 원만을 준 경우, 乙이 갚기로 한 날짜에 甲에게 전부 변제하여야 할 금액은?

돈이나 물품 등을 빌려 쓴 사람이 돈이나 같은 종류의 물품을 같은 양만큼 갚기로 하는 계약을 소비대차라 한다. 소비대차는 이자를 지불하기로 약정할 수 있고, 그 이자는 일정한 이율에 의하여 계산한다. 이런 이자는 돈을 빌려주면서 먼저 공제할 수도 있는데, 이를 선이자라 한다. 한편 약정 이자의 상한에는 법률상의 제한이 있다.

〈법조문〉
제00조
① 금전소비대차에 관한 계약상의 최고이자율은 연 30%로 한다.
② 계약상의 이자로서 제1항에서 정한 최고이자율을 초과하는 부분은 무효로 한다.
③ 약정금액(당초 빌려주기로 한 금액)에서 선이자를 사전공제한 경우, 그 공제액이 '채무자가 실제 수령한 금액'을 기준으로 하여 제1항에서 정한 최고이자율에 따라 계산한 금액을 초과하면 그 초과부분은 약정금액의 일부를 변제한 것으로 본다.

① 760만 원
② 1,000만 원
③ 1,560만 원
④ 1,640만 원
⑤ 1,800만 원

34. A씨는 자신이 소유한 대지에 건물을 지으려고 한다. 대지의 면적이 다음 그림과 같을 때, 허용된 최대 건폐율과 용적률을 적용하여 건물을 짓는다면 건물 한 층의 면적과 층수는 각각 얼마인가? (단, 주차장 및 지하 공간 등은 고려하지 않는다.)

건폐율이란 대지에 건축물의 그림자가 덮고 있는 비율을 의미한다. 그러나 건폐율로는 건축물의 평면적인 규모를 가늠할 수 있을 뿐 전체 건축물의 면적(연면적)이나 층수 등의 입체적인 규모는 알 수 없다. 건축물의 입체적인 규모를 가늠할 수 있는 것은 용적률이다. 건폐율과 용적률의 최대 허용치는 토지의 용도지역에 따라 다음과 같은 기준이 적용된다.

용도지역구분			건폐율	용적률
도시지역	일반주거지역	제1종	60% 이하	100%~200%
		제2종		150%~250%
		제3종	50% 이하	200%~300%
	준주거지역		70% 이하	200%~500%
	상업지역	중심상업지역	90% 이하	400%~1,500%
		일반상업지역	80% 이하	300%~1,300%
		근린상업지역	70% 이하	200%~900%
		유통상업지역	80% 이하	200%~1,100%

※ 건폐율 = 건축면적 ÷ 대지면적 × 100

※ 용적률 = 지상층 연면적 ÷ 대지면적 × 100

〈A씨 소유 대지의 크기〉

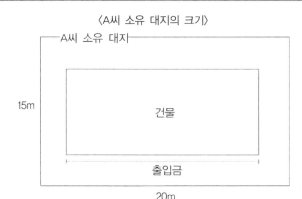

• A씨는 '출입문' 쪽 건물 면의 길이를 18m로 유지하고자 한다.
• A씨의 대지는 제2종 일반주거지역에 속하며, 대지 주변 도로의 폭은 규정된 너비를 확보한 상태라고 가정한다.

① 150㎡, 2층   ② 180㎡, 3층

③ 180㎡, 4층   ④ 150㎡, 5층

⑤ 180㎡, 6층

35. ㈜서원각에서 근무하는 김 대리는 제도 개선 연구를 위해 영국 런던에서 관계자와 미팅을 하려고 한다. 8월 10일 오전 10시 미팅에 참석할 수 있도록 해외출장 계획을 수립하려고 한다. 김 대리는 현지 공항에서 입국 수속을 하는데 1시간, 예약된 호텔까지 이동하여 체크인을 하는데 2시간, 호텔에서 출발하여 행사장까지 이동하는데 1시간 이내의 시간이 소요된다는 사실을 파악하였다. 또한 서울 시각이 오후 8시 45분일 때 런던 현지 시각을 알아보니 오후 12시 45분이었다. 비행운임 및 스케줄이 다음과 같을 때, 김 대리가 선택할 수 있는 가장 저렴한 항공편은 무엇인가?

항공편	출발시각	경유시간	총 비행시간	운임
0001	8월 9일 19:30	7시간	12시간	60만 원
0002	8월 9일 20:30	5시간	13시간	70만 원
0003	8월 9일 23:30	3시간	12시간	80만 원
0004	8월 10일 02:30	직항	11시간	100만 원
0005	8월 10일 05:30	직항	9시간	120만 원

① 0001   ② 0002

③ 0003   ④ 0004

⑤ 0005

36. 정수는 친구와 함께 서울에서 부산까지 여행을 가려고 한다. 다음 자료를 보고 보완적 평가방식을 활용하여 정수의 입장에서 종합평가점수가 가장 높아 구매대안이 될 수 있는 운송수단을 고르면?

평가기준	중요도	운송수단에 대한 평가				
		KTX	고속버스	승용차	자전거	비행기
속도	40	8	5	4	1	9
승차감	30	7	8	8	1	7
경제성	20	5	8	3	9	4
디자인	10	7	7	5	1	7

① KTX   ② 고속버스

③ 승용차   ④ 자전거

⑤ 비행기

37. 다음은 책꽂이 1개를 제작하기 위한 자재 소요량 계획이다. [주문]을 완료하기 위해 추가적으로 필요한 칸막이와 옆판의 개수로 옳은 것은?

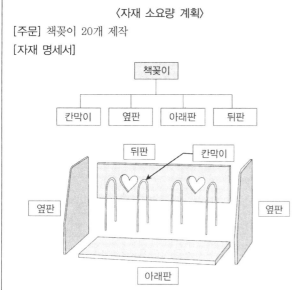

〈자재 소요량 계획〉

[주문] 책꽂이 20개 제작

[자재 명세서]

[재고 현황]

책꽂이	칸막이	옆판	아래판	뒤판
0개	40개	30개	20개	20개

[조건]

1. 책꽂이 1개를 만들기 위해서는 칸막이 4개, 옆판 2개, 아래판 1개, 뒤판 1개가 필요하다.
2. 책꽂이를 제작할 때 자재 명세서에 제시된 부품 이외의 기타 부품은 고려하지 않는다.

	칸막이	옆판
①	20	10
②	20	20
③	40	10
④	40	20
⑤	40	40

38. 다음은 소정기업의 재고 관리 사례이다. 금요일까지 부품 재고 수량이 남지 않게 완성품을 만들 수 있도록 월요일에 주문할 A~C 부품 개수로 옳은 것은? (단, 주어진 조건 이외에는 고려하지 않는다)

○○ 기업 재고 관리 사례

[부품 재고 수량과 완성품 1개당 소요량]

부품명	부품 재고 수량	완성품 1개당 소요량
A	500	10
B	120	3
C	250	5

[완성품 납품 수량]

항목 \ 요일	월	화	수	목	금
완성품 납품 개수	없음	30	20	30	20

[조건]

1. 부품 주문은 월요일에 한 번 신청하며 화요일 작업 시작 전 입고된다.
2. 완성품은 부품 A, B, C를 모두 조립해야 한다.

	A	B	C
①	100	100	100
②	100	180	200
③	500	100	100
④	500	150	200
⑤	500	180	250

39. 다음은 ○○기업의 인적 자원 관리 사례이다. 이에 대한 설명으로 옳은 것만을 모두 고른 것은?

- 직무 분석 결과에 따른 업무 조정 및 인사 배치
- 기업 부설 연수원에서 사원 역량 강화 교육 실시
- 건강 강좌 제공 및 전문 의료진과의 상담 서비스 지원

㉠ 법정 외 복리 후생 제도를 실시하고 있다.
㉡ 인적 자원 관리의 원칙 중 '단결의 원칙'을 적용하고 있다.
㉢ OJT(On the Job Training) 형태로 사원 교육을 진행하고 있다.

① ㉠ 　　　　　　　② ㉡
③ ㉠, ㉢ 　　　　　④ ㉡, ㉢
⑤ ㉠, ㉡, ㉢

40. 다음은 장식품 제작 공정을 나타낸 것이다. 이에 대한 설명으로 옳은 것만을 〈보기〉에서 있는 대로 고른 것은? (단, 주어진 조건 이외의 것은 고려하지 않는다)

〈조건〉
- A~E의 모든 공정 활동을 거쳐 제품이 생산되며, 제품 생산은 A 공정부터 시작된다.
- 각 공정은 공정 활동별 한 명의 작업자가 수행하며, 공정 간 부품의 이동 시간은 고려하지 않는다.

〈작업순서〉

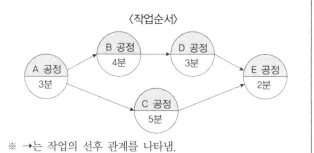

※ →는 작업의 선후 관계를 나타냄.

〈보기〉
㉠ 첫 번째 완제품은 생산 시작 12분 후에 완성된다.
㉡ 제품은 최초 생산 후 매 3분마다 한 개씩 생산될 수 있다.
㉢ C 공정의 소요 시간이 2분 지연되어도 첫 번째 완제품을 생산하는 총소요시간은 변화가 없다.

① ㉠
② ㉡
③ ㉠, ㉢
④ ㉡, ㉢
⑤ ㉠, ㉡, ㉢

41. 아래 워크시트에서 부서명[E2:E4]을 번호[A2:A11] 순서대로 반복하여 발령부서[C2:C11]에 배정하고자 한다. 다음 중 [C2] 셀에 입력할 수식으로 옳은 것은?

	A	B	C	D	E
1	번호	이름	발령부서		부서명
2	1	황현아	기획팀		기획팀
3	2	김지민	재무팀		재무팀
4	3	정미주	총무팀		총무팀
5	4	오민아	기획팀		
6	5	김혜린	재무팀		
7	6	김윤중	총무팀		
8	7	박유미	기획팀		
9	8	김영주	재무팀		
10	9	한상미	총무팀		
11	10	서은정	기획팀		

① = INDEX($E$2:$E$4, MOD(A2, 3))
② = INDEX($E$2:$E$4, MOD(A2, 3) + 1)
③ = INDEX($E$2:$E$4, MOD(A2 − 1, 3) + 1)
④ = INDEX($E$2:$E$4, MOD(A2 − 1, 3))
⑤ = INDEX($E$2:$E$4, MOD(A2 − 1, 3) − 1)

42. 아래 워크시트에서 매출액[B3:B9]을 이용하여 매출 구간별 빈도수를 [F3:F6] 영역에 계산하고자 한다. 다음 중 이를 위한 배열 수식으로 옳은 것은?

	A	B	C	D	E	F
1						
2		매출액		매출구간		빈도수
3		75		0	50	1
4		93		51	100	2
5		130		101	200	3
6		32		201	300	1
7		123				
8		257				
9		169				

① { = PERCENTILE(B3:B9, E3:E6)}
② { = PERCENTILE(E3:E6, B3:B9)}
③ { = FREQUENCY(B3:B9, E3:E6)}
④ { = FREQUENCY(E3:E6, B3:B9)}
⑤ { = PERCENTILE(E3:E9, B3:B9)}

43. 다음 중 아래 워크시트의 [A1] 셀에 사용자 지정 표시 형식 '#,###,'을 적용했을 때 표시되는 값은?

	A	B
1	2451648.81	
2		

① 2,451
② 2,452
③ 2
④ 2.4
⑤ 2.5

44. 다음 중 아래 워크시트에서 수식 ' = SUM($B$2:C2)'이 입력된 [D2]셀을 [D4] 셀에 복사하여 붙여 넣었을 때의 결과 값은?

	D2		f_x	=SUM($B$2:C2)	
	A	B	C	D	E	F
1						
2		5	10	15		
3		7	14			
4		9	18			
5						

① 15

② 27

③ 42

④ 63

⑤ 72

45. 다음 [조건]에 따라 작성한 [함수식]에 대한 설명으로 옳은 것을 〈보기〉에서 고른 것은?

[조건]

• 품목과 수량에 대한 위치는 행과 열로 표현한다.

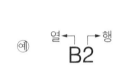

행 \ 열	A	B
1	품목	수량
2	설탕	5
3	식초	6
4	소금	7

예 열 ←→ 행 **B2**

[함수 정의]

• IF(조건식, ㉠, ㉡) : 조건식이 참이면 ㉠ 내용을 출력하고, 거짓이면 ㉡ 내용을 출력한다.

• MIN(B2, B3, B4) : B2, B3, B4 중 가장 작은 값을 반환한다.

[함수식]

= IF(MIN(B2, B3, B4) > 3, "이상 없음", "부족")

〈보기〉

㉠ 반복문이 사용되고 있다.

㉡ 조건문이 사용되고 있다.

㉢ 출력되는 결과는 '부족'이다.

㉣ 식초의 수량(B3) 6을 1로 수정할 때 출력되는 결과는 달라진다.

① ㉠, ㉡

② ㉠, ㉢

③ ㉡, ㉢

④ ㉡, ㉣

⑤ ㉢, ㉣

46. 다음 워크시트에서 수식 '=LARGE(B2:B7,2)'의 결과 값은?

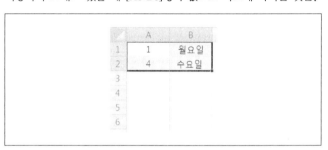

	A	B
1	회사	매출액
2	A	200
3	B	600
4	C	100
5	D	1,000
6	E	300
7	F	800

① 200

② 300

③ 600

④ 800

⑤ 900

47. 다음 워크시트에서 [A1:B2] 영역을 선택한 후 채우기 핸들을 사용하여 드래그 했을 때 [A6:B6]영역 값으로 바르게 짝지은 것은?

	A	B
1	1	월요일
2	4	수요일
3		
4		
5		
6		

	A6	B6
①	15	목요일
②	16	목요일
③	15	수요일
④	16	수요일
⑤	17	목요일

48. 다음 순서도에서 인쇄되는 S의 값은? (단, $[x]$는 x보다 크지 않은 최대의 정수이다)

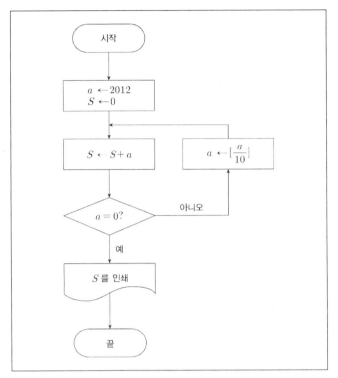

시작

$a \leftarrow 2012$
$S \leftarrow 0$

$S \leftarrow S + a$

$a \leftarrow \left[\dfrac{a}{10}\right]$

$a = 0?$ — 아니오

예

S 를 인쇄

끝

① 2230 ② 2235
③ 2240 ④ 2245
⑤ 2250

49. 왼쪽 워크시트의 성명 데이터를 오른쪽 워크시트처럼 성과 이름의 열로 분리하기 위해 어떤 기능을 사용하면 되는가?

	A	B
1	유하나	
2	김상철	
3	지상진	
4	공나리	
5	진백림	
6	박한선	
7	윤진상	
8		

	A	B
1	유	하나
2	김	상철
3	지	상진
4	공	나리
5	진	백림
6	박	한선
7	윤	진상
8		

① 텍스트 나누기 ② 조건부 서식
③ 그룹 해제 ④ 필터
⑤ 열 숨기기

50. 다음은 H사의 물품 재고 창고에 적재되어 있는 제품 보관 코드 체계이다. 2011년 10월에 생산된 '왈러스'의 여성용 블라우스로 10,215번째 입고된 제품의 코드로 알맞은 것은?

생산연월	공급처		제품 분류				입고량
	원산지 코드	제조사 코드	용품 코드		제품별 코드		
	1 중국	A All-8	01 캐주얼		001	청바지	
		B 2 Stars			002	셔츠	
		C Facai			003	원피스	
	2 베트남	D Nuyen	02 여성		004	바지	
		E N-sky			005	니트	
• 1209 –2012년 9월	3 멕시코	F Bratos			006	블라우스	00001 부터 5자리 시리얼 넘버 부여
		G Fama			007	점퍼	
	4 한국	H 혁진사	03 남성		008	카디건	
• 1011 –2010년 11월		I K상사			009	모자	
		J 영스타			010	용품	
	5 일본	K 왈러스	04 아웃 도어		011	신발	
		L 토까이			012	래시가드	
		M 히스모	05 베이비		013	내복	
	6 호주	N 오즈본			014	바지	
		O Island			015	사료	
	7 독일	P Kunhe	06 반려 동물		016	간식	
		Q Boyer			017	장난감	

〈예시〉
2010년 12월에 중국 '2 Stars'에서 생산된 아웃도어 신발의 15번째 입고 제품 코드
→ 1012 − 1B − 04011 − 00015

① 1010 − 5K − 02006 − 00215
② 1110 − 5K − 02060 − 10215
③ 1110 − 5K − 02006 − 10215
④ 1110 − 5L − 02005 − 10215
⑤ 1111 − 5L − 02015 − 00215

한국전력공사

NCS 직무능력검사
모의고사(사무 분야)

제 1 회	영 역	의사소통능력, 수리능력, 문제해결능력, 자원관리능력, 정보능력
	문항수	50문항
	시 간	65분
	비 고	객관식 5지선다형

SEOWONGAK
(주)서원각

1. 다음 밑줄 친 문구를 어법에 맞게 수정한 내용으로 적절하지 않은 것은?

> A : 지속가능보고서를 2007년 창간 이래 <u>매년 발간에 의해</u> 이해 관계자와의 소통이 좋아졌다.
>
> B : 2012년부터 시행되는 신재생에너지 공급의무제는 회사의 <u>주요 리스크로</u> 이를 기회로 승화시키기 위한 노력을 하고 있다.
>
> C : 전력은 필수적인 에너지원이므로 과도한 사용을 <u>삼가야 한다.</u>
>
> D : <u>녹색 기술 연구 개발 투자 확대 및</u> 녹색 생활 실천 프로그램을 시행하여 온실가스 감축에 전 직원의 역량을 결집하고 있다.
>
> E : 녹색경영위원회를 설치하여 전문가들과 함께하는 토론을 주기적으로 하고 있으며, 내·외부 <u>전문가의 의견 자문을 구하고 있다.</u>

① A : '매년 발간에 의해'가 어색하므로 문맥에 맞게 '매년 발간함으로써'로 고친다.

② B : '주요 리스크로'는 조사의 쓰임이 어울리지 않으므로, '주요 리스크이지만'으로 고친다.

③ C : '삼가야 한다'는 어법상 맞지 않으므로 '삼가해야 한다'로 고친다.

④ D : '및'의 앞은 명사구로 되어 있고 뒤는 절로 되어 있어 구조가 대등하지 않으므로, 앞 부분을 '녹색 기술 연구 개발에 대한 투자를 확대하고'로 고친다.

⑤ E : '전문가의 의견 자문을 구하고 있다'는 어법에 맞지 않으므로, '전문가들에게 의견을 자문하고 있다'로 고친다.

2. 다음의 괄호 안에 들어갈 적절한 어휘는?

> 원래 (   )란 엄청나게 큰 사람이나 큰 물건을 가리키는 뜻에서 비롯되었는데 그것이 부정어와 함께 굳어지면서 '어이없다'는 뜻으로 쓰이게 되었다. 크다는 뜻 자체는 약화되고 그것이 크든 작든 우리가 가지고 있는 상상이나 상식을 벗어난 경우를 지칭하게 된 것이다.
>
> 특히 풀리지 않는 글을 붙잡고 있거나 어떤 생각거리에 매달려 있는 동안 내가 생활에서 저지르는 사소한 실수들은 나 스스로도 (   )가 없을 지경이다.

① 어처구니   ② 동그마니

③ 우두커니   ④ 철딱서니

⑤ 꼬락서니

3. 유기농 식품 매장에서 근무하는 K씨에게 계란 알레르기가 있는 고객이 제품에 대해 문의를 해왔다. K씨가 제품에 부착된 다음 설명서를 참조하여 고객에게 반드시 안내해야 할 말로 가장 적절한 것은?

> ■ 제품명 : 든든한 현미국수
> ■ 식품의 유형 : 면 – 국수류, 스프 – 복합조미식품
> ■ 내용량 : 95g(면 85g, 스프 10g)
> ■ 원재료 및 함량
> • 면 : 무농약 현미 98%(국내산), 정제염
> • 스프 : 멸치 20%(국내산), 다시마 10%(국내산), 고춧가루, 정제소금, 마늘분말, 생강분말, 표고분말, 간장분말, 된장분말, 양파분말, 새우분말, 건미역, 건당근, 건파, 김, 대두유
> ■ 보관장소 : 직사광선을 피하고 서늘한 곳에 보관
> ■ 이 제품은 계란, 메밀, 땅콩, 밀가루, 돼지고기를 이용한 제품과 같은 제조시설에서 제조하였습니다.
> ■ 본 제품은 공정거래위원회 고시 소비분쟁해결 기준에 의거 교환 또는 보상받을 수 있습니다.
> ■ 부정불량식품신고는 국번 없이 1399

① 조리하실 때 계란만 넣지 않으시면 문제가 없을 것입니다.

② 제품을 조리하실 때 집에서 따로 육수를 우려서 사용하시는 것이 좋겠습니다.

③ 이 제품은 무농약 현미로 만들어져 있기 때문에 알레르기 체질 개선에 효과가 있습니다.

④ 이 제품은 계란이 들어가는 식품을 제조하는 시설에서 생산되었다는 점을 참고하시기 바랍니다.

⑤ 알레르기 반응이 나타나실 경우 구매하신 곳에서 교환 또는 환불 받으실 수 있습니다.

4. 다음은 한전의 특정 직군에 대한 직원 채용 공고문의 일부 내용이다. 다음 내용을 읽고 문의사항에 대하여 담당 직원과 질의응답을 한 내용 중 공고문의 내용과 일치한다고 볼 수 없는 것은 어느 것인가?

〈전형일정〉

구분	일정	장소	비고
서류전형	8/14(화)	–	–
필기전형	8/25(토)	서울	세부사항 별도 공지
면접전형	9/5(수)	한전 인재개발원	노원구 공릉동
합격자 발표	9/12(수)	–	채용 홈페이지
입사예정일	10/1(월)	–	별도 안내

〈본인 확인을 위한 추가사항 입력 안내〉
□ 목적 : 필기시험 및 종합면접 시 본인 확인용
□ 대상 : 1차 전형(서류전형) 합격자
□ 입력사항 : 주민등록상 생년월일, 본인 증명사진
□ 입력방법 : 채용홈페이지 1차 전형(서류전형) 합격자 발표 화면에서 입력
□ 입력기간 : 서류전형 합격 발표시점~8.21(화)까지

〈블라인드 채용 안내〉
□ 입사지원서에 사진등록란, 학교명, 학점, 생년월일 등 기재란 없음
□ e-메일 기재 시 학교명, 특정 단체명이 드러나는 메일 주소 기재 금지
□ 지원서 및 자기소개서 작성 시 개인 인적사항(출신학교, 가족관계 등) 관련 내용 일체 기재 금지
□ 입사지원서에 기재한 성명, 연락처 및 서류전형 합격자 발표 화면에서 등록한 생년월일 등은 면접전형 시 블라인드 처리됨

〈기타사항〉
□ 채용 관련 세부일정 및 장소는 당사 채용홈페이지를 통해 공지함
□ 지원인원 미달 또는 전형 결과 적격자가 없는 경우 선발하지 않을 수 있음
□ 지원서 및 관련 서류를 허위로 작성·제출하는 경우, 시험 부정행위자 등은 불합격 처리하고, 향후 5년간 우리 회사 입사 지원이 제한됨
□ 지원서 작성 시 기재 착오 등으로 인한 불합격이나 손해에 대한 모든 책임은 지원자 본인에게 있으므로 유의하여 작성
□ 각 전형 시 신분증(주민등록증, 여권, 운전면허증 중 1개)과 수험표를 반드시 지참하여야 하며, 신분증 미지참 시 응시 불가
※ 신분증을 분실한 경우 거주지 관할 주민센터에서 발급받은 '주민등록증 발급신청 확인서' 지참
□ 자의 또는 타의에 의한 부정청탁으로 인해 합격된 사실이 확인될 경우 당해 합격을 취소할 수 있으며, 향후 5년간 공공기관 채용시험 응시자격을 제한할 수 있음

Q. 합격자 발표는 입사지원서에 적은 전화번호로 문자나 전화 등으로 알려 주시게 되나요?

A. ① 아닙니다. 합격자 발표는 본인이 직접 확인하셔야 하며, 저희 회사 홈페이지에서 채용 관련 안내에 따라 확인하실 수 있습니다.

Q. 이번 채용 방식은 블라인드 채용으로 알고 있는데 생년월일 등을 추가로 입력해야 하는 이유는 뭐죠?

A. ② 블라인드 채용 시 입사지원서에 개인 인적사항을 적을 수 없습니다만, 전형 과정에서 본인 확인용으로 필요한 경우 생년월일을 기재하도록 요청할 수 있습니다.

Q. e-mail 주소를 적는 칸이 있던데요, e-mail 주소 정도에는 저희 학교 이름이 들어가도 별 상관없겠지요?

A. ③ 아닙니다. 그런 경우, 다른 개인 e-mail 주소를 적으셔야 하며, 학교 이름을 인식할 수 있는 어떤 사항도 기재하셔서는 안 됩니다.

Q. 전형 과정의 필요상 일부 인적 사항을 적게 되면, 그건 면접관 분들에게 공개될 수밖에 없겠네요?

A. ④ 본인 확인용으로 면접 시 필요하여 요청 드린 사항이므로 사진과 생년월일 등 본인 확인에 필요한 최소 사항만 공개됩니다.

Q. 지원자가 채용 인원에 미달되는 경우에는 특별한 결격 사유가 없는 한 채용 가능성이 아주 많다고 봐도 되는 거지요?

A. ⑤ 아닙니다. 그럴 경우, 당사 임의의 결정으로 채용 인원을 선발하지 않을 수도 있습니다.

(단위 : 개/백만 원)

핵심가치	전략과제	개수	예산
총계		327	1,009,870
안전우선 시민안전을 최고의 가치로 (108개/513,976백만 원)	스마트 안전관리 체계구축	27	10,155
	비상대응 역량강화	21	39,133
	시설 안전성 강화	60	464,688
고객감동 고객만족을 최우선으로 (63개/236,529백만 원)	고객 소통채널 다각화	10	8,329
	고객서비스 제도개선	16	2,583
	이용환경 개선	37	225,617
변화혁신 경영혁신을 전사적으로 (113개/210,418백만 원)	혁신적 재무구조 개선	34	22,618
	디지털 기술혁신	23	22,952
	융합형 조직혁신	56	164,848
상생협치 지역사회를 한가족으로 (43개/48,947백만 원)	내부소통 활성화	25	43,979
	사회적 책임이행	18	4,968

5. 위 자료를 읽고 빈칸에 들어갈 말로 적절한 것을 고르면?

'안전우선'은 가장 많은 예산이 투자되는 핵심가치이다. 전략과제는 3가지가 있고, 그 중 '(㉠)'은/는 가장 많은 개수를 기록하고 있으며, 예산은 464,688백만 원이다. '고객감동'의 전략과제는 3가지이며, 고객만족을 최우선으로 하고 있다. 핵심가치 '(㉡)'은/는 113개를 기록하고 있고, 3가지 전략과제 중 융합형 조직혁신이 가장 큰 비중을 차지하고 있다. 핵심가치 '(㉢)'은/는 가장 적은 비중을 차지하고 있고, 2가지 전략과제를 가지고 있다.

	㉠	㉡	㉢
①	스마트 안전관리 체계구축	고객감동	변화혁신
②	비상대응 역량강화	고객감동	변화혁신
③	비상대응 역량강화	변화혁신	고객감동
④	시설 안전성 강화	변화혁신	상생협치
⑤	시설 안전성 강화	안전우선	상생협치

6. 다음 중 옳지 않은 것은?

① '고객감동'의 예산은 가장 높은 비중을 보이고 있다.

② '안전우선'의 예산은 나머지 핵심가치를 합한 것 이상을 기록했다.

③ 예산상 가장 적은 비중을 보이는 전략과제는 '고객서비스 제도개선'이다.

④ '안전우선'과 '변화혁신'의 개수는 각각 100개를 넘어섰다.

⑤ 2018년 주요 사업계획의 총 예산은 1조 원를 넘어섰다.

7. 다음은 어느 시민사회단체의 발기 선언문이다. 이 단체에 대해 판단한 내용으로 적절하지 않은 것은?

우리 사회의 경제적 불의는 더 이상 방치할 수 없는 상태에 이르렀다. 도시 빈민가와 농촌에 잔존하고 있는 빈곤은 최소한의 인간적 삶조차 원천적으로 박탈하고 있으며, 경제력을 4 사치와 향락은 근면과 저축의욕을 감퇴시키고 손쉬운 투기와 불로소득은 기업들의 창의력과 투자의욕을 감소시킴으로써 경제 성장의 토대가 와해되고 있다. 부익부빈익빈의 극심한 양극화는 국민 간의 균열을 심화시킴으로써 사회 안정 기반이 동요되고 있으며 공공연한 비윤리적 축적은 공동체의 기본 규범인 윤리 전반을 문란케 하여 우리와 우리 자손들의 소중한 삶의 터전인 이 땅을 약육강식의 살벌한 세상으로 만들고 있다.

부동산 투기, 정경유착, 불로소득과 탈세를 공인하는 차명계좌의 허용, 극심한 소득차, 불공정한 노사관계, 농촌과 중소기업의 피폐 및 이 모든 것들의 결과인 부와 소득의 불공정한 분배, 그리고 재벌로의 경제적 집중, 사치와 향락, 환경오염 등 이 사회에 범람하고 있는 경제적 불의를 척결하고 경제정의를 실천함은 이 시대 우리 사회의 역사적 과제이다.

이의 실천이 없이는 경제 성장도 산업 평화도 민주복지 사회의 건설도 한갓 꿈에 불과하다. 이 중에서도 부동산 문제의 해결은 가장 시급한 우리의 당면 과제이다. 인위적으로 생산될 수 없는 귀중한 국토는 모든 국민들의 복지 증진을 위하여 생산과 생활에만 사용되어야 함에도 불구하고 소수의 재산 증식 수단으로 악용되고 있다. 토지 소유의 극심한 편중과 투기화, 그로 인한 지가의 폭등은 국민생활의 근거인 주택의 원활한 공급을 극도로 곤란하게 하고 있을 뿐만 아니라 물가 폭등 및 노사 분규의 격화, 거대한 투기 소득의 발생 등을 초래함으로써 현재 이 사회가 당면하고 있는 대부분의 경제적 사회적 불안과 부정의의 가장 중요한 원인으로 작용하고 있다.

정부 정책에 대한 국민들의 자유로운 선택권이 보장되며 경제적으로 시장 경제의 효율성과 역동성을 살리면서 깨끗하고 유능한 정부의 적절한 개입으로 분배의 편중, 독과점 및 공해 등 시장 경제의 결함을 해결하는 민주복지사회를 실현하여야 한다. 그리고 이것이 자유와 평등, 정의와 평화의 공동체로서 우리가 지향할 목표이다.

① 이 단체는 극빈층을 포함한 사회적 취약계층의 객관적인 생활수준은 향상되었지만 불공정한 분배, 비윤리적 부의 축적 그리고 사치와 향락 분위기 만연으로 상대적 빈곤은 심각해지고 있다고 인식한다.

② 이 단체는 정책 결정 과정이 소수의 특정 집단에 좌우되고 있다고 보고 있으므로, 정책 결정 과정에 국민 다수의 참여 보장을 주장할 가능성이 크다.

③ 이 단체는 윤리 정립과 불의 척결 등의 요소도 경제 성장에 기여할 수 있다고 본다.

④ 이 단체는 '기업의 비사업용 토지소유 제한을 완화하는 정책'에 비판적일 것이다.

⑤ 이 단체는 경제 성장의 조건으로 저축과 기업의 투자 등을 꼽고 있다.

8. 다음은 근로장려금 신청자격 요건에 대한 정부제출안과 국회통과안의 내용이다. 이에 근거하여 옳은 내용은?

요건	정부제출안	국회통과안
총소득	부부의 연간 총소득이 1,700만 원 미만일 것(총소득은 근로소득과 사업소득 등 다른 소득을 합산한 소득)	좌동
부양 자녀	다음 항목을 모두 갖춘 자녀를 2인 이상 부양할 것 (1) 거주자의 자녀이거나 동거하는 입양자일 것 (2) 18세 미만일 것(단, 중증장애인은 연령제한을 받지 않음) (3) 연간 소득금액의 합계액이 100만 원 이하일 것	다음 항목을 모두 갖춘 자녀를 1인 이상 부양할 것 (1)~(3) 좌동
주택	세대원 전원이 무주택자일 것	세대원 전원이 무주택자이거나 기준시가 5천만 원 이하의 주택을 한 채 소유할 것
재산	세대원 전원이 소유하고 있는 재산 합계액이 1억 원 미만일 것	좌동
신청 제외자	(1) 3개월 이상 국민기초생활보장급여 수급자 (2) 외국인(단, 내국인과 혼인한 외국인은 신청 가능)	좌동

① 정부제출안보다 국회통과안에 의할 때 근로장려금 신청자격을 갖춘 대상자의 수가 더 줄어들 것이다.

② 두 안의 총소득요건과 부양자녀요건을 충족하고, 소유 재산이 주택(5천만 원), 토지(3천만 원), 자동차(2천만 원)인 A는 정부제출안에 따르면 근로장려금을 신청할 수 없지만 국회통과안에 따르면 신청할 수 있다.

③ 소득이 없는 20세 중증장애인 자녀 한 명만을 부양하는 B가 국회통과안에서의 다른 요건들을 모두 충족하고 있다면 B는 국회통과안에 의해 근로장려금을 신청할 수 있다.

④ 총소득, 부양자녀, 주택, 재산 요건을 모두 갖춘 한국인과 혼인한 외국인은 정부제출안에 따르면 근로장려금을 신청할 수 없지만 국회통과안에 따르면 신청할 수 있다.

⑤ 총소득, 부양자녀, 주택, 재산 요건을 모두 갖추었다면, 국민기초생활보장급여 수급 여부와 관계없이 근로장려금을 신청할 수 있다.

9. 다음은 ○○공사의 고객서비스헌장의 내용이다. 밑줄 친 단어를 한자로 바꾸어 쓴 것으로 옳지 않은 것은?

〈고객서비스헌장〉

1. 우리는 모든 업무를 고객의 입장에서 생각하고, 신속·정확하게 처리하겠습니다.

2. 우리는 친절한 자세와 상냥한 언어로 고객을 맞이하겠습니다.

3. 우리는 고객에게 잘못된 서비스로 불편을 초래한 경우, 신속히 시정하고 적정한 보상을 하겠습니다.

4. 우리는 다양한 고객서비스를 발굴하고 개선하여 고객만족도 향상에 최선을 다하겠습니다.

5. 우리는 모든 시민이 고객임을 명심하여 최고의 서비스를 제공하는 데 정성을 다하겠습니다.

이와 같이 선언한 목표를 달성하기 위하여 구체적인 서비스 이행기준을 설정하여 임·직원 모두가 성실히 실천할 것을 약속드립니다.

① 헌장 – 憲章
② 자세 – 姿勢
③ 초래 – 招來
④ 발굴 – 拔掘
⑤ 달성 – 達成

10. 다음은 「개인정보 보호법」과 관련한 사법 행위의 내용을 설명하는 글이다. 다음 글을 참고할 때, '공표' 조치에 대한 올바른 설명이 아닌 것은?

> 「개인정보 보호법」 위반과 관련한 행정처분의 종류에는 처분 강도에 따라 과태료, 과징금, 시정조치, 개선권고, 징계권고, 공표 등이 있다. 이 중, 공표는 행정질서 위반이 심하여 공공에 경종을 울릴 필요가 있는 경우 명단을 공표하여 사회적 낙인을 찍히게 함으로써 경각심을 주는 제재 수단이다.
>
> 「개인정보 보호법」 위반행위가 은폐·조작, 과태료 1천만 원 이상, 유출 등 다음 7가지 공표기준에 해당하는 경우, 위반행위자, 위반행위 내용, 행정처분 내용 및 결과를 포함하여 개인정보 보호위원회의 심의·의결을 거쳐 공표한다.
>
> ※ 공표기준
> 1. 1회 과태료 부과 총 금액이 1천만 원 이상이거나 과징금 부과를 받은 경우
> 2. 유출·침해사고의 피해자 수가 10만 명 이상인 경우
> 3. 다른 위반행위를 은폐·조작하기 위하여 위반한 경우
> 4. 유출·침해로 재산상 손실 등 2차 피해가 발생하였거나 불법적인 매매 또는 건강 정보 등 민감 정보의 침해로 사회적 비난이 높은 경우
> 5. 위반행위 시점을 기준으로 위반 상태가 6개월 이상 지속된 경우
> 6. 행정처분 시점을 기준으로 최근 3년 내 과징금, 과태료 부과 또는 시정조치 명령을 2회 이상 받은 경우
> 7. 위반행위 관련 검사 및 자료제출 요구 등을 거부·방해하거나 시정조치 명령을 이행하지 않음으로써 이에 대하여 과태료 부과를 받은 경우
>
> 공표절차는 과태료 및 과징금을 최종 처분할 때 ① 대상자에게 공표 사실을 사전 통보, ② 소명자료 또는 의견 수렴 후 개인정보보호위원회 송부, ③ 개인정보보호위원회 심의·결, ④ 홈페이지 공표 순으로 진행된다.
>
> 공표는 행정안전부장관의 처분 권한이지만 개인정보보호위원회의 심의·의결을 거치게 함으로써 「개인정보 보호법」 위반자에 대한 행정청의 제재가 자의적이지 않고 공정하게 행사되도록 조절해 주는 장치를 마련하였다.

① 공표는 「개인정보 보호법」 위반에 대한 가장 무거운 행정 조치이다.

② 행정안전부장관이 공표를 결정한다고 해서 반드시 최종 공표 조치가 취해져야 하는 것은 아니다.

③ 공표 조치가 내려진 대상자는 공표와 더불어 반드시 1천만 원 이상의 과태료를 납부하여야 한다.

④ 공표 조치를 받는 대상자는 사전에 이를 통보받게 된다.

⑤ 반복적이거나 지속적인 위반 행위에 대한 제재는 공표 조치의 취지에 포함된다.

---

11. 다음은 수입예산에 관한 자료이다. 잡이익이 이자수익의 2배일 때, ㉠은 ㉡의 몇 배에 해당하는가? (단, 소수 첫 번째 자리에서 반올림한다.)

〈수입예산〉

(단위 : 백만 원)

구분		예산
총 합계		(㉠)
영업 수익	합계	2,005,492
	운수수익	1,695,468
	광고료 등 부대사업수익	196,825
	기타사용료 등 기타영업수익	88,606
	대행사업수익	24,593
영업 외 수익	합계	
	이자수익	(㉡)
	임대관리수익	2,269
	불용품매각수익	2,017
	잡이익	7,206

① 555배
② 557배
③ 559배
④ 561배
⑤ 563배

---

12. 어떤 이동 통신 회사에서는 휴대폰의 사용 시간에 따라 매월 다음과 같은 요금 체계를 적용한다고 한다.

요금제	기본 요금	무료 통화	사용 시간(1분)당 요금
A	10,000원	0분	150원
B	20,200원	60분	120원
C	28,900원	120분	90원

예를 들어, B요금제를 사용하여 한 달 동안의 통화 시간이 80분인 경우 사용 요금은 다음과 같이 계산한다.

$$20,200 + 120 \times (80 - 60) = 22,600 \text{ 원}$$

B요금제를 사용하는 사람이 A요금제와 C요금제를 사용할 때 보다 저렴한 요금을 내기 위한 한 달 동안의 통화 시간은 a분 초과 b분 미만이다. 이때, $b - a$의 값은? (단, 매월 총 사용 시간은 분 단위로 계산한다.)

① 70
② 80
③ 90
④ 100
⑤ 110

13. 다음 〈표〉는 주식매매 수수료율과 증권거래세율에 대한 자료이다. 주식매매 수수료는 주식 매도 시 매도자에게, 매수 시 매수자에게 부과되며 증권거래세는 주식 매도 시에만 매도자에게 부과된다고 할 때, 이에 대한 〈보기〉의 설명 중 옳은 것을 모두 고르면?

〈표 1〉 주식매매 수수료율과 증권거래세율

(단위 : %)

구분＼연도	2001	2003	2005	2008	2011
주식매매 수수료율	0.1949	0.1805	0.1655	0.1206	0.0993
유관기관 수수료율	0.0109	0.0109	0.0093	0.0075	0.0054
증권사 수수료율	0.1840	0.1696	0.1562	0.1131	0.0939
증권거래세율	0.3	0.3	0.3	0.3	0.3

〈표 2〉 유관기관별 주식매매 수수료율

(단위 : %)

유관기관＼연도	2001	2003	2005	2008	2011
한국거래소	0.0065	0.0065	0.0058	0.0045	0.0032
예탁결제원	0.0032	0.0032	0.0024	0.0022	0.0014
금융투자협회	0.0012	0.0012	0.0011	0.0008	0.0008
합계	0.0109	0.0109	0.0093	0.0075	0.0054

※ 주식거래 비용 = 주식매매 수수료 + 증권거래세
※ 주식매매 수수료 = 주식매매 대금 × 주식매매 수수료율
※ 증권거래세 = 주식매매 대금 × 증권거래세율

ㄱ 2001년에 '갑'이 주식을 매수한 뒤 같은 해에 동일한 가격으로 전량 매도했을 경우, 매수 시 주식거래 비용과 매도 시 주식거래 비용의 합에서 증권사 수수료가 차지하는 비중은 50%를 넘지 않는다.

ㄴ 2005년에 '갑'이 1,000만원 어치의 주식을 매수할 때 '갑'에게 부과되는 주식매매 수수료는 16,550원이다.

ㄷ 모든 유관기관은 2011년 수수료율을 2008년보다 10% 이상 인하하였다.

ㄹ 2011년에 '갑'이 주식을 매도할 때 '갑'에게 부과되는 주식거래 비용에서 유관기관 수수료가 차지하는 비중은 2% 이하이다.

① ㄱ, ㄴ　　　　② ㄱ, ㄷ
③ ㄴ, ㄷ　　　　④ ㄴ, ㄹ
⑤ ㄷ, ㄹ

14. 다음은 Y년의 산업부문별 전기다소비사업장의 전기 사용현황을 나타낸 자료이다. 다음 자료를 참고할 때, Y-1년의 화공산업 부문 전기다소비사업장의 전기사용량은 얼마인가? (전기사용량은 절삭하여 원 단위로 표시함)

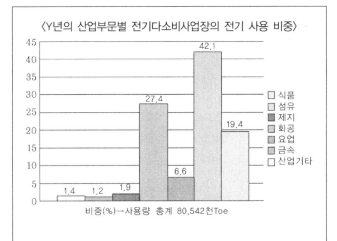

〈Y년의 산업부문별 전기다소비사업장의 전기 사용 비중〉

비중(%)→사용량 총계 80,542천Toe

〈Y년의 산업부문별 전기다소비사업장의 전기 사용 증가율〉

구분	식품	섬유	제지	화공	요업	금속	산업기타
전년대비 증가율(%)	1.8	-3.9	-12.6	4.5	1.6	-1.2	3.9

① 20,054천Toe　　　　② 20,644천Toe
③ 20,938천Toe　　　　④ 21,117천Toe
⑤ 22,045천Toe

15. 그림과 같이 6등분 되어 있는 원판이 있다. 회전하고 있는 원판에 화살을 세 번 쏘았을 때, 적어도 화살 하나는 6의 약수에 맞을 확률은? (단, 화살은 반드시 원판에 맞으며, 경계선에 맞는 경우는 없다.)

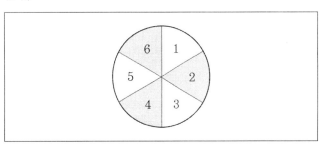

① $\dfrac{1}{27}$　　　　② $\dfrac{2}{9}$
③ $\dfrac{5}{9}$　　　　④ $\dfrac{23}{27}$
⑤ $\dfrac{26}{27}$

〈유아수유실 현황〉

○ 1호선

역명	역명
종로3가(1)역	동대문역

○ 2호선

역명	역명
시청역	성수역
강변역	잠실역
삼성역	강남역
신림역	대림역
신촌역	영등포구청역
신설동역	

○ 3호선

역명	역명
구파발역	독립문역
옥수역	고속터미널역
양재역	도곡역

○ 4호선

역명	역명
노원역	미아사거리역
길음역	동대문역사문화공원역
서울역	이촌역
사당역	

○ 5호선

역명	역명
김포공항역	우장산역
까치산역	목동역
영등포구청역	신길역
여의도역	여의나루역
충정로역	광화문역
동대문역사문화공원역	청구역
왕십리역	답십리역
군자역	아차산역
천호역	강동역
고덕역	올림픽공원역
거여역	

○ 6호선

역명	역명
응암역	불광역
월드컵경기장역	합정역
대흥역	공덕역
삼각지역	이태원역
약수역	상월곡역
동묘앞역	안암역

○ 7호선

역명	역명
수락산역	노원역
하계역	태릉입구역
상봉역	부평구청역
어린이대공원역	뚝섬유원지역
논현역	고속터미널역
이수역	대림역
가산디지털단지역	광명사거리역
온수역	까치울역
부천종합운동장역	춘의역
신중동역	부천시청역
상동역	삼산체육관역
굴포천역	

○ 8호선

역명	역명
모란역	몽촌토성역
잠실역	가락시장역
장지역	남한산성입구역

※ 해당 역에 하나의 유아수유실을 운영 중이다.

16. 다음 중 2호선 유아수유실이 전체에서 차지하는 비율은?

① 10.5%
② 11.5%
③ 12.5%
④ 13.5%
⑤ 14.5%

17. 다음 중 가장 많은 유아수유실을 운영 중인 지하철 호선 ㉮와 가장 적은 유아수유실을 운영 중인 지하철 호선 ㉯로 적절한 것은?

	㉮	㉯		㉮	㉯
①	7호선	1호선	②	7호선	4호선
③	5호선	3호선	④	6호선	2호선
⑤	3호선	5호선			

18. 다음은 ○○은행 기업고객인 7개 기업의 1997년도와 2008년도의 주요 재무지표를 나타낸 자료이다. 〈보기〉의 설명 중 옳은 것을 모두 고르면?

〈7개 기업의 1997년도와 2008년도의 주요 재무지표〉

(단위 : %)

재무지표 / 연도 / 기업	부채비율		자기자본비율		영업이익률		순이익률	
	1997	2008	1997	2008	1997	2008	1997	2008
A	295.6	26.4	25.3	79.1	15.5	11.5	0.7	12.3
B	141.3	25.9	41.4	79.4	18.5	23.4	7.5	18.5
C	217.5	102.9	31.5	49.3	5.7	11.7	1.0	5.2
D	490.0	64.6	17.0	60.8	7.0	6.9	4.0	5.4
E	256.7	148.4	28.0	40.3	2.9	9.2	0.6	6.2
F	496.6	207.4	16.8	32.5	19.4	4.3	0.2	2.3
G	654.8	186.2	13.2	34.9	8.3	8.7	0.3	6.7
7개 기업의 산술평균	364.6	108.8	24.7	53.8	11.0	10.8	2.0	8.1

1) 총자산 = 부채 + 자기자본

2) 부채구성비율(%) $= \dfrac{\text{부채}}{\text{총자산}} \times 100$

3) 부채비율(%) $= \dfrac{\text{부채}}{\text{자기자본}} \times 100$

4) 자기자본비율(%) $= \dfrac{\text{자기자본}}{\text{총자산}} \times 100$

5) 영업이익률(%) $= \dfrac{\text{영업이익}}{\text{매출액}} \times 100$

6) 순이익률(%) $= \dfrac{\text{순이익}}{\text{매출액}} \times 100$

〈보기〉
⊙ 1997년도 부채구성비율이 당해년도 7개 기업의 산술평균보다 높은 기업은 3개이다.
ⓛ 1997년도 대비 2008년도 부채비율의 감소율이 가장 높은 기업은 A이다.
ⓒ 기업의 매출액이 클수록 자기자본비율이 동일한 비율로 커지는 관계에 있다고 가정하면, 2008년도 순이익이 가장 많은 기업은 A이다.
ⓔ 2008년도 순이익률이 가장 높은 기업은 1997년도 영업이익률도 가장 높았다.

① ⊙, ⓛ
② ⓛ, ⓒ
③ ⓒ, ⓔ
④ ⊙, ⓛ, ⓒ
⑤ ⊙, ⓛ, ⓒ, ⓔ

19. 다음은 푸르미네의 에너지 사용량과 연료별 탄소배출량 및 수종(樹種)별 탄소흡수량을 나타낸 것이다. 푸르미네 가족의 월간 탄소배출량과 나무의 월간 탄소흡수량을 같게 하기 위한 나무의 올바른 조합을 고르면?

■ 푸르미네의 에너지 사용량

연료	사용량
전기	420kWh/월
상수도	40㎥/월
주방용 도시가스	60㎥/월
자동차 가솔린	160ℓ/월

■ 연료별 탄소배출량

연료	탄소배출량
전기	0.1kg/kWh
상수도	0.2kg/m³
주방용 도시가스	0.3kg/m³
자동차 가솔린	0.5kg/ℓ

■ 수종별 탄소흡수량

수종	탄소흡수량
소나무	14kg/그루·월
벚나무	6kg/그루·월

① 소나무 4그루와 벚나무 12그루
② 소나무 6그루와 벚나무 9그루
③ 소나무 7그루와 벚나무 10그루
④ 소나무 8그루와 벚나무 6그루
⑤ 소나무 9그루와 벚나무 4그루

20. 다음은 우리나라 1차 에너지 소비량 자료이다. 자료 분석 결과로 옳은 것은?

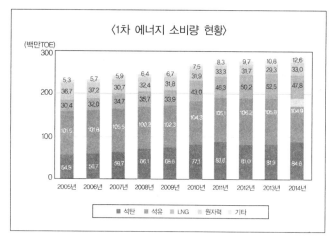

〈1차 에너지 소비량 현황〉

① 석유 소비량이 나머지 에너지 소비량의 합보다 많다.
② 석탄 소비량이 완만한 하락세를 보이고 있다.
③ 기타 에너지 소비량이 지속적으로 감소하는 추세이다.
④ 원자력 소비량은 증감을 거듭하고 있다.
⑤ 최근 LNG 소비량의 증가 추세는 그 정도가 심화되었다.

▌21~22▐ 다음 〈표〉와 〈선정절차〉는 정부가 추진하는 신규 사업에 지원한 A~E 기업의 현황과 사업 선정절차에 대한 자료이다. 물음에 답하시오.

〈표〉A~E 기업 현황

기업	직원수 (명)	임원수 (명)		임원평균 근속기간 (년)	시설현황					통근 차량 대수 (대)
		이사	감사		사무실		휴게실 면적 (m²)	기업 총면적 (m²)		
					수 (개)	총면적 (m²)				
A	132	10	3	2.1	5	450	2,400	3,800		3
B	160	5	1	4.5	7	420	200	1,300		2
C	120	4	3	3.1	7	420	440	1,000		1
D	170	2	12	4.0	7	550	300	1,500		2
E	135	4	6	2.9	6	550	1,000	2,500		2

※ 여유면적 = 기업 총면적 − 사무실 총면적 − 휴게실 면적

〈선정절차〉
• 1단계 : 아래 4개 조건을 모두 충족하는 기업을 예비 선정한다.
– 사무실조건 : 사무실 1개당 직원수가 25명 이하여야 한다.
– 임원조건 : 임원 1인당 직원수가 15명 이하여야 한다.
– 차량조건 : 통근 차량 1대당 직원수가 100명 이하여야 한다.
– 여유면적조건 : 여유면적이 650㎡ 이상이어야 한다.
• 2단계 : 예비 선정된 기업 중 임원평균근속기간이 가장 긴 기업을 최종 선정한다.

21. 1단계 조건을 충족하여 예비 선정되는 기업을 모두 고르면?

① A, B
② B, C
③ C, D
④ D, E
⑤ E, A

22. 정부가 추진하는 신규 사업에 최종 선정되는 기업은?

① A
② B
③ C
④ D
⑤ E

23. 한전은 사내 식사 제공을 위한 외식 업체를 선정하기 위해 다음과 같이 5개 업체에 대한 평가를 실시하였다. 다음 평가 방식과 평가 결과에 의해 외식 업체로 선정될 업체는 어느 곳인가?

〈최종결과표〉

(단위 : 점)

구분	A업체	B업체	C업체	D업체	E업체
제안가격	84	82	93	90	93
위생도	92	90	91	83	92
업계평판	92	89	91	95	90
투입인원	90	92	94	91	93

〈선정 방식〉
• 각 평가항목별 다음과 같은 가중치를 부여하여 최종 점수 고득점 업체를 선정한다.
– 투입인원 점수 15%
– 업계평판 점수 15%
– 위생도 점수 30%
– 제안가격 점수 40%
• 어느 항목이라도 5개 업체 중 최하위 득점이 있을 경우(최하위 점수가 90점 이상일 경우 제외), 최종 업체로 선정될 수 없음.
• 동점 시, 가중치가 높은 항목 순으로 고득점 업체가 선정

① A업체
② B업체
③ C업체
④ D업체
⑤ E업체

24. 전력 설비 수리를 하기 위해 본사에서 파견된 8명의 기술자들이 출장지에서 하룻밤을 묵게 되었다. 1개 층에 4개의 객실(101~104호, 201~204호, 301~304호, 401~404호)이 있는 3층으로 된 조그만 여인숙에 1인당 객실 1개씩을 잡고 투숙하였고 다음과 같은 조건을 만족할 경우, 12개의 객실 중 8명이 묵고 있지 않은 객실 4개를 모두 알기 위하여 필요한 사실이 될 수 있는 것은 다음 보기 중 어느 것인가? (출장자 일행 외의 다른 투숙객은 없는 것으로 가정한다)

- 출장자들은 1, 2, 3층에 각각 객실 2개, 3개, 3개에 투숙하였다.
- 출장자들은 1, 2, 3, 4호 라인에 각각 2개, 2개, 1개, 3개 객실에 투숙하였다.

① 302호에 출장자가 투숙하고 있다.

② 203호에 출장자가 투숙하고 있지 않다.

③ 102호에 출장자가 투숙하고 있다.

④ 202호에 출장자가 투숙하고 있지 않다.

⑤ 103호에 출장자가 투숙하고 있다.

25. 다음 제시된 조건을 보고, 만일 영호와 옥숙을 같은 날 보낼 수 없다면, 목요일에 보내야 하는 남녀사원은 누구인가?

영업부의 박 부장은 월요일부터 목요일까지 매일 남녀 각한 명씩 두 사람을 회사 홍보 행사 담당자로 보내야 한다. 영업부에는 현재 남자 사원 4명(길호, 철호, 영호, 치호)과 여자사원 4명(영숙, 옥숙, 지숙, 미숙)이 근무하고 있으며, 다음과 같은 제약 사항이 있다.

㉠ 매일 다른 사람을 보내야 한다.
㉡ 치호는 철호 이전에 보내야 한다.
㉢ 옥숙은 수요일에 보낼 수 없다.
㉣ 철호와 영숙은 같이 보낼 수 없다.
㉤ 영숙은 지숙과 미숙 이후에 보내야 한다.
㉥ 치호는 영호보다 앞서 보내야 한다.
㉦ 옥숙은 지숙 이후에 보내야 한다.
㉧ 길호는 철호를 보낸 바로 다음 날 보내야 한다.

① 길호와 영숙　　　　② 영호와 영숙

③ 치호와 옥숙　　　　④ 길호와 옥숙

⑤ 영호와 미숙

26. 사고조사반원인 K는 2018년 12월 25일 발생한 총 6건의 사고에 대하여 보고서를 작성하고 있다. 사고 발생 순서에 대한 타임라인이 다음과 같을 때, 세 번째로 발생한 사고는? (단, 동시에 발생한 사고는 없다)

㉠ 사고 C는 네 번째로 발생하였다.
㉡ 사고 A는 사고 E보다 먼저 발생하였다.
㉢ 사고 B는 사고 A보다 먼저 발생하였다.
㉣ 사고 E는 가장 나중에 발생하지 않았다.
㉤ 사고 F는 사고 B보다 나중에 발생하지 않았다.
㉥ 사고 C는 사고 E보다 나중에 발생하지 않았다.
㉦ 사고 C는 사고 D보다 먼저 발생하였으나, 사고 B보다는 나중에 발생하였다.

① A　　　　　　　　② B

③ D　　　　　　　　④ E

⑤ F

27. 다음 글에 나타난 문제해결의 장애요소는?

최근 A사의 차량이 화재가 나는 사고가 연달아 일어나고 있다. 현재 리콜 대상 차량은 10만여 대로 사측은 전국의 서비스 업체에서 안전진단을 통해 불편을 해소하는 데에 최선을 다하겠다고 말했다. A사 대표는 해당 서비스를 24시간 확대 운영은 물론 예정되어 있던 안전진단도 단기간에 완료하겠다고 입장을 밝혔다. 덕분에 서비스센터 현장은 여름휴가 기간과 겹쳐 일반 서비스 차량과 리콜 진단 차량까지 전쟁터를 방불케 했다. 그러나 안전진단은 결코 답이 될 수 없다는 게 전문가들의 의견이다. 문제가 되는 해당 부품이 개선된 제품으로 교체되어야만 해결할 수 있는 사태이고, 개선된 제품은 기본 20여 일이 걸려 한국에 들어올 수 있기 때문에 이 사태가 잠잠해지기까지는 상당한 시간이 걸린다는 것이다. 또한 단순 안전진단만으로는 리콜이 시작되기 전까지 오히려 고객들의 불안한 마음만 키울 수 있어 이를 해결할 확실한 대안이 필요하다고 지적했다.

① 실질적 대안이 아닌 고객 달래기식 대응을 하고 있다.

② 해결책을 선택하는 타당한 이유를 마련하지 못하고 있다.

③ 선택한 해결책을 실행하기 위한 계획을 수립하지 못하고 있다.

④ 중요한 의사결정 인물이나 문제에 영향을 받게 되는 구성원을 참여시키지 않고 있다.

⑤ 개인이나 팀이 통제할 수 있거나 영향력을 행사할 수 있는 범위를 넘어서는 문제를 다루고 있다.

28. 다음은 SWOT에 대한 설명이다. 다음 중 시장의 위협을 회피하기 위해 강점을 사용하는 전략의 예로 적절한 것은?

〈SWOT 분석〉

SWOT분석이란 기업의 환경 분석을 통해 마케팅 전략을 수립하는 기법이다. 조직 내부 환경으로는 조직이 우위를 점할 수 있는 강점(Strength), 조직의 효과적인 성과를 방해하는 자원·기술·능력면에서의 약점(Weakness), 조직 외부 환경으로는 조직 활동에 이점을 주는 기회(Opportunity), 조직 활동에 불이익을 미치는 위협(Threat)으로 구분된다.

		내부환경요인	
		강점 (Strength)	약점 (Weakness)
외부환경요인	기회 (Opportunity)	SO	WO
	위협 (Threat)	ST	WT

① 세계적인 유통라인을 내세워 개발도상국으로 사업을 확장한다.
② 저가 정책으로 마진이 적지만 인구 밀도에 비해 대형마트가 부족한 도시에 진출한다.
③ 부품의 10년 보증 정책을 통해 대기업의 시장 독점을 이겨낸다.
④ 고가의 연구비를 타사와 제휴를 통해 부족한 정부 지원을 극복한다.
⑤ 친환경적 장점을 내세워 관련 법령에 해당하는 정부 지원을 받는다.

┃29~30┃ 다음은 김치냉장고 매뉴얼 일부이다. 물음에 답하시오.

〈김치에 대한 잦은 질문〉

구분	확인 사항
김치가 얼었어요.	• 김치 종류, 염도에 따라 저장하는 온도가 다르므로 김치의 종류를 확인하여 주세요. • 저염김치나 물김치류는 얼기 쉬우므로 '김치저장-약냉'으로 보관하세요.
김치가 너무 빨리 시어요.	• 저장 온도가 너무 높지 않은지 확인하세요. 저염김치의 경우는 낮은 온도에서는 얼 수 있으므로 빨리 시어지더라도 '김치저장-약냉'으로 보관하세요. • 김치를 담글 때 양념을 너무 많이 넣으면 빨리 시어질 수 있습니다.
김치가 변색되었어요.	• 김치를 담글 때 물빼기가 덜 되었거나 숙성되며 양념이 어우러지지 않아 발생할 수 있습니다. • 탈색된 김치는 효모 등에 의한 것이므로 걷어내고, 김치 국물에 잠기도록 하여 저장하세요.
김치 표면에 하얀 것이 생겼어요.	• 김치 표면이 공기와 접촉하면서 생길 수 있으므로 보관 시 공기가 닿지 않도록 우거지를 덮고 소금을 뿌리거나 위생비닐로 덮어주세요. • 김치를 젖은 손으로 꺼내지는 않으시나요? 외부 수분이 닿을 경우에도 효모가 생길 수 있으니 마른 손 혹은 위생장갑을 사용해 주시고, 남은 김치는 꾹꾹 눌러 국물에 잠기도록 해주세요. • 효모가 생긴 상태에서 그대로 방치하면 더 번질 수 있으며, 김치를 무르게 할 수 있으므로 생긴 부분은 바로 제거해 주세요. • 김치냉장고에서도 시간이 경과하면 발생할 수 있습니다.
김치가 물러졌어요.	• 물빼기가 덜 된 배추를 사용할 경우 혹은 덜 절여진 상태에서 공기에 노출되거나 너무 오래절일 경우 발생할 수 있습니다. 저염 김치의 경우에서 빈번하게 발생하므로 적당히 간을 하는 것이 좋습니다. 또한 설탕을 많이 사용할 경우에도 물러질 수 있습니다. • 무김치의 경우는 무를 너무 오래 절이면 무에서 많은 양의 수분이 빠져나오게 되어 물러질 수 있습니다. 절임 시간은 1시간을 넘지 않도록 하세요. • 김치 국물에 잠긴 상태에서 저장하는 것이 중요합니다. 특히 저염 김치의 경우는 주의해주세요.

김치에서 이상한 냄새가 나요.	• 초기에 마늘, 젓갈 등의 양념에 의해 발생할 수 있으나 숙성되면서 점차 사라질 수 있습니다. 마늘, 양파, 파를 많이 넣으면 노린내나 군덕내가 날 수 있으니 적당히 넣어주세요. • 발효가 시작되지 않은 상태에서 김치냉장고에 바로 저장할 경우 발생할 수 있습니다. • 김치가 공기와 많이 접촉했거나 시어지면서 생기는 효모가 원인이 될 수 있습니다. • 김치를 담근 후 공기와의 접촉을 막고, 김치를 약간 맛들인 상태에서 저장하면 예방할 수 있습니다.
김치에서 쓴맛이 나요.	• 김치가 숙성되기 전에 나타날 수 있는 현상으로, 숙성되면 줄거나 사라질 수 있습니다. • 품질이 좋지 않은 소금이나 마그네슘 함량이 높은 소금으로 배추를 절였을 경우에도 쓴맛이 날 수 있습니다. • 열무김치의 경우, 절인 후 씻으면 쓴맛이 날 수 있으므로 주의하세요.
배추에 양념이 잘 배지 않아요.	• 김치를 담근 직후 바로 낮은 온도에 보관하면 양념이 잘 배지 못하므로 적당한 숙성을 거쳐 보관해 주세요.

29. 다음 상황에 적절한 확인 사항으로 보기 어려운 것은?

> 나영씨는 주말에 김치냉장고에서 김치를 꺼내고는 이상한 냄새에 얼굴을 찌푸렸다. 담근지 세 달 정도 지났는데도 잘 익은 김치냄새가 아닌 꿉꿉한 냄새가 나서 어떻게 처리해야 할지 고민이다.

① 초기에 마늘, 양파, 파를 많이 넣었는지 확인한다.
② 발효가 시작되지 않은 상태에서 김치냉장고에 바로 넣었는지 확인한다.
③ 김치가 공기와 많이 접촉했는지 확인한다.
④ 김치를 젖은 손으로 꺼냈는지 확인한다.
⑤ 시어지면서 생기는 효모가 원인인지 확인한다.

30. 위 매뉴얼을 참고하여 확인할 수 없는 사례는?

① 쓴 맛이 나는 김치
② 양념이 잘 배지 않는 배추
③ 김치의 나트륨 문제
④ 물러진 김치
⑤ 겉면에 하얀 것이 생긴 김치

┃31~32┃ 甲과 乙은 산양우유를 생산하여 판매하는 ○○목장에서 일한다. 다음을 바탕으로 물음에 답하시오.

> • ○○목장은 A~D의 4개 구역으로 이루어져 있으며 산양들은 자유롭게 다른 구역을 넘나들 수 있지만 목장을 벗어나지 않는다.
> • 甲과 乙은 산양을 잘 관리하기 위해 구역별 산양의 수를 파악하고 있어야 하는데, 산양들이 계속 구역을 넘나들기 때문에 산양의 수를 정확히 헤아리는 데 어려움을 겪고 있다.
> • 고민 끝에 甲과 乙은 시간별로 산양의 수를 기록하되, 甲은 특정 시간 특정 구역의 산양의 수만을 기록하고, 乙은 산양이 구역을 넘나들 때마다 그 시간과 그때 이동한 산양의 수를 기록하기로 하였다.
> • 甲과 乙이 같은 날 오전 9시부터 오전 10시 15분까지 작성한 기록표는 다음과 같으며, ㉠~㉢을 제외한 모든 기록은 정확하다.
>
> | 甲의 기록표 | | | 乙의 기록표 | | |
> |---|---|---|---|---|---|
> | 시간 | 구역 | 산양 수 | 시간 | 구역이동 | 산양 수 |
> | 09:10 | A | 17마리 | 09:08 | B→A | 3마리 |
> | 09:22 | D | 21마리 | 09:15 | B→D | 2마리 |
> | 09:30 | B | 8마리 | 09:18 | C→A | 5마리 |
> | 09:45 | C | 11마리 | 09:32 | D→C | 1마리 |
> | 09:58 | D | ㉠21마리 | 09:48 | A→C | 4마리 |
> | 10:04 | A | ㉡18마리 | 09:50 | D→B | 1마리 |
> | 10:10 | B | ㉢12마리 | 09:52 | C→D | 3마리 |
> | 10:15 | C | ㉣10마리 | 10:05 | C→B | 2마리 |
>
> • 구역 이동 외의 산양의 수 변화는 고려하지 않는다.

31. ㉠~㉣ 중 옳게 기록된 것만을 고른 것은?

① ㉠, ㉡   ② ㉠, ㉢
③ ㉡, ㉢   ④ ㉡, ㉣
⑤ ㉢, ㉣

32. ○○목장에서 키우는 산양의 총 마리 수는?

① 58마리   ② 59마리
③ 60마리   ④ 61마리
⑤ 62마리

33. 다음에서 설명하고 있는 개념은 무엇인가?

'Intellectual property right'이란 특허권, 실용신안권, 상표권, 디자인권을 총칭하는 개념으로 개개의 권리는 특허법, 실용신안법, 상표법, 디자인보호법, 저작권법, 부정경쟁방지 및 영업비밀보호에 관한 법률, 민법, 상법 등에 의하여 규율되고 보호된다. 우리나라 헌법은 제22조 제2항에 "저작자·발명가·과학기술자와 예술가의 권리는 법률로써 보호한다."라고 규정함으로써 보호의 근거를 마련하였고, 이에 근거하여 관련 법령이 제정되었다. 특허법·실용신안법·디자인보호법·상표법의 공통된 목적은 '산업 발전'이다. 그래서 위의 4법을 산업재산권법이라고 하는데, 이 중 상표법은 '산업 발전' 외에 '수요자의 이익보호'도 목적으로 하고 있다. '산업재산권'은 'industrial property right'를 번역한 것인데, 제조업이 산업의 대부분을 차지하고 있던 과거에는 '공업소유권'이라고 하다가 현재에는 그 범위를 넓혀 '산업재산권'이라는 용어를 사용하게 되었다.

① 지식문화 ② 지식산업
③ 지식경영 ④ 지적재산권
⑤ 지적계량법

34. 다음에서 설명하고 있는 자원의 성격은?

자원이란 인간 생활에 유용한 물질 중 하나로 기술적으로나 경제적으로 개발이 가능한 것을 말하며 기술적으로는 개발이 가능한 광물이지만 매장량이 적거나 광물의 품질이 낮은 경우, 또는 지나치게 채굴 비용이 많이 들어 경제성이 없는 경우에는 개발이 불가능하다. 철광석은 대체로 철의 함량이 일정량 이상 포함된 것을 개발하여 이용하고 있다. 철의 함량이 일정량 이하인 철광석은 기술적 의미로는 자원이 될 수 있으나, 현재로서는 경제성이 없어 개발할 수가 없기 때문에 경제적 의미의 자원이 될 수는 없는 것이다.

① 편재성 ② 가변성
③ 유한성 ④ 상대성
⑤ 공간성

┃35~36┃ 다음은 자리배치에 따른 각 팀별 팀원의 업무 능력과 시너지 효과를 나타낸 것이다. 주어진 자료를 참고하여 물음에 답하여라.

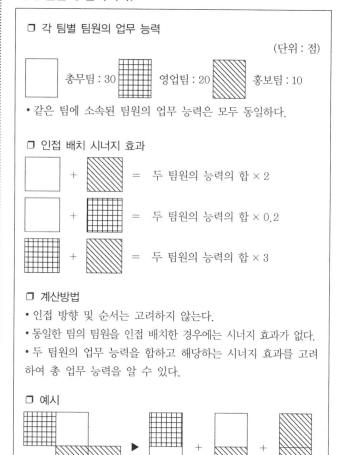

35. 새로 입사한 신입사원의 자리배치가 같다고 할 때, 기대되는 총 업무 능력은?

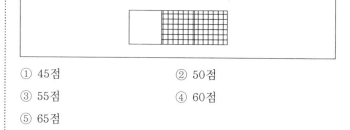

① 45점 ② 50점
③ 55점 ④ 60점
⑤ 65점

36. 총 업무 능력이 190점 이상이 되기 위해서는 ?가 표시된 자리에 어떤 팀의 팀원이 앉아야 하는가?

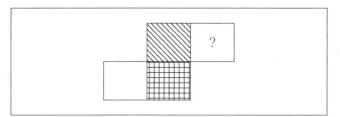

① 총무팀
② 영업팀
③ 홍보팀
④ 모두 가능
⑤ 모두 불가능

▌37~38 ▌ 다음은 시간관리 매트릭스에 관한 설명이다. 물음에 답하시오.

〈시간관리 매트릭스〉		
	긴급함	긴급하지 않음
중요함	제1사분면	제2사분면
중요하지 않음	제3사분면	제4사분면

- 제1사분면 : 중요하고 긴급한 일로 위기사항이나 급박한 문제, 기간이 정해진 프로젝트 등 이 해당
- 제2사분면 : 긴급하지는 않지만 중요한 일로 인간관계 구축이나 새로운 기회의 발굴, 중장기 계획 등이 포함
- 제3사분면 : 긴급하지만 중요하지 않은 일로 잠깐의 급한 질문, 일부 보고서, 눈 앞의 급박한 사항이 해당
- 제4사분면 : 중요하지 않고 긴급하지 않은 일로 하찮은 일이나 시간낭비거리, 즐거운 활동 등이 포함

37. 다음 중 긴급하지 않고 중요하지 않은 일에 해당하는 것은?

① 우편물 확인
② 인간관계 구축
③ 중장기 계획
④ 눈앞의 급박한 상황
⑤ 기간이 정해진 프로젝트

38. 다음은 중완이가 해야 할 일 목록이다. 다음 중 가장 먼저 해야 할 일은?

- 갑자기 떠오른 질문
- 친구와 통화
- 피아노 레슨
- 마감이 가까운 업무
- 휴가 계획
- 모임에 참석
- 공연 관람
- 가족과 식사

① 모임에 참석하기
② 가족과 식사
③ 피아노 레슨
④ 마감이 가까운 업무
⑤ 공연 관람

39. 다음은 정부에서 지원하는 〈귀농인 주택시설 개선사업 개요〉와 〈심사 기초 자료〉이다. 이를 근거로 판단할 때, 지원대상 가구만을 모두 고르면?

〈귀농인 주택시설 개선사업 개요〉
- □ 사업목적 : 귀농인의 안정적인 정착을 도모하기 위해 일정 기준을 충족하는 귀농가구의 주택 개·보수 비용을 지원
- □ 신청자격 : △△군에 소재하는 귀농가구 중 거주기간이 신청마감일(2014. 4. 30.) 현재 전입일부터 6개월 이상이고, 가구주의 연령이 20세 이상 60세 이하인 가구
- □ 심사기준 및 점수 산정방식
  - ○ 신청마감일 기준으로 다음 심사기준별 점수를 합산한다.
  - ○ 심사기준별 점수
    - (1) 거주기간 : 10점(3년 이상), 8점(2년 이상 3년 미만), 6점(1년 이상 2년 미만), 4점(6개월 이상 1년 미만)
      ※ 거주기간은 전입일부터 기산한다.
    - (2) 가족 수 : 10점(4명 이상), 8점(3명), 6점(2명), 4점(1명)
      ※ 가족 수에는 가구주가 포함된 것으로 본다.
    - (3) 영농규모 : 10점(1.0 ha 이상), 8점(0.5 ha 이상 1.0 ha 미만), 6점(0.3 ha 이상 0.5 ha 미만), 4점(0.3 ha 미만)
    - (4) 주택노후도 : 10점(20년 이상), 8점(15년 이상 20년 미만), 6점(10년 이상 15년 미만), 4점(5년 이상 10년 미만)
    - (5) 사업시급성 : 10점(매우 시급), 7점(시급), 4점(보통)
- □ 지원내용
  - ○ 예산액 : 5,000,000원
  - ○ 지원액 : 가구당 2,500,000원
  - ○ 지원대상 : 심사기준별 점수의 총점이 높은 순으로 2가구. 총점이 동점일 경우 가구주의 연령이 높은 가구를 지원. 단, 하나의 읍·면당 1가구만 지원 가능

〈심사 기초 자료(2014. 4. 30. 현재)〉

귀농가구	가구주 연령 (세)	주소지 (△△군)	전입일	가족 수 (명)	영농 규모 (ha)	주택 노후도 (년)	사업 시급성
甲	49	A	2010. 12. 30	1	0.2	17	매우 시급
乙	48	B	2013. 5. 30	3	1.0	13	매우 시급
丙	56	B	2012. 7. 30	2	0.6	23	매우 시급
丁	60	C	2013. 12. 30	4	0.4	13	시급
戊	33	D	2011. 9. 30	2	1.2	19	보통

① 甲, 乙 ② 甲, 丙
③ 乙, 丙 ④ 乙, 丁
⑤ 丙, 戊

40. 甲, 乙, 丙은 서울특별시(수도권 중 과밀억제권역에 해당) ○○동 소재 3층 주택 소유자와 각 층별로 임대차 계약을 체결하고 현재 거주하고 있는 임차인들이다. 이들의 보증금은 각각 5,800만 원, 2,000만 원, 1,000만 원이다. 위 주택 전체가 경매절차에서 주택가액 8,000만 원에 매각되었고, 甲, 乙, 丙모두 주택에 대한 경매신청 등기 전에 주택의 인도와 주민등록을 마쳤다. 乙과 丙이 담보물권자보다 우선하여 변제받을 수 있는 금액의 합은? (단, 확정일자나 경매비용은 무시한다)

제00조
① 임차인은 보증금 중 일정액을 다른 담보물권자(擔保物權者)보다 우선하여 변제받을 권리가 있다. 이 경우 임차인은 주택에 대한 경매신청의 등기 전에 주택의 인도와 주민등록을 마쳐야 한다.
② 제1항에 따라 우선변제를 받을 보증금 중 일정액의 범위는 다음 각 호의 구분에 의한 금액 이하로 한다.
  1. 수도권정비계획법에 따른 수도권 중 과밀억제권역 : 2,000만 원
  2. 광역시(군지역과 인천광역시지역은 제외) : 1,700만 원
  3. 그 밖의 지역 : 1,400만 원
③ 임차인의 보증금 중 일정액이 주택가액의 2분의 1을 초과하는 경우에는 주택가액의 2분의 1에 해당하는 금액까지만 우선변제권이 있다.
④ 하나의 주택에 임차인이 2명 이상이고 그 각 보증금 중 일정액을 모두 합한 금액이 주택가액의 2분의 1을 초과하는 경우, 그 각 보증금 중 일정액을 모두 합한 금액에 대한 각 임차인의 보증금 중 일정액의 비율로 그 주택가액의 2분의 1에 해당하는 금액을 분할한 금액을 각 임차인의 보증금 중 일정액으로 본다.
제00조 전조(前條)에 따라 우선변제를 받을 임차인은 보증금이 다음 각 호의 구분에 의한 금액 이하인 임차인으로 한다.
  1. 수도권정비계획법에 따른 수도권 중 과밀억제권역 : 6,000만 원
  2. 광역시(군지역과 인천광역시지역은 제외) : 5,000만 원
  3. 그 밖의 지역 : 4,000만 원

① 2,200만 원 ② 2,300만 원
③ 2,400만 원 ④ 2,500만 원
⑤ 2,600만 원

41. S정보통신에 입사한 당신은 시스템 모니터링 업무를 담당하게 되었다. 다음의 시스템 매뉴얼을 확인한 후 제시된 상황에서 적절한 입력코드를 고르면?

〈S정보통신 시스템 매뉴얼〉

□ 항목 및 세부사항

항목	세부사항
Index@@ of Folder@@	• 오류 문자 : Index 뒤에 나타나는 문자 • 오류 발생 위치 : Folder 뒤에 나타나는 문자
Error Value	• 오류 문자와 오류 발생 위치를 의미하는 문자에 사용된 알파벳을 비교하여 오류 문자 중 오류 발생 위치의 문자와 일치하지 않는 알파벳의 개수 확인
Final Code	• Error Value를 통하여 시스템 상태 판단

□ 판단 기준 및 처리코드(Final Code)

판단 기준	처리코드
일치하지 않는 알파벳의 개수 = 0	Qfgkdn
0 < 일치하지 않는 알파벳의 개수 ≤ 3	Wxmt
3 < 일치하지 않는 알파벳의 개수 ≤ 5	Atnih
5 < 일치하지 않는 알파벳의 개수 ≤ 7	Olyuz
7 < 일치하지 않는 알파벳의 개수 ≤ 10	Cenghk

〈상황〉

System is processing requests...
System Code is X.
Run...

Error Found!
Index GHWDYC of Folder APPCOMPAT

Final Code? _____

① Qfgkdn
② Wxmt
③ Atnih
④ Olyuz
⑤ Cenghk

42. 다음에서 설명하고 있는 개념의 특징으로 적절한 것은?

이것은 개인용 컴퓨터나 멀티미디어 작업이 가능한 기타 멀티미디어 기기를 이용하여 각종 정보를 여러 가지 효율적인 형태로 상대방에게 전달하는 것이다. 마이크로소프트사의 파워포인트와 같은 전용 프로그램도 있지만 대부분의 문서 작성 프로그램은 이 기능을 가지고 있다.

① 각종 발표 시 사용하는 자료 문서로, 청중을 설득시키는 데 그 목적이 있다.
② 문서를 작성, 편집, 저장 및 인쇄할 때 사용하는 소프트웨어를 말한다.
③ 'MS워드'와 '아래아한글(이하 한글)'이 대표적인 프로세서로 꼽힌다.
④ 계산, 차트 작성 등을 할 수 있어서 급여 계산표, 성적 관리표 등에 이용하고 있다.
⑤ 가로 행과 세로 행이 교차하면서 셀이라는 공간이 구성되는데 이 셀은 정보를 저장하는 단위이다.

43. 다음 빈칸에 들어갈 개념으로 적절한 것은?

• (㉠)은/는 객관적 실제의 반영이며, 그것을 전달할 수 있도록 기호화한 것이다.
• (㉡)은/는 (㉠)을/를 특정한 목적과 문제해결에 도움이 되도록 가공한 것이다.
• (㉢)은/는 (㉡)을/를 집적하고 체계화하여 장래의 일반적인 사항에 대비해 보편성을 갖도록 한 것이다.

	㉠	㉡	㉢
①	자료	정보	지식
②	자료	지식	정보
③	지식	자료	지식
④	지식	정보	자료
⑤	지식	자료	정보

44. 다음에서 설명하고 있는 운영체제의 특징으로 옳지 않은 것은?

> 마이크로소프트에서 개발한 컴퓨터 운영체제다. 키보드로 문자를 일일이 입력해 작업을 수행하는 명령어 인터페이스 대신, 마우스로 아이콘 및 메뉴 등을 클릭해 명령하는 그래픽 사용자 인터페이스를 지원해 멀티태스킹(다중 작업) 능력과 사용자 편의성이 탁월하다.

① OLE(개체 연결 및 포함) 기능을 지원한다.
② 단일 사용자의 다중작업이 가능하다.
③ 사용자가 원하는 대로 특정 기능을 추가할 수 있다.
④ 용도에 따라 크게 개인용, 기업용, 임베디드용으로 나뉜다.
⑤ 전체 데스크톱 운영체제 시장에서 대부분의 점유율을 가져가고 있다.

45. 다음 시트처럼 한 셀에 두 줄 이상 입력하려는 경우 줄을 바꿀 때 사용하는 키는?

① ⟨F1⟩ + ⟨Enter⟩
② ⟨Alt⟩ + ⟨Enter⟩
③ ⟨Alt⟩ + ⟨Shift⟩ + ⟨Enter⟩
④ ⟨Shift⟩ + ⟨Enter⟩
⑤ ⟨Shift⟩ + ⟨Ctrl⟩ + ⟨Enter⟩

46. 다음의 알고리즘에서 인쇄되는 S는?

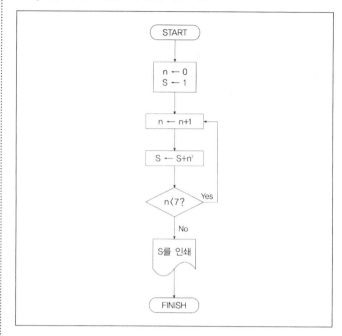

① 137
② 139
③ 141
④ 143
⑤ 145

47. 터미널노드는 자식이 없는 노드를 말한다. 다음 트리에서 터미널노드 수는?

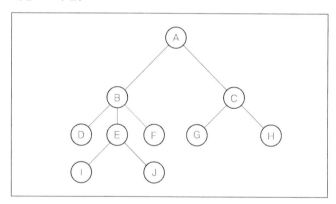

① 5
② 6
③ 7
④ 8
⑤ 9

48. 다음의 시트에서 수식 '=DSUM(A1:D7, 4, B1:B2)'를 실행하였을 때 결과 값은?

	A	B	C	D
1	성명	부서	3/4분기	4/4분기
2	김하나	영업부	20	15
3	유진영	총무부	30	35
4	고금순	영업부	15	20
5	이영훈	총무부	10	15
6	김영대	총무부	20	10
7	채수빈	영업부	15	20

① 45   ② 50

③ 55   ④ 60

⑤ 65

49. PC 보안을 설정하기 위한 다음의 방법 중 적절하지 않은 것은 어느 것인가?

① 일정 시간을 정하여 화면 보호기를 설정해 둔다.

② 불필요한 공유 폴더의 사용을 금지한다.

③ 정품이 아닌 윈도우 소프트웨어 사용 시 정기적인 업데이트를 반드시 실시한다.

④ 허가하지 않은 인터넷 연결이나 공유 폴더 접근을 차단하는 PC 방화벽을 설정한다.

⑤ 라이선스 없는 프로그램은 삭제하고 불법 소프트웨어 설치를 금지한다.

50. 다음에 제시된 사례 중, 인터넷의 역기능으로 보기 어려운 것은 어느 것인가?

① 수신된 이메일을 무심코 열어 본 K씨는 원치 않는 음란 사이트로 연결되어 공공장소에서 당혹스러운 일을 겪은 적이 있다.

② H씨는 증권 거래 사이트가 갑자기 마비되어 큰돈이 묶이게 된 상황을 경험한 적이 있다.

③ 인터넷 뱅킹을 자주 이용하는 M씨는 OTP발생기를 가지고 오지 않아 여행지에서 꼭 필요한 송금을 하지 못한 적이 있다.

④ L씨는 유명한 게임 사이트에 접속하였다가 입에 담기도 힘든 욕설을 듣고 불쾌함을 느낀 적이 있다.

⑤ S씨는 자신의 블로그에 올린 글이 청소년들의 인기 사이트에서 불법 복제되고 있는 것을 경험하였다.

하나은행

KB116056

지역인재 신입행원

모의고사

정답 및 해설

SEOWONGAK
(주)서원각

제1회 정답 및 해설

1 ④

정규직과 비정규직 간의 임금격차는 사업장 규모가 커짐에 따라 더욱 커진다. 5인 미만의 사업체의 경우 1,688원인 임금격차가 5~29인 사업체에서는 3,969원으로, 30~299인 사업체에서는 6,093원으로, 300인 이상 사업체에서는 11,383원으로 점차 커지고 있음을 확인할 수 있다.

2 ②

전체근로자의 시간당 임금은 16,709원이며, 정규직근로자와 비정규직근로자의 시간당 임금액은 각각 18,212원과 12,076원이므로 다음과 같이 계산할 수 있다.
• 정규직근로자 : 18,212 ÷ 16,709 = 1.09배
• 비정규직근로자 : 12,076 ÷ 16,709 = 0.72배

3 ②

코요테 모멘트 … 두렵고 피하고 싶었던 상황에 처해 있다는 것을 갑자기 깨닫게 되는 순간을 의미한다. 증권시장에서는 증시의 갑작스러운 붕괴나, 지난 2008년 세계 금융위기가 초래한 부동산 거품 붕괴 등을 일컫는다. 최근에는 신종 코로나바이러스 감염증(코로나19) 쇼크를 코요테 모멘트로 지목하며 경기 침체를 예고하기도 했다.

4 ②

② 관리팀의 예산이 감축되면 영업팀과 디자인팀의 예산이 감축되지 않고 ㉣에 따라 총무팀, 기획팀의 예산이 감축된다. ㉢의 대우 명제 '기획팀 예산이 감축되지 않으면 인사팀이나 디자인팀의 예산이 감축되지 않는다'는 참이지만 기획팀의 예산이 감축될 것이므로 옳지 않다.
① 기획팀과 영업팀의 예산이 감축되면 ㉣에 따라 총무팀은 예산이 감축되지 않고 ㉡의 대우 명제인 '영업팀이나 디자인팀의 예산이 감축되면 관리팀의 예산이 감축되지 않는다'에 따라 관리팀의 예산도 감축되지 않는다.
③ 총무팀의 예산이 감축될 경우 조건 ㉠의 대우 명제에 따라 금융팀의 예산은 감축되지 않는다.
④ 관리팀의 예산이 감축되면 영업팀과 디자인팀의 예산이 감축되지 않고 ㉣에 따라 총무팀, 기획팀의 예산이 감축된다.

5 ④

주어진 글에서 폭발성 발화는 한 번에 2개 이상의 전기신호가 짧은 시간 동안 발생하는데, 이 전기신호의 전후로 신경세포의 발화가 억제된다고 하였으므로 폭발성 발화를 유도하여 신경세포의 발화를 억제하면 통증을 감소시킬 수 있을 것이다.

6 ④

벌처 펀드(Vulture Fund)
㉠ 파산한 기업이나 경영위기에 처한 기업 혹은 부실채권을 저가에 인수하여 경영을 정상화 시킨 후 고가에 되팔아 단기간에 차익을 내는 회사 또는 그 자금을 말한다.
㉡ 투자대상은 최근 3년 이내에 1회 이상 부도를 내거나 파산 등을 신청한 기업, 부채비율이 업종 평균 1.5배를 넘는 기업들이다.
㉢ 부실기업이나 정크본드를 주요 투자대상으로 하기 때문에 고위험, 고수익이다.
㉣ 미국 투자은행 로스차일드사가 운영하는 벌처 펀드가 한라그룹에 투자한 사례 등이 이에 속한다. 제일은행을 인수한 뉴브리지캐피탈, 대한생명 인수를 추진했던 파나콤 등도 모두 벌처 펀드의 성격이 강하다.
㉤ 영업 형태는 직접 경영권을 인수하여 되파는 방법과 부실기업의 주식 또는 채권에 투자하여 주주로서 권리행사를 통해 간접 참여하는 방법 등이 있다.

7 ①

㉠ 단기금융상품(3위), 재고자산(8위), 유형자산(1위), 기타비유동자산(5위)의 4개 항목이 2011년과 2012년 순위가 동일하다.
㉡ $\frac{15.0}{7.0+15.0+7.2+5.1} \times 100 ≒ 43.73\%$
㉢ 2011년 238억 원(=3,400억 원 × 0.07) > 2012년 228억 원(=2,850억 원 × 0.08)
㉣ 전체에서 차지하는 비율이 4.3% 감소한 것이며, 2011년과 2012년의 자산총액이 다르므로 '금액'이 4.3%의 비율만큼 감소했다고 말할 수 없다.

8 ①

천재지변 등 부득이한 사유로 교통비가 과하게 발생하면 실비를 지급하는 것이며, 그에 맞는 정해진 지급기준이 있는 것은 아니다.

② 15일이 넘는 기간이므로 15일째까지는 $50,000 \times 15 = 750,000$원, 16일째부터 5일 간은 10% 감액된 $45,000 \times 5 = 225,000$원을 지급받게 되어 총 975,000원이 된다.

③ 여행시간과 여행거리 중 어느 하나라도 해당되는 곳은 관내출장지로 구분하고 있다.

④ 관내출장의 경우이므로 높은 등급의 여비 적용자의 기준을 따르는 것이 아니다.

9 ④

보통 갑지, 을지 또는 1급지, 2급지 등으로 구분되는 국가별 등급은 해외 출장 시의 일비, 숙박비, 식비 등의 체재비를 직급별로 구분하여 지급하기 위한 기준이 된다. 제시된 여비규정은 모두 국내 여행 및 출장에 해당하므로 국가별 등급에 의한 일비 적용 기준은 '별표 1'에 포함될 사항으로 거리가 멀다.

10 ③

ⓔ의 대우 명제 '가돌이를 좋아하는 사람이 있으면 마돌이가 가돌이를 좋아한다'가 되므로 마돌이는 가돌이가 좋아할 가능성이 있는 사람이다. 따라서 가돌이가 마돌이를 좋아하므로 라돌이는 가돌이를 좋아하지 않는다(ⓐ). ⓑ에 의해 다돌이는 라돌이를 좋아하지 않는다. ⓒ의 대우 명제 '라돌이가 다돌이를 싫어하고 가돌이가 라돌이를 싫어하면 바돌이가 가돌이를 싫어한다'가 되며 전제(라돌이가 다돌이를 싫어함, 가돌이가 라돌이를 싫어함)가 모두 참이므로 바돌이는 가돌이를 싫어한다. ⓕ의 대우 명제 '가돌이가 누군가를 좋아하면 가돌이와 나돌이가 서로 좋아하거나 가돌이가 다돌이를 좋아한다'와 ⓛ의 명제를 통해 나돌이와 다돌이도 가돌이가 좋아할 가능성이 있는 사람이다. 따라서 가돌이가 좋아할 가능성이 있는 사람은 나돌, 다돌, 마돌이다.

11 ①

핀테크(FinTech)의 특징

ⓐ 예금, 대출, 자산 관리, 결제, 송금 등 다양한 금융 서비스가 IT, 모바일 기술의 발달과 더불어 새로운 형태로 진화하고 있으며, 넓은 의미에서 이러한 흐름에 해당하는 모든 서비스를 핀테크 서비스라 할 수 있다.

ⓑ 서비스 외에 관련된 소프트웨어나 솔루션, 플랫폼을 개발하기 위한 기술과 의사 결정, 위험관리, 포트폴리오 재구성, 성과 관리, 시스템 통합 등 금융 시스템의 개선을 위한 기술도 핀테크의 일부라 할 수 있다. 핀테크 서비스들은 은행과 다른 방식으로 은행이 주지 못한 새로운 가치를 이용자들에게 제공한다.

12 ②

레스터 서로와 칼레츠키의 주장을 인용하면서 민주주의와 자본주의의 결합을 설명하고 있으므로 ②가 적절하다.

13 ③

ⓐ 사건의 확률로 미래를 예측 → 도박사의 오류가 아니다.

ⓑ 도박사의 오류 B(확률이 낮은 사건이 일어난 것은 시행을 많이 해봤을 것이다)

ⓒ 도박사의 오류는 특정사건을 예측하거나 과거를 추측하는 문제이지 확률이 높고 낮음을 추론하는 것이 아니다. 도박사의 오류 A, B 둘 다 아니다.

14 ②

A가 파티에 참석할 시 C와 F도 참석하며, C가 참석하는 경우는 B도 참석해야 한다. A는 B가 참석하면 파티에 참석하지 않는다고 했으므로 원칙에 성립되지 않는다. 따라서 A가 참석하지 않을 수 있는 경우는 B와 C만 참석하는 경우이므로 최대인원은 2명이 된다.

15 ②

① 두류의 증감방향 : 증가 → 증가 → 증가

　미곡의 증감방향 : 감소 → 증가 → 증가

② 미곡과 맥류의 재배면적의 합은 2,081이고, 곡물 재배면적 전체는 2,714이므로

$$\frac{2,081}{2,714} \times 100 = 76.6\%$$

③ 1964년의 경우 $\frac{208}{138} = 1.5$배이다.

④ 재배면적당 생산량을 계산해보면 두류 4, 맥류 7.5, 미곡 15.9, 서류 18.9, 잡곡 3.7로 가장 큰 곡물은 서류이다.

16 ②

크라우드 펀딩(Crowd Funding) … 대중을 의미하는 크라우드(Crowd)와 자금 조달을 뜻하는 펀딩(Funding)의 합성어로, 온라인 플랫폼을 이용해 대중으로부터 자금을 조달하는 방식을 말한다.

17 ④

- 갑＝(145×3)+(72×4)=723
- 을＝(170×3×0.8)+(72×4×1.2)=753.6
- 병＝(110×3)+(60×5×1.2)=690
- 정＝(100×4×0.8)+(45×6)=590
- 무＝(75×5)+(35×6×1.2)=627

18 ①

보기는 '원인'의 의미를 지닌 부사임을 나타내는 격조사이다.
② '처소'의 부사어임을 나타내는 격조사
③ '목표나 목적 대상'의 부사어임을 나타내는 격조사
④ '진행방향'의 부사어임을 나타내는 격조사

19 ①

① 환율이 오르면 수입업체들이 수입 대금을 지불하기 위해 사용하는 원화가 많아지기 때문에 수입 단가가 올라가게 된다.

20 ①

블록체인(Blockchain)
㉠ 블록에 데이터를 담아 체인 형태로 연결하여 수많은 컴퓨터에 복제하여 저장하는 분산형 데이터 저장 기술. 공공 거래 장부라고도 부르며, 가상화폐 거래에서 해킹을 막는 기술이다.
㉡ 기존 금융회사의 경우 중앙 집중형 서버에 거래 기록을 보관하는 반면, 블록체인은 거래에 참여하는 모든 사용자에게 거래 내역을 보내주며 거래마다 이를 대조하여 데이터 위조를 막는다.
㉢ 대표적으로 가상화폐인 비트코인에 활용되고 있다. 이밖에도 위조화폐 방지, 전자투표, 전자시민권 발급, 부동산 등기부, 병원 간 공유되는 의료기록관리 등 신뢰성이 요구되는 다양한 분야에 활용할 수 있다.

21 ①

합계와 평균을 이용하여 빈 칸을 최대한 채워보면 다음과 같다.

분야＼응시자	어학	컴퓨터	실무	NCS	면접	평균
A	16	14	13	15	( )	( )
B	12	14	10	10	14	12.0
C	10	12	9	10	18	11.8
D	14	14	20	17	( )	( )
E	18	20	19	17	19	18.6
F	10	13	16	15	16	14
계	80	87	87	84	( )	( )
평균	13.3	14.5	14.5	14	( )	( )

따라서 응시자 A와 D의 평균 점수를 알 수 없게 된다.

22 ②

6명의 면접 평균 점수가 17.5점이며 A와 D의 면접 점수(x로 치환)가 동일하다는 것은 $14+18+19+16+2x=17.5×6=105$가 된다. 따라서 A와 D의 면접 점수는 19점이 된다.
이를 통해 앞 문제에서 정리한 표를 다시 정리해 보면 다음과 같다.

분야＼응시자	어학	컴퓨터	실무	NCS	면접	평균
A	16	14	13	15	19	15.4
B	12	14	10	10	14	12.0
C	10	12	9	10	18	11.8
D	14	14	20	17	19	16.8
E	18	20	19	17	19	18.6
F	10	13	16	15	16	14
계	80	87	87	84	105	( )
평균	13.3	14.5	14.5	14	17.5	( )

따라서 2명의 최종 채용자는 D와 E가 된다. 그러므로 A의 '실무'점수가 최고점, D의 '실무' 점수가 13점일 경우에는 A와 D의 평균 점수가 각각 16.8점과 15.4점이 되어 최종 채용자가 A와 E로 바뀌게 된다.
① E의 평균 점수가 17.6점이 되어 여전히 1위의 성적이므로 채용자는 변경되지 않는다.
③ F의 평균 점수가 16점이 되므로 채용자는 변경되지 않는다.
④ B의 평균 점수가 16점이 되므로 채용자는 변경되지 않는다.

23 ④

문제 지문과 조건으로 보아 가, 다의 자리는 정해져 있다.

가	다			

나는 라와 마 사이에 있으므로 다음과 같이 두 가지 경우가 있을 수 있다.

라	나	마
마	나	라

따라서 가가 맨 왼쪽에 서 있을 때, 나는 네 번째에 서 있게 된다.

24 ③

판관비를 대입하여 시기별 매출 자료를 다음과 같이 정리해 볼 수 있다.

(단위 : 억 원)

	'17. 1분기	2분기	3분기	4분기	'18. 1분기	2분기
매출액	51	61	62	66	61	58
매출원가	39.1	44.8	45.3	48.5	43.0	40.6
매출 총이익	11.9	16.2	16.7	17.5	18.0	17.4
판관비	2.0	2.1	2.2	2.3	2.4	2.5
영업이익	9.9	14.1	14.5	15.2	15.6	14.9

따라서 매출총이익에서 판관비가 차지하는 비중은 2.0÷11.9×100=약 16.8%인 2017년 1분기가 가장 큰 것을 확인할 수 있다.

① 매출원가는 2017년 4분기가 가장 크나, 매출총이익은 2018년 1분기가 가장 크다.

② 영업이익률은 2018년 1분기가 15.6÷61×100=약 25.6%이며, 2018년 2분기가 14.9÷58×100=약 25.7%이다.

④ 매출액 대비 매출총이익 비중은 시기별로 23.3%, 26.6%, 26.9%, 26.5%, 29.5%, 30.0%로 2017년 4분기에는 감소하였음을 알 수 있다.

25 ②

통화긴축을 할 경우 유동성 부족으로 금리가 상승하는 유동성 효과는 단기에 그치고 중장기적으로 물가 하락을 가져와 명목금리도 하락하게 된다.

① 톱니 효과 : 생산이나 소비가 일정 수준에 도달하고 나면 이전으로 되돌리기 어려운 현상

③ 피구 효과 : 물가하락에 따른 자산의 실질가치 상승이 경제주체들의 소비를 증가시키는 현상

④ 승수 효과 : 정부가 지출을 늘릴 경우 지출한 금액보다 많은 수요가 창출되는 현상

26 ②

② 프로슈머 : 생산과 유통, 소비에 참여하는 소비자를 의미한다.

① 크리슈머 : 신제품 개발이나 디자인 등에 적극적으로 개입하여 자신의 의견을 내놓는 소비자

③ 모디슈머 : 제조업체가 제시하는 방식에서 벗어나 자신만의 방식으로 제품을 활용하는 소비자

④ 스마슈머 : 스마트폰의 다양한 기능을 활용하여 실용적이고 똑똑한 소비를 누리는 소비자

27 ②

(나)에서는 정상적인 공권력으로서 투자자의 역할을 하던 권세가와 상인들로부터 물품을 갈취하는 폭압적 권위자의 모습이 모두 그려지고 있으므로 그들의 이중적인 모습을 엿볼 수 있는 단락이 된다.

① 고려시대 시장의 상황을 묘사한 단락은 (가), (나), (다)이다.

③ 권세가들의 폭압과 정도의 차이는 있으나, 상인들에게 있어서는 불교사찰 역시 그들과 크게 다르지 않은 모습의 경우도 존재했음을 설명하는 단락이다.

④ 징벌 대상이 된 상인들이 사료에 수록되었다는 내용만 있을 뿐, 부패한 고려 상인이 많았다는 언급은 찾아볼 수 없다.

28 ④

불교 사찰의 순수하지 않은 면을 언급하였으나, 그것은 권세가들의 폭압과는 다른 모습이었음을 설명하고 있으므로 고위층보다 더한 비리와 부패의 모습을 보였다고 판단하는 것은 과도하다고 할 수 있다.

① 은병과 포필은 고위층과 하위민들을 위한 별도의 통화라고 설명되어 있다.

② 징벌 대상으로서의 상인들의 모습은 사료에 수록되었다고 설명되어 있다.

③ 정상적 공권력을 투자자의 모습으로 설명하고 있다.

29 ③

불량률

	A출판사	B출판사	C출판사
국어교재	10%	4.8%	5.3%
수학교재	6.3%	5.3%	7.1%
영어교재	7.7%	6.3%	5.6%

① 수학교재의 불량률은 C출판사가 가장 높다.

② 국어교재의 불량률은 A출판사가 C출판사의 2배 이하이다.

④ 영어교재의 불량률은 C출판사가 가장 낮다.

30 ②

② 시제품 B는 C에 비해 독창성 점수가 2점 높지만 총점은 같다. 따라서 옳지 않은 발언이다.

31 ②

코뿔소는 멀리서도 눈에 띄어 움직임을 알 수 있지만 막상 두려움 때문에 아무런 대처를 하지 못하는 것을 빗대어 표현한 용어이다.
㉠㉣ 지속적으로 경고하지만 쉽게 간과하는 위험 요인을 말한다.

32 ②

② 정보(information)와 전염병(epidemics)의 합성어로 정보 확산으로 인한 각종 부작용을 일컫는다.

33 ①

시험을 응시한 여자사원의 수를 x라 하고, 여자사원의 총점 + 남자사원의 총점 = 전체 사원의 총점이므로
$76x + 72(100 - x) = 73 \times 100$
식을 간단히 하면 $4x = 100$, $x = 25$
∴ 여자사원은 25명이다.

34 ③

'되~'에 '아/어라'가 붙는 말의 줄임말로 쓰일 경우는 '돼'가 올바른 표현이며, '(으)라'가 붙으며 '아/어'가 불필요한 경우에는 그대로 '되'를 쓴다. 따라서 제시된 각 문장에는 다음의 어휘가 올바른 사용이다.
㉠ '되어야' 혹은 '돼야'
㉡ '되기'
㉢ '되어' 혹은 '돼'
㉣ '되어야' 혹은 '돼야'

35 ③

a. 연령대별 임신부 초진 시기가 연도별로 빨라지거나 늦어지는 변동 패턴이 동일한 것은 ㉠과 ㉢이므로 둘 중 하나가 25~29세이며, 나머지 하나가 30~34세가 된다.
b. 의료기관 방문 횟수가 연령별로 가장 적었던 해가 3번인 것은 ㉣의 2003, 2006, 2015년 밖에 없다. 따라서 ㉣이 15~24세가 된다.

c. a와 b를 근거로 ㉡이 35세 이상 연령대가 됨을 알 수 있으며, ㉢과의 증감률 비교를 통해 ㉠과 ㉢을 구분할 수 있다. ㉠, ㉡, ㉢의 방문 횟수 증감률을 차례로 계산해 보면 다음과 같다.
㉠ (13.47-12.8)÷12.8×100=약 5.2%
㉡ (12.87-12.57)÷12.57×100=약 2.4%
㉢ (13.32-12.7)÷12.7×100=약 4.9%
따라서 ㉡과 ㉢이 2.5%p의 차이를 보이고 있으므로 ㉢이 30~34세 연령대의 임신부임을 알 수 있다.

36 ④

㉠ a = b = c = d = 25라면, 1시간당 수송해야 하는 관객의 수는 40,000 × 0.25 = 10,000명이다. 버스는 한 번에 대당 최대 40명의 관객을 수송하고 1시간에 10번 수송 가능하므로, 1시간 동안 1대의 버스가 수송할 수 있는 관객의 수는 400명이다. 따라서 10,000명의 관객을 수송하기 위해서는 최소 25대의 버스가 필요하다.
㉡ d = 40이라면, 공연 시작 1시간 전에 기차역에 도착하는 관객의 수는 16,000명이다. 16,000명을 1시간 동안 모두 수송하기 위해서는 최소 40대의 버스가 필요하다.
㉢ 공연이 끝난 후 2시간 이내에 전체 관객을 공연장에서 기차역까지 수송하려면 시간당 20,000명의 관객을 수송해야 한다. 따라서 회사에게 필요한 버스는 최소 50대이다.

37 ③

㉠는 서킷 브레이커, ㉡는 사이드 카에 대한 설명이다. 서킷 브레이커는 주식시장 개장 5분 후부터 장이 끝나기 40분 전인 PM 2시 20분까지 발동할 수 있고, 하루에 한번만 발동할 수 있다. 한번 발동한 후에는 요건이 충족되어도 다시 발동할 수 없다. 사이드 카는 발동된 뒤 5분이 지나면 자동으로 해제되며, 장 종료 40분 전인 PM 2시 20분 이후에는 발동될 수 없고 발동 횟수도 1일 1회로 제한된다.

• 콘탱고 : 주식시장에서 선물 가격이 현물 가격보다 높거나 결제 월에서 멀수록 높아지는 현상이다.
• 프리보드 : 비상장주권의 매매거래를 하기 위해 금융투자협회가 운영하던 장외시장이다.

38 ③

2021년 최저임금은 2020년 대비 1.5% 인상된 8,720원이다.

39 ②

- 보고서 첫 번째 문장에서 2013년 투신자살이 27건으로 철도교통사고 건수의 90%라고 했으므로 총 철도교통사고 건수는 30건이다. 그리고 전년대비 증감이 +4이므로 ㉮는 26이다.
- 보고서 두 번째 문장에서 2013년 철도안전사상사고 1건당 피해자 수는 1명이고, 모두 직원이라고 하였으므로 ㉰는 3이다. 그리고 사고 건수가 8건이므로 전년대비 증감으로 보아 ㉯는 9이다.
- 보고서 세 번째 문장에서 2013년에 규정위반, 급전장애, 신호장애, 차량고장을 제외한 운행장애가 3건이라고 하였으므로 ㉱는 2이다.

40 ③

③ '가엽다'는 '가엾다'와 함께 표준어로 쓰인다.

① 아지랑이 → 아지랭이
② 상판때기 → 상판대기
④ 가벼히 → 가벼이

41 ④

$$교육비\ 증가율 = \frac{해당연도\ 교육비 - 전년도\ 교육비}{전년도\ 교육비} \times 100$$

① 2007년 대비 2008년도의 전체 교육비 증가율은 0.13, 2008년 대비 2009년도의 전체 교육비 증가율은 0.09이다. 따라서 전체교육비의 전년대비 증가율이 하락했다.

② 기타 교육비/전체 교육비를 계산해보면 가장 높은 연도는 2010년도이다.

③ 2010년도 중등교육비는 전년도보다 줄었다.

④ 2009년 학원 교육비 전년대비 증가율은 0.04이고, 2008년 증가율은 0.16이다.

42 ④

④ 물가상승률과 실업률 사이에 역의 관계가 존재하므로 물가안정과 완전고용이라는 두 가지 경제정책 목표는 동시에 달성될 수 없다.

※ 영국의 경제학자 윌리엄 필립스가 물가상승률과 실업률 사이에 있는 역의 상관관계를 나타낸 필립스 곡선이다.

43 ②

B는 "2018년 사용자별 지출액의 전년 대비 증가율은 '개인'이 가장 높다"고 했다. 2018년 사용자별 지출액의 전년(2017년) 대비 증가율을 보면 개인은 30% 대이다. 민간사업자의 경우 약 40% 이상 증가하였으므로 적절하게 평가하지 못했다.

① 공공사업자 지출액의 전년 대비 증가폭은 2016년에는 49억 증가하였고, 2017년에는 53억이 증가하였다. 2018년에는 47억이 증가하였으므로 2017년이 가장 크다.

③ 공공사업자 지출액의 전년 대비 증가폭은 매년 10% 미만인 반면 민간사업자나 개인의 경우 전년 대비 증가율은 매년 10% 이상이다.

④ 공공사업자와 민간사업자의 지출액 합은 2015년 800억대, 2016년 900억대, 2017년 1,100억대, 2018년 1,300억대이다. 개인의 경우 2015년 532억, 2016년 725억, 2017년 985억, 2018년 1,294억으로 D는 옳게 평가하였다.

44 ③

③ 신용을 직접 공급하거나 신용중개를 지원하는 기관 및 활동만을 포함하며, 신용중개기능이 없는 단순 주식거래, 외환거래는 제외된다.

※ 그림자 금융은 은행과 유사한 신용중개기능을 수행하는 비은행 금융기관이 은행과 같은 엄격한 건전성 규제를 받지 않으며 중앙은행의 유동성 지원이나 예금자보호도 받을 수 없어 시스템적 리스크를 초래할 가능성이 높은 기관 및 금융상품이다.

45 ①

▭ADEB의 넓이는 9이고 ▭BFGC의 넓이가 4이므로, $\overline{AB}$ 의 길이는 3이고 $\overline{BC}$ 의 길이는 2이다. 피타고라스의 정리에 의하면 직각삼각형에서 직각을 끼고 있는 두 변의 제곱의 합은 빗변의 길이의 제곱과 같으므로, $\overline{AC}$ 의 길이를 x 라고 할 때, $x^2 = 9 + 4 = 13$ 이다.

46 ②

스튜어드십 코드에 대한 설명으로 연기금과 자산운용사 등 주요 기관투자자들의 의결권 행사를 적극적으로 유도하기 위한 자율지침을 말한다.

① 포트폴리오 : 주식투자에서 다수 종목에 분산투자 함으로써 위험을 회피하고 투자수익을 극대화하는 방법이다.

③ 불완전판매 : 금융기관이 고객에게 상품의 운용방법 및 위험도, 손실가능성 등 필수사항을 충분히 고지하지 않고 판매하는 것을 말한다.

④ **폰지 사기** : 아무런 사업도 하지 않으면서 신규 투자자의 돈으로 기존 투자자에게 원금과 이자를 갚아나가는 금융 다단계 사기수법이다.

47 ①

LiB, VRB, NaS 방식은 모두 이온의 특성을 이용한 화학적 방식으로 볼 수 있으며, Flywheel 방식 또한 전기에너지→운동에너지→전기에너지의 변환을 거치는 화학적 방식의 에너지저장 기술이다. 반면, 수위의 낙차를 이용한 양수발전과 압축하여 둔 공기를 가열함으로써 터빈을 돌리는 방식인 CAES는 물리적인 방식의 에너지저장 기술에 해당된다.

48 ③

가사업무나 봉사활동, 지하경제는 GDP에 해당하지 않는다. 모든 경제주체가 일정기간 동안 국경 내에서의 생산이라면 GDP에 포함된다.

49 ④

설문조사 결과에 대해 정은 "2020년 '있음'으로 응답한 비율의 전년대비 감소율이 가장 큰 침해유형은 '주민등록번호 도용'이다."고 반응했다.
주민등록번호 도용을 기준으로 전년인 2019년에 '있음' 비율이 2020년보다 큰 항목이면서도 감소폭이 작은 항목은 개인정보 무단수집과 과도한 개인정보 수집, 주민등록 도용이다. 감소율을 살펴보면, 개인정보 무단수집은 약 26%, 과도한 개인정보 수집은 약 30%, 목적 외 이용은 약 23%, 주민등록번호 도용은 약 40%다. 주민등록번호 도용의 감소율이 가장 높으므로 정은 옳은 반응을 보였다.
① '있음'으로 응답한 비율이 큰 침해유형부터 순서대로 나열하면 2019년의 경우 개인정보 무단 수집→개인정보 유출→제3자에게 제공→과도한 개인정보 수집→개인정보 미파기→주민등록번호 도용→목적 외 이용 순이다. 2020년의 경우는 개인정보 유출→개인정보 무단수집→제3자에게 제공→과도한 개인정보 수집→개인정보 미파기→목적 외 이용→주민등록번호 도용 순이다. 2019년의 가장 비율이 큰 침해유형은 개인정보 무단수집이고, 2020년은 개인정보 유출로 동일하지 않으므로 갑의 반응은 옳지 않다.
② 을은 "2020년 개인정보 무단수집을 '있음'으로 응답한 비율은 개인정보 미파기를 '있음'으로 응답한 비율의 2배 이상"이라고 했다. 2020년 개인정보 무단수집을 '있음'으로 응답한 비율은 44.4%이다. 개인정보 미파기를 '있음'으로 응답한 비율은 22.7%이다. 2배인 45.4%에 미치지 못하므로 을은 반응은 옳지 않다.

③ 병은 "2020년 '있음'으로 응답한 비율의 전년대비 감소폭이 가장 큰 침해유형은 '과도한 개인정보 수집'이다."라고 했다. 2020년 '있음'으로 응답한 비율의 전년대비 감소폭이 가장 큰 침해유형은 13.3%인 과도한 개인정보 수집이 아니고 15.3%인 개인정보 무단수집이다.

50 ②

주어진 문장과 보기②의 '걸었다'는 '앞으로의 일에 대한 희망 따위를 품거나 기대하다'라는 뜻으로 쓰였다. ①③의 '(생애를, 목숨을, 직위를) 걸었다'에서는 '목숨, 명예 따위를 담보로 삼거나 희생할 각오를 하다'라는 뜻이다. ④의 '걸었다'는 '어떤 상태에 빠지도록 하다'의 뜻으로 쓰인 경우이다.

51 ①

⊙은 [연구개요] 중 '3시간 이상 폭력물을 시청한 아동과 청소년들은 텔레비전 속에서 보이는 성인들의 폭력행위를 빠른 속도로 모방하였다.'와 같은 맥락으로 볼 수 있는 자료로, [연구결과]를 뒷받침하는 직접적인 근거가 된다.
ⓒ 성인의 범죄행위 유발과 관련 자료이다.
ⓒ 이미 범죄행위를 저지르고 난 후 폭력물을 시청하는 조건이다.
ⓔ 텔레비전 프로그램 시청이 선행에 영향을 미침을 증명하는 자료가 아니다.

52 ③

디플레이션이란 인플레이션(Inflation)의 반대 개념으로 물가가 지속적으로 하락하는 것을 말한다.
소비가 위축되면서 재화의 가격치 하락하고 화폐가치가 상승하게 된다. 이로 인해 채무자는 부채 상환의 어려움을 겪는다. 또한 기업도 생산과 고용을 줄여 실업률이 증가하게 되는데 결국 악순환이 반복된다.

53 ③

① 음악을 작곡하다(= 쓰다).
② 사람을 부리다(= 쓰다).
④ 물건을 사용하다(= 쓰다).

54 ③

인천에서 모스크바까지 8시간이 걸리고, 6시간이 인천이 더 빠르므로

09 : 00시 출발 비행기를 타면 $9+(8-6)=11$시 도착

19 : 00시 출발 비행기를 타면 $19+(8-6)=21$시 도착

02 : 00시 출발 비행기를 타면 $2+(8-6)=4$시 도착

55 ④

개인이 소비를 줄이고 저축을 늘리면 그 개인은 부유해질 수 있지만 모든 사람이 저축을 하게 되면 총수요가 감소해 사회 전체의 부는 감소하는 것을 말한다. 사회 전체의 수요·기업의 생산 활동을 위축시키며 국민소득은 줄어들게 된다. 이때 저축은 악덕이고 소비는 미덕이라는 역설이 성립하게 된다.

① 승자의 저주 : 치열한 경쟁 끝에 승리를 얻었지만 승리를 얻기 위해 과도한 비용과 희생으로 오히려 커다란 후유증을 겪는 상황이다.

② 구축효과 : 정부의 재정지출 확대가 기업의 투자 위축을 발생시키는 현상이다.

③ 유동성 함정 : 시중에 화폐의 공급을 크게 늘려도 기업의 생산이나 투자, 가계 소비가 늘지 않아 경기가 나아지지 않는 현상이다.

56 ②

• 작동이 서다(＝ 멈추다).

• 5일장이 서다(＝ 열리다).

• 자리에서 서다(＝ 일어나다).

• 빌딩이 서다(＝ 지어지다).

57 ③

앰부시 마케팅은 규제를 교묘하게 피해가는 간접 마케팅이다.

① 노이즈 마케팅 : 고의적으로 구설수에 올라 인지도를 높이는 마케팅

② 래디컬 마케팅 : 독특하고 기발한 아이디어로 인지도를 높이는 마케팅

④ 녹색 마케팅 : 기업의 제품 개발이나 유통 과정에서 환경에 대한 사회적 책임과 환경보전 노력을 소비자에게 호소하는 마케팅

58 ②

스놉 효과는 특정 제품에 대한 수요가 증가할 경우 오히려 그 제품에 대한 수요가 떨어지는 현상으로, 다른 사람과는 차별화된 소비를 지향하며 마치 까마귀 속에서 혼자 떨어져 고고하게 있는 백로의 모습 같다고 해서 '백로 효과'라고도 한다.

① 베블런 효과 : 가격이 오르는데도 과시욕이나 허영심 등으로 수요가 줄어들지 않는 현상이다.

③ 전시 효과 : 타인의 소비행동을 모방하려는 소비성향으로 개인이 사회의 영향을 받아 상류층의 소비 형태를 모방하기 위해 무리한 지출을 하는 현상이다.

④ 디드로 효과 : 하나의 제품을 구매하고 제품과 관련된 다른 제품을 추가로 계속 구매하는 현상으로 제품의 조화를 추구하려는 욕구가 충동구매를 불러일으키며 눈으로 보여 지는 제품일수록 디드로 효과는 강하게 나타난다.

59 ③

주어진 조건에 의해 가장 먼 거리에 있는 네 군데 끝자리에는 양 사원, 나 대리, 오 대리, 김 사원이 앉게 되며, 최 대리 - 박 사원 - 나 대리 세 명의 자리가 확정된 조건임을 알 수 있다. 따라서 다음의 두 가지 경우의 수가 생길 수 있다.

김 사원/ 오 대리	최 대리	박 사원	나 대리	양 사원	A	B	오 대리/ 김 사원
양 사원	A	B	오 대리/ 김 사원	김 사원/ 오 대리	최 대리	박 사원	나 대리

두 가지 경우 모두 A, B에 임 대리와 민 사원이 앉게 되므로 각 라인 당 2명이 같은 라인으로 이동한 것이 된다. 또한 8명 모두 자리를 이동하였다고 했으므로 두 가지 경우 모두 A, B 자리는 각각 임 대리와 민 사원의 자리가 되어야 한다.

따라서 '임 대리는 최 대리와 마주보고 앉게 된다.'가 올바른 설명이 된다.

① 양 사원의 옆 자리에는 임 대리가 앉게 된다.

② 김 사원의 옆 자리에는 민 사원 또는 최 대리가 앉게 된다.

④ 민 사원의 옆 자리 한쪽에는 임 대리, 다른 한쪽에는 오 대리 또는 김 사원이 앉게 된다.

60 ②

채찍 효과

㉠ 공급사슬관리에서 반복적으로 발생하는 문제점 중 하나로, 제품에 대한 수요정보가 공급사슬을 거쳐 전달될 때마다 왜곡되는 현상을 말한다.

㉡ 고객의 수요가 상부로 전달될수록 수요의 변동성이 증가하는 현상이다. 소를 몰 때 긴 채찍을 사용하면 손잡이 부분에서 작은 힘이 가해져도 끝부분에서는 큰 힘이 생기는 데에서 붙여진 명칭으로 나비 효과와 유사하다.

㉢ 공급에 있어서 수요의 작은 변동이 제조업체에 전달될 때는 확대되어 수요의 변동이 불확실하게 보이게 된다. 이처럼 정보가 왜곡되면 공급에 재고가 쌓이고 서비스 수준도 저하된다.

제2회 정답 및 해설

1 ④

④ '수나 분량, 시간 따위를 본디보다 많아지게 하다'라는 뜻의 '늘리다'가 적절하게 쓰였다.

① '가능한'은 그 뒤에 명사 '한'을 수식하여 '가능한 조건하에서'라는 의미로 사용한다. '가능한 빨리'와 같이 부사가 이어지는 것은 적절하지 않다.

② '아니하다(않다)'는 앞 용언의 품사를 따라가므로 '효과적이지 않은'으로 적는다.

③ '~에/에게 뒤지다'와 같이 쓰는데, '그들'이 사람이므로 '그들에게'로 쓴다.

2 ①

㉠ 한국 $2,015 - 3,232 = -1,217$,
중국 $5,954 - 9,172 = -3,218$,
일본 $2,089 - 4,760 = -2,671$

모두 적자이다.

㉡ 소비재는 50% 이상 증가하지 않았다.

	원자재	소비재	자본재
2018	2,015	138	3,444
2015	578	117	1,028

㉢ 자본재 수출경쟁력을 구하면 한국이 일본보다 높다.

한국 $= \dfrac{3,444 - 1,549}{3,444 + 1,549} = 0.38$

일본 $= \dfrac{12,054 - 8,209}{12,054 + 8,209} = 0.19$

3 ③

두 번째 정보에서 테이블 1개 + 의자 1개 = 서류장 2개임을 알 수 있다.

세 번째 정보에서 두 번째 정보를 대입하면 서류장 1개 = 의자 2개가 되며 테이블 1개 = 의자 3개가 된다. 따라서 서류장 10개 + 의자 10개 = 의자 30개이며, 의자 30개 = 테이블 10이다.

4 ④

리디노미네이션은 화폐 단위를 하향 조정하는 것으로 화폐의 가치 변동 없이 모든 은행권 및 지폐의 액면을 동일한 비율의 낮은 숫자로 조정하거나, 이와 함께 새로운 통화단위로 화폐의 호칭을 변경하는 것이다.

※ 화폐 단위 변경 결정 및 법 개정 → 화폐 도안 결정 → 화폐 발행 → 화폐 교환 → 신·구화폐 병행 사용 → 화폐 단위 완전 변경

5 ①

주어진 자료를 통해 다음과 같은 구체적인 수치를 확인하여 도표로 정리할 수 있다.

	유치원 수	학급 수	원아 수	교원 수
국공립	4,799개	10,909개	172,287명	15,864명
사립	4,222개	26,840개	506,009명	39,028명

따라서 국공립 유치원 1개당 평균 원아 수는 $172,287 ÷ 4,799 =$ 약 35.9명으로 가장 큰 수치가 된다.

② $26,840 ÷ 4,222 =$ 약 6.4개

③ $39,028 ÷ 4,222 =$ 약 9.2명

④ $172,287 ÷ 15,864 =$ 약 10.9명

6 ③

주어진 자료를 빠르게 이해하여 문제가 요구하는 답을 정확히 찾아내야 하는 문제로, NCS 의사소통능력의 빈출문서이다.

제1조에 을(乙)은 갑(甲)에게 계약금 → 중도금 → 잔금 순으로 지불하도록 규정되어 있다.

① 제1조에 중도금은 지불일이 정해져 있으나, 제5조에 '중도금 약정이 없는 경우'가 있을 수 있음이 명시되어 있다.

② 제4조에 명시되어 있다.

④ 제5조의 규정으로, 을(乙)이 갑(甲)에게 중도금을 지불하기 전까지는 을(乙), 갑(甲) 중 어느 일방이 본 계약을 해제할 수 있다. 단, 중도금 약정이 없는 경우에는 잔금 지불하기 전까지 계약을 해제할 수 있다.

7 ④

- 정육면체의 높이를 x 라 하면, $x^3 = 125$, ∴ $x = 5cm$
- 직육면체의 겉넓이는
  $2(4 \times 3) + 2(5 \times 3) + 2(5 \times 4) = 94cm^2$
- 직육면체의 부피는 $4 \times 3 \times 5 = 60cm^3$

따라서 $94 - 60 = 34$이다.

8 ②

사이드 카에 대한 기본사항을 묻는 문제이다.
② 서킷 브레이커(Circuit Breakers)에 대한 설명이다.

9 ②

② 행위자 A와 직·간접적으로 연결되는 모든 행위자들과의 최단거리는 1 − 5명(D, E, F, G, H), 2 − 1명(B), 3 − 4명 (I, J, K, M), 4 − 1명(C), 5 − 4명(L, N, O, P) 으로 총 43으로 행위자 A의 근접 중심성은 $\frac{1}{43}$이다.

행위자 B와 직·간접적으로 연결되는 모든 행위자들과의 최단거리는 1 − 5명(G, I, J, K, M), 2 − 2명(A, C), 3 − 8명 (D, E, F, H, L, N, O, P)으로 총 33으로 행위자 B의 근접 중심성은 $\frac{1}{33}$이다.

10 ④

먹는 손과 배변을 처리하는 손이 다르게 된 것을 한쪽 손을 주로 쓰는 경향은 뇌의 좌우반구의 기능 분화와 관련이 있다고 언급하였으나 이것이 행위에 요구되는 뇌 기능의 차이 때문이라고 말할 수는 없다. 좌우반구 기능 분화는 논리적 사고와 직관적 사고와 관련된 것이지 먹는 행위와 배변 처리 행위의 차이라고 할 수는 없다.

① 위생에 대한 관습으로 왼손은 배변 처리에 이용하고 오른손을 먹고 인사하는 일에 이용했다는 예를 들고 있다. 이는 관습이 규범이 아니라 주로 사용하는 한쪽 손의 경향에 따른 것이다.
② 왼쪽 손을 주로 사용하는 경향은 뇌의 좌우반구의 기능 분화와 관련이 있고, 논리적 사고는 좌반구 기능과 관련이 있다. 또한 직관적 사고는 우반구와 관련이 있다. 오른손잡이는 좌반구 기능이 우반구 기능보다 상대적으로 기민한 경우가 많다. 현대인의 약 80%가 오른손잡이이므로 직관적 사고보다는 논리적 사고가 더 지배적이라 볼 수 있다.
③ 인류를 제외한 포유류는 대게 왼발을 사용하므로 뇌의 좌반구보다는 우반구의 기능이 더 기민하다고 볼 수 있다.

11 ③

㈎ 2017년은 75÷91.8×100=약 81.7%이며, 2018년은 75.7 ÷91.9×100=약 82.4%로 2018년에 비중이 더 증가하였다. (×)
㈏ 은행예금은 75%의 비중에서 75.7%의 비중으로 증가하여 가장 많은 변동이 있는 운용 방법이 된다. (○)
㈐ 노후 대책, 안정성, 은행예금은 각 자료에서 가장 비중이 높은 항목이나, 〈보기〉에서 언급한 바와 같은 상호 연관성을 찾을 수 있는 근거는 제시되어 있지 않다. (×)
㈑ 두 비교시기 모두 현금화 가능성보다 접근성을 더 많이 고려하고 있다. (○)

12 ④

④와 같은 자료를 그래프로 비교해 보고자 할 때는 가로 막대그래프 또는 세로 막대그래프가 가장 적절하다고 할 수 있다. 막대그래프는 한 개의 항목에 대하여 두 개 연도의 변화를 비교해 보기에 적절한 그래프이다. 제시된 ④와 같은 모양의 그래프 추세선을 추가하여 증감률 등을 함께 표현하고자 하는 자료에서 효과적으로 사용될 수 있다.

13 ②

객실의 층과 라인의 배열을 그림으로 표현하면 다음과 같다.

301호	302호	303호	304호
201호	202호	203호	204호
101호	102호	103호	104호

두 번째 조건에서 4호 라인에는 3개의 객실에 투숙하였다고 했으므로 104호, 204호, 304호에는 출장자가 있게 된다. 또한 3호 라인에는 1개의 객실에만 출장자가 투숙하였다고 했는데, 만일 203호나 303호에 투숙하였을 경우, 2층과 3층의 나머지 객실이 정해질 수 없다. 그러나 103호에 투숙하였을 경우, 1층의 2개 객실이 정해지게 되며 2층과 3층은 3호 라인을 제외한 1호와 2호 라인 모두에 출장자가 투숙하여야 한다. 따라서 보기 ②의 사실이 확인된다면 8명의 출장자가 투숙한 8개의 객실과 투숙하지 않는 4개의 객실 모두를 다음과 같이 알아낼 수 있다.

301호	302호	303호	304호
201호	202호	203호	204호
101호	102호	103호	104호

14 ②

랩어카운트(Wrap Account) … 랩(Wrap)과 어카운트(Account)의 조합어로 고객의 투자성향을 파악하여 이에 따른 총체적인 자산종합관리 서비스의 제공을 통해 일정한 수수료를 수취하는 자산종합계좌를 말한다.

15 ③

수정	⇨	배아 (2주)	⇨	태아 (6개월)	⇨	진통	⇨	배 밖
D, F		E		C		B		A

16 ②

② 각 펀드의 샤프지수를 계산하면 B펀드가 1로 가장 높다.

※ **샤프지수(Sharpe ratio)** … 펀드의 성과분석에서는 수익률뿐만 아니라 위험도 함께 살펴보아야 한다. 이때 위험 조정 성과로 가장 많이 활용되는 것이 샤프지수로서 수익률을 위험(표준편차)으로 나누어 계산한다. 따라서 이 수치는 수익률의 변동성 대비 수익률의 높은 정도 즉, 샤프지수는 위험의 한 단위당 수익률을 나타내므로 이 수치가 높을수록 투자성과는 성공적이라고 할 수 있다. 샤프지수의 측정은 다음과 같다.

$$\frac{\overline{R_p} - \overline{R_f}}{\sigma_p}$$

- $\overline{R_p}$: 포트폴리오의 평균 수익률
- $\overline{R_f}$: 무위험 수익률의 평균
- σ_p : 펀드 수익률의 표준 편차

17 ②

- 첫 날 매출 : $3,000 \times 10 = 30,000$
- 둘째 날 매출 : $2,500 \times 10 = 25,000$
- 셋째 날 매출 : $2,000 \times 10 = 20,000$
- 넷째 날 매출 : $1,500 \times 10 = 15,000$
- 다섯째 날 매출 : $1,000 \times 10 = 10,000$

따라서 해당 제품은 5일 동안 판매되었다.

18 ①

② 흑수부는 백산부의 북서쪽에 있다.
③ 백산부는 불열부의 남쪽에 있다.
④ 안차골부는 속말부의 동북쪽에 있다.

19 ④

금리의 기능 … 자금배분기능, 경기조절기능, 물가조정기능

20 ①

역모기지론은 집을 담보로 하고 연금 형태로 생활비를 지급받고, 사망 후에는 금융회사가 집을 처분해 대출금과 이자를 상환 받는 형태로 노인들의 노후생활 안정을 돕기 위해 도입된 것이다.

21 ④

- A가 거짓말을 하는 경우 : C의 말에 의해 E도 거짓말을 하기 때문에 조건에 맞지 않는다.
- B가 거짓말을 하는 경우 : A도 거짓말을 하기 때문에 조건에 맞지 않는다.
- C가 거짓말을 하는 경우 : A, E가 참이기 때문에 E의 진술에 의해 D도 거짓말이기 때문에 조건에 맞지 않는다.
- D가 거짓말을 하는 경우 : C의 말에 의해 E도 거짓말을 하기 때문에 조건에 맞지 않는다.

22 ②

주어진 2개의 자료를 통하여 다음과 같은 상세 자료를 도출할 수 있다.

(단위 : 건, %)

연도 \ 노선		1호선	2호선	3호선	4호선	합
2017	아동	37	159	11	2	209
	범죄율	17.7	76.1	5.3	1.0	
	비아동	187	112	71	37	407
	범죄율	45.9	27.5	17.4	9.1	
	전체	224	271	82	39	616
	전체 범죄율	36.4	44.0	13.3	6.3	
2018	아동	63	166	4	5	238
	범죄율	26.5	69.7	1.7	2.1	
	비아동	189	152	34	56	431
	범죄율	43.9	35.3	7.9	13.0	
	전체	252	318	38	61	669
	전체 범죄율	37.7	47.5	5.7	9.1	

따라서 이를 근거로 〈보기〉의 내용을 살펴보면 다음과 같다.

㈎ 2018년 비아동 상대 범죄 발생건수는 3호선이 71건에서 34건으로 전년보다 감소하였다. (X)

⒝ 2018년의 전년 대비 아동 상대 범죄 발생건수의 증가폭은 238-209=29건이며, 비아동 상대 범죄 발생건수의 증가폭은 431 407=24건이 된다. (O)

⒟ 2018년의 노선별 전체 범죄율이 10% 이하인 노선은 5.7%인 3호선과 9.1%인 4호선으로 2개이다. (X)

⒢ 2호선은 2017년과 2018년에 각각 44.0%와 47.5%의 범죄율로, 두 해 모두 전체 범죄율이 가장 높은 노선이다. (O)

23 ③

밑줄 친 부분은 '(속되게) 이익이 되는 어떤 것이나 사람을 차지하다.'라는 의미로 사용되었다.

① ('책임' 따위를 목적어 성분으로 하여) 어떠한 일에 대한 책임을 따지다.

② 무엇을 밝히거나 알아내기 위하여 상대편의 대답이나 설명을 요구하는 내용으로 말하다.

④ 남에게 입힌 손해를 돈으로 갚아 주거나 본래의 상태로 해 주다.

24 ④

① 정약용은 청렴을 당위의 차원에서 주장하는 기존의 학자들과 달리 행위자 자신에게 실질적 이익이 된다는 점을 들어 설득하고자 하였다.

② 정약용은 "지자(知者)는 인(仁)을 이롭게 여긴다."라는 공자의 말을 빌려 "지혜로운 자는 청렴함을 이롭게 여긴다."라고 하였다.

③ 청렴은 큰 이득이 남는 장사라고 말하면서, 지혜롭고 욕심이 큰 사람은 청렴을 택하지만 지혜가 짧고 욕심이 작은 사람은 탐욕을 택한다고 설명한다.

25 ①

만약 A가 범인이라고 가정한다면

	A	B	C
첫 번째 진술	×	×	○
두 번째 진술			×
세 번째 진술			×

C의 두 번째와 세 번째 진술은 거짓이므로 A와 C는 만난 적이 있다.

그러면 A의 세 번째 진술은 참이 되고 A의 두 번째 진술과 B의 세 번째 진술은 거짓이 된다.

이 경우 B의 첫 번째 진술과 세 번째 진술이 거짓이므로 두 번째 진술은 참이 되어야 하는데 C의 두 번째 진술과 상충되므로 가정을 한 A는 범인이 아니다.

C가 범인이라고 가정을 하면 A-ⓒ, B-ⓛ, C-ⓛ이 진실일 때 모순이 없다.

26 ③

안내문에서 주의사항으로 시설물 설치는 대관일 하루 전날부터 가능하다고 되어있고 행사는 금요일이므로 화환은 목요일에 보내야 한다.

27 ①

한국은행이 공개시장조작 정책 등을 실시하여 콜금리를 종전보다 낮게 조절하면 장단기 시장금리나 은행 여수신금리도 하락하게 된다. 따라서 이자율이 감소하므로 가계의 소비가 증가하고 기업 역시 투자가 증가한다.

ⓞ 대출금리 및 차입금리의 하락으로 아파트 등의 부동산 투자가 증가한다.

ⓛ 콜금리의 조정으로 국내금리가 하락하므로 우리나라 화폐 가치가 하락(원화환율 상승)하므로 수출은 늘고 수입은 감소하므로 경상수지 개선효과가 있다.

ⓒ 케인즈 학파는 투자가 이자율에 비탄력적인 것으로 판단한다.

ⓔ 금리가 인하되면 채권보다 주식에 대한 투자매력이 증가한다.

28 ④

외환위기 이후 생존을 위해 경영실적을 올려야 했던 것이 결과적으로 은행으로 하여금 마진율이 높고 리스크가 적은 가계대출 위주의 영업을 지향하게 했던 것이므로 이러한 단기성과주의가 가장 핵심적인 은행의 보수적 금융행태라고 할 수 있다.

29 ③

지문의 내용은 기준금리의 내용이다. 모든 금리의 출발점이자 나침반 역할을 하는 기준금리는 금융통화위원회의 의결을 거쳐 결정되는 정책금리이다. 일반적으로 기준금리를 내리면 시중에 돈이 풀려 정체된 경기가 회복되고 물가가 상승하며, 기준금리를 올리면 시중에 돈이 말라 과열된 경기가 진정되고 물가가 하락한다.

30 ④

ⓞ 면적 대비 총 생산액은 수도권 4.05/충청권 0.72/호남권 0.49/제주권 0.5/강원권 0.15/대경권 0.49/동남권 1.38

ⓛ 면적 대비 농·임·어업 생산액은 수도권 1.04/충청권 1.11/ 호남권 1.28/제주권 3.67/강원권 0.36/대경권 0.77/동남권 1.2

ⓒ 인구대비 제조업 생산액은 수도권 0.64/충청권 1.7/ 호남권 1.09/제주권 0.09/강원권 0.3/대경권 1.37/동남권 1.56

31 ④

C거래처 사원(9시~10시)－A거래처 과장(10시~12시)－B거래처 대리(12시~14시)－F은행(14시~15시)－G미술관(15시~16시)－E서점(16~18시)－D거래처 부장(18시~)

① E서점까지 들리면 16시가 되는데, 그 이후에 G미술관을 관람할 수 없다.

② F은행까지 들리면 13시가 되는데, B거래처 대리 약속은 18시에 가능하다.

③ G미술관 관람을 마치고 나면 11시가 되는데 F은행은 12시에 가야 한다. 1시간 기다려서 F은행 일이 끝나면 13시가 되는데, B거래처 대리 약속은 18시에 가능하다.

32 ④

① 타인의 자본을 빌려 자기 자본의 이익률을 높이는 것

② 주식, 채권 등의 자금을 한꺼번에 싸서 투자전문가에게 운용서비스 및 부대서비스를 포괄적으로 받는 계약

③ 금융회사가 여러 투자자로부터 자산을 모아 집합시키는 일

33 ②

〈보기〉의 각 내용을 살펴보면 다음과 같다.

㈎ 생산 전력량은 순서대로 각각 450, 320, 380천 Mwh로 H발전소가, 전송받은 전력량은 순서대로 각각 400, 380, 370천 Mwh로 지역A가 가장 많다.

㈏ W발전소에서 지역A로 공급한 전력의 30%가 지역C로 전송된다는 것은 지역A로 전송된 전력량이 140→98천 Mwh, 지역C로 전송된 전력량이 70→112천 Mwh가 된다는 것이므로 이 경우, 전송받은 전력량 순위는 지역A와 지역C가 서로 바뀌게 된다.

㈐ H발전소에서 전송한 전력량을 세 지역 모두 10%씩 줄이면 450→405천 Mwh가 되어 발전소별 생산 전력량 순위는 바뀌지 않고 동일하게 된다.

㈑ 발전소별 평균 전송한 전력량은 순서대로 각각 450÷3=150, 320÷3=약 107, 380÷3=약 127천 Mwh이며, 지역별 평균 전송받은 전력량은 순서대로 각각 400÷3=약 133, 380÷3=약 127, 370÷3=약 123천 Mwh이므로 모든 평균값이 100~150천 Mwh의 범위 내에 있음을 알 수 있다.

34 ③

① 신세나 은혜를 입다(=지다).

② 책임이나 의무를 맡다(=지다).

④ 해나 달이 서쪽으로 넘어가다(=지다).

35 ④

④ 공급자 중심의 사고가 지배했던 과거에는 생산을 중심으로 정보가 관리되었지만, 인터넷의 등장 이후 소비자가 상품에 대한 정보를 이전보다 더 많이 가질 수 있게 되면서 소비자를 이해하는 방향으로 기업이 변화하고 있다는 것을 알 수 있다.

36 ④

밑면의 반지름의 길이가 3cm이고 모선의 길이가 5cm인 원뿔을 그림으로 나타내면 다음과 같다.

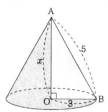

따라서 피타고라스의 정리를 이용하여 직각삼각형 AOB의 높이를 구하면 $\sqrt{5^2-3^2}=x$이므로 $x=4$cm이다.

37 ②

② 항공사 경영진은 매몰비용에 집착하지 않고 총수입이 기회비용을 넘으면 영업을 계속했다.

38 ③

영화관의 가격 차별화에 대한 질문이다. 이와 같은 가격 차별화가 가능하려면 극장은 어느 정도 독점력을 갖추고 있어 가격을 직접 설정할 수 있어야 한다.

① 가격이 차별화되는 두 시장은 완전히 단절되어야 한다.

② 두 시장에서 수요의 가격 탄력성은 달라야 한다.

④ 오전시장의 경우 오후시장으로 옮겨갈 가능성이 있기 때문에 더 탄력적이라고 할 수 있다.

39 ②

금융보험업의 경우는 $52 \div 327 \times 100 = 15.9\%$이며, 전기가스업은 $9 \div 59 \times 100 = 15.3\%$이다.
① 각 업종의 기업이 어떤 분야의 4차 산업 기술을 활용하고 있는지를 알 근거는 없다.
③ 1,014개로 제시되어 있으며, 1,993개와의 차이는 복수응답에 의한 차이이다.
④ 부동산업이 $3 \div 246 \times 100 = 1.2\%$로 가장 낮은 비중을 보이며, 운수·창고업은 $22 \div 715 \times 100 = 3.1\%$이다.

40 ①

① 경제력이 어느 정도의 행복을 높여주는 요소이기는 하지만 이를 지속적으로 증진시키는 것은 아니며, 사회 전체의 소득 수준이 높아진다고 해서 행복이 비례적으로 높아지는 것은 아니다. 따라서 ①이 적절하다.

41 ②

희소성의 원칙 ⋯ 무한한 인간의 욕구에 비해 이를 충족시킬 수 있는 자원은 상대적으로 부족한 현상을 말한다.

42 ②

보기1에 의하면 ㉠과 ㉢이 주변인과 대화하기 또는 시위·집회 참여하기 중 하나임을 알 수 있다. 또한 보기2에 의하면 ㉠, ㉡, ㉢ 중 서명운동 참여하기와 주변인과 대화하기가 해당됨을 알 수 있다. 따라서 ㉡이 서명운동 참여하기임을 확인할 수 있다.
보기3에서는 ㉢과 ㉣이 시위·집회 참여하기 또는 불매운동 참여하기 중 하나임을 의미하고 있으므로 보기1과 함께 판단했을 때, ㉢이 시위·집회 참여하기, ㉣이 불매운동 참여하기가 되며 이에 따라 ㉠은 주변인과 대화하기가 된다.

43 ②

〈보기〉의 내용을 문제에 더해서 생각하면 된다. 'C는 변호사이다.'를 참으로 가정하면

	교사	변호사	의사	경찰
A	×	×	×	○
B	○	×	×	×
C	×	○	×	×
D	×	×	○	×

이렇게 되나, '① A는 교사와 만났지만, D와는 만나지 않았다.'와 '④ D는 경찰과 만났다.'는 모순이 된다. 그러므로 ㉠ C는 변호사이다 → 거짓

㉡ 명제를 참이라고 가정하면 의사와 경찰은 만났으므로 B, C는 둘 다 의사와 경찰이 아니다. D는 경찰이 아니므로 A가 경찰, D가 의사기 된다. 그러나 ①에서 A와 D는 만나지 않았다고 했으므로 ④에서 만났다고 해도 모순이 된다.
그러므로 ㉠과 ㉡은 모두 거짓이다.

44 ②

목초지와 같은 공유자원은 누군가 사용하면 다른 사람들은 사용할 수 없게 되어 경합성은 지니고 있으나 대가를 지불하지 않은 다른 사람들의 사용을 배제할 수는 없다.

45 ①

• A가 지급받는 탄소포인트 $= 0 + 2,500 + 5,000 = 7,500$
• B가 지급받는 탄소포인트 $= 10,000 + 2,500 + 5,000$
$= 17,500$
• C가 지급받는 탄소포인트 $= 10,000 + 1,250 + 5,000$
$= 16,250$
• D가 지급받는 탄소포인트 $= 5,000 + 2,500 + 2,500 = 10,000$

46 ①

'있다'의 어간 '있–'에 '어떤 일에 대한 원인이나 근거'를 나타내는 연결 어미 '–(으)매'가 결합한 형태이다.
② '몇 일'은 없는 표현이다. 표준어인 '며칠'로 쓴다.
③ 한글 맞춤법 제40항에 따르면 어간의 끝음절 '하'가 아주 줄 적에는 준 대로 적는다. 따라서 '야속하다'는 '야속다'로 줄여 쓸 수 있다.
④ '마구', '많이'의 뜻을 더하는 접두사 '처–'를 쓴 단어이다. '(~을) 치다'의 '치어'가 준 말인 '쳐'가 오지 않도록 한다.

47 ③

㉢ 팀장님이 월요일에 월차를 쓴다고 하였다. → 월요일은 안 된다.
㉣ 실장님이 김 대리에게 우선권을 주어 월차를 쓸 수 있는 요일이 수, 목, 금이 되었다.
→ 월차를 쓸 수 있는 날이 수, 목, 금이라는 말은 화요일이 공휴일임을 알 수 있다.
㉤ 김 대리는 5일에 붙여서 월차를 쓰기로 하였다.
그럼 여기서 공휴일에 붙여서 월차를 쓰기로 했으므로 화요일이 공휴일이므로 수요일에 월차를 쓰게 된다.

48 ③

① 계란이 인체에 미치는 악영향이 보도되면 계란에 대한 수요가 감소하고 가격이 하락하며 균형거래량이 감소하게 된다.

② 사료의 가격이 하락하면 닭의 생산·공급이 모두 증가하여 계란의 공급은 증가하게 된다.

④ 사료가격이 하락하게 되면 계란의 공급곡선이 오른쪽으로 이동하게 되어 균형가격은 하락하고 균형거래량은 증가하게 된다.

49 ①

• 지출 내역은 창호 40만 원, 영숙 120만 원, 기오 56만 원이고, 총 216만 원이다.

• 각자가 동일하게 분담해야 하므로 216/4＝54, 각자 54만 원씩 부담해야 한다.

• 준희는 무조건 54만 원을 부담해야 하므로 (A)는 54만 원이다.

• 기오는 이미 56만 원을 부담했으므로 창호에게 2만 원을 받으면 54만 원을 부담한 것이 된다. 즉, (B)는 2만 원이다.

• 창호는 이미 40만 원을 부담했고, 기오에게 2만 원을 더 줬기 때문에 42만 원을 부담했다. 그러므로 54만 원이 되려면 12만 원을 영숙이에게 전달해야 한다. 그러면 영숙이도 총 54만 원을 부담하게 되어 모두가 동일한 금액을 부담하게 된다. 즉, (C)는 12만 원이다.

50 ①

ⓒ 유류세 인하는 수요자에게는 가격 혜택을, 공급자에게는 사용량 증가로 인한 혜택을 제공하게 된다.

ⓔ 유류세 인하는 수요곡선에는 영향을 미치지 않고 공급곡선에만 영향을 미친다.

ⓕ A국의 석유 공급곡선은 X축에 대하여 수직이다.

※ **공급의 가격탄력성과 공급곡선**

ⓐ **공급의 가격탄력성** : 가격이 변화할 경우 공급량이 얼마나 변하는지를 나타내는 지표이다. 재화의 공급량이 가격변화에 대해 민감하게 변하면 그 재화의 공급은 탄력적이라 하며, 가격이 변할 때 공급량이 조금만 변하면 공급은 비탄력적이라 한다.

ⓑ **공급곡선** : 가격과 공급량과의 관계를 나타내는 곡선을 말하며, 다른 변수들이 동일할 경우 가격이 높을수록 공급량은 증가하기 때문에 공급곡선은 우상향의 형태를 띠게 된다.

51 ④

커피 한 잔의 원가를 x 라 하면,

$1.3x - 450 = 1.15x$

$0.15x = 450$

$x = 3,000$

∴ 커피 70잔을 팔았을 때의 총 이익금은

$3,000 \times \dfrac{15}{100} \times 70 = 31,500$원이 된다.

52 ②

※ **수립(樹立)** : 국가나 정부, 제도, 계획 따위를 이룩하여 세움.

※ **적립(積立)** : 모아서 쌓아 둠.

※ **확립(確立)** : 체계나 견해, 조직 따위가 굳게 섬. 또는 그렇게 함.

53 ③

① 소비자소득이 증가하게 되면 컴퓨터의 수요가 증가하게 되면서 컴퓨터 가격의 상승과 균형거래량의 증가를 가져온다.

② 소프트웨어의 가격이 상승하게 되면 컴퓨터의 수요는 감소하게 되고 가격거래량의 하락을 가져온다.

④ 칩 가격이 하락하게 되면 컴퓨터 생산비용이 하락하므로 공급은 증가하나 균형가격의 하락과 균형거래량의 증가를 가져온다.

54 ②

정의 핸드폰이 황금색이면 모두 틀린 것이다.

정의 핸드폰이 검은색이라면 갑, 을, 병 모두가 맞춘 것이다.

정의 핸드폰이 흰색이라면 갑, 을은 맞추었고 병은 틀린 것이다.

문제에서 "적어도 한 사람은 맞았고, 또 적어도 한 사람은 틀렸다."고 했으므로 정의 핸드폰은 흰색이 된다.

55 ①

핵심역량(경쟁적 차별적 우위요소) … 단순히 그 기업이 잘하는 활동을 의미하는 것이 아니라 경쟁기업과 비교하여 훨씬 우월한 능력, 즉 경쟁우위를 가져오게 하는 능력을 말한다.

56 ②

② 전사적으로 경영참가의식을 갖게 하여 사기를 높임으로써 전원이 결점을 없애는데 협력해 나가도록 하는 운동이다. 이전에 사람은 실수를 저지를 수 있다 하여 이를 방지하기 위한 올바른 작업방법을 지시하는 것이 옳다고 생각하였다. 하지만 ZD에서는 사람은 완전을 향해 노력하며 그 노력은 실수를 하지 않는 것도 가능하게 한다고 생각하여 올바른 작업동기를 부여하는 것이 중요하다고 판단한다. 따라서 종래의 하향식 목표대신 작업의 목표를 자주적으로 결정하도록 하여 목표를 달성한 그룹을 표창함으로써 동기를 부여한다.

57 ④

④ ABC 분석기법은 재고의 중요도 또는 가치에 따라 재고의 품목을 A등급, B등급, C등급으로 구분하여 관리하는 기법을 말하며 재고자산의 품목이 많은 경우 재고를 효율적으로 관리하기 위하여 파레토의 법칙을 재고관리기법에 도입한 것이다.

58 ②

㉠ A지방법원 : 774, B지방법원 : 737
㉡ E지방법원의 실질출석률=약 27%, C지방법원의 실질출석률=약 26%
㉢ D지방법원의 출석률=약 30%
㉣ A~E지방법원 전체 소환인원에서 A지방법원의 소환인원이 차지하는 비율=약 38%

59 ①

4P 전략

㉠ **제품관리**(Product management)
• 제품은 마케팅 믹스의 첫 번째로 가장 중요한 요소이다.
• 제품전략은 제품믹스, 브랜드, 포장 등에 대한 종합적 의사결정을 말한다.
• 제품이란 고객의 욕구를 충족시키기 위해 시장에 제공되는 것으로 유형·무형의 것을 말한다.

㉡ **가격관리**(Price management)
• 가격은 마케팅의 네 가지 활동인 4P 중 다른 마케팅 요소인 제품, 유통, 촉진에 비해 그 효과가 단기간 내에 확연하게 나타나는 특징을 가지고 있다.
• 비가격요소의 역할이 점차 강조되고 있지만 가격은 여전히 마케팅믹스의 주요요소이다.

• 지역적으로 가격을 차별화할 수도 있고 다양한 할인 및 공제정책을 활용할 수도 있으며, 서로 다른 세분시장에 대해 서로 다른 가격을 설정할 수도 있다. 또한 제품계열이나 사양선택 등에 따라 가격을 책정할 수 있다.

㉢ **경로관리**(Channel management, Place)
• 생산된 제품이 생산자로부터 소비자에게 전달되는 과정으로 모든 생산자가 직접 소비자와 만날 수 없으므로 이와 같은 관리가 필요하다.
• 효율적으로 제품이나 서비스가 고객에게 전달될 수 있도록 하는 것이 중요하다.

㉣ **촉진관리**(Promotion management)
• 촉진관리란 마케터가 제품의 혜택을 소비자에게 확신시키기 위해서 펼치는 모든 활동을 말한다.
• 촉진관리에는 광고, 판촉, 홍보, 인적 판매 등이 있다.

60 ②

리엔지니어링 … 마이클 해머가 제창한 기업 체질 및 구조의 근본적 변혁을 말한다. 사업 활동을 근본적으로 새롭게 생각하여 업무의 방법 및 조직 구조를 혁신시키는 재설계방법이다. 기업재구성이 인원삭감 또는 부분폐쇄 등에 의존한 것과 달리 기업전략에 맞추어 업무진행을 재설계하는 것을 주안점으로 하는 특징이 있다.

제3회 정답 및 해설

1 ③

지문에 대한 내용은 모바일뱅킹이다. 휴대전화나 스마트기기 등을 수단으로 무선인터넷을 이용하여 금융서비스를 받는 전자금융서비스로 인터넷뱅킹 서비스에 포함되는 것으로 보이지만 공간적 제약과 이동성 면에서 차이가 있다.

2 ③

주어진 조건이 모두 참이라고 했으므로 교실은 조용하지 않고, 두 번째 조건에 의해 '복도가 깨끗하다'. 따라서 ③은 거짓이다.

3 ③

※ 인출(引出) : 예금 따위를 찾음.

※ 도출(導出) : 판단이나 결론 따위를 이끌어 냄.

※ 색출(索出) : 샅샅이 뒤져서 찾아냄.

4 ③

㉠ 뚜껑과 도자기 몸체는 한 점으로 분류된다.

㉡ 파편을 찾을 수 없으면 결손이고 결손은 복원의 대상이 된다.

㉢ 재료만 동일하고 제작기법, 문양, 형태는 모두 다르다.

㉣ 한 쌍일 때도 한 점, 한 짝만 있을 때도 한 점으로 계산된다.

5 ④

조건을 잘 보면 병의 가방에 담긴 물품 가격의 합이 44,000원
병의 가방에는 B, D, E가 들어 있고 E의 가격은 16,000원
그럼 B와 D의 가격의 합이(㉠+㉢)
$44,000 - 16,000 = 28,000$ 원이 되어야 한다.
①은 답이 될 수 없다.
가방에 담긴 물품 가격의 합이 높은 사람부터 순서대로 나열하면 갑 > 을 > 병 순이므로
을은 A와 C를 가지고 있는데 A는 24,000원, 병 44,000원보다 많아야 하므로 C의 가격(㉡)은 적어도
$44,000 - 24,000 = 20,000$ 원 이상이 되어야 한다.
②③은 답이 될 수 없다.

6 ②

위험은 사건발생에 연동되는 결과에 따라서 구분되는 순수위험과 투기적 위험, 위험의 발생상황에 따라서 구분되는 정태적 위험과 동태적 위험이 있다.

• 순수 위험 : 조기사망, 교통사고와 같이 손실이 발생하거나 발생하지 않는 불확실성에 대한 리스크로 원칙적으로 보험상품의 대상이 되는 위험이다.

• 투기적 위험 : 주식투자, 도박과 같이 손실이 발생하거나 이익이 발생할 수 있는 불확실성에 대한 리스크이다.

• 정태적 위험 : 사회 · 경제적 변화와 관계없이 발생하는 화재, 방화 등의 개인적인 위험으로 개별적 사건 발생은 우연적이나, 대수의 법칙에 의해 예측이 가능하므로 보험상품의 대상이 되는 위험이다.

• 동태적 위험 : 산업구조의 변화, 물가변동 등 위험의 영향 범위와 확률을 측정하기 어렵고 경제적 손실 가능성과 동시에 이익 창출의 기회를 가지기 때문에 보험의 대상이 되기 어렵다.

7 ②

정 대리와 서 대리 상호 간의 성적이 네 시기 모두 8승 8패라는 의미가 되므로 나머지 승수는 각각 홍 대리에게 거둔 것이 된다. 따라서 홍 대리에 대한 이들의 성적을 시기별로 정리해 보면 다음과 같다.

봄	여름	가을	겨울
정 대리	정 대리	정 대리	정 대리
11승 5패	2승 14패	9승 7패	9승 7패
서 대리	서 대리	서 대리	서 대리
6승 10패	12승 4패	6승 10패	13승 3패

따라서 8승보다 많은 승수를 나타낸 시기가 우세를 보인 시기가 되므로, 정 대리는 봄, 가을, 겨울로 3회, 서 대리는 여름, 겨울로 2회가 되는 것을 알 수 있다.

① 정 대리가 거둔 19승 중 서 대리에게 8승을 거둔 것이므로 나머지 11승은 홍 대리에게 거둔 승수가 된다.

③ 홍 대리가 서 대리에게 네 시기에 거둔 승수는 시기별로 각각 10승, 4승, 10승, 3승이 되어 총 27승으로 30승을 넘지 않는다.

④ 홍 대리는 봄에 정 대리에게 11패, 서 대리에게 6패를 당한 것이 된다. 그러나 겨울에는 정 대리에게 9패, 서 대리에게 13패를 당하였으므로 한 사람에게 가장 많은 패를 당한 시기는 겨울이 된다.

8 ④

15~64세 여성은 2050년에 47.8%로 가장 낮은 비율을 보이고 있다.

①② 그래프에서 알 수 있듯이 2016년 이전의 남녀 인구 비중의 변화폭이 이후보다 더 크며 2016년을 기점으로 이후에는 미세한 변화에 그치고 있다.

③ 1970 → 2060년의 인구 비율은 65세 이상이 남녀 모두 6.5%p씩으로 가장 큰 변화를 보이고 있다.

9 ④

제시된 도표의 수치에 따라 전 연령의 남성과 여성의 그래프를 그려보면 ④와 같은 추이를 나타내는 그래프를 작성할 수 있다.

① 14세 이하 연령대의 성별 연도별 인구 비중 추이를 나타낸다.

② 15~64세 연령대의 성별 연도별 인구 비중 추이를 나타낸다.

③ 65세 이상 연령대의 성별 연도별 인구 비중 추이를 나타내며, 남성과 여성의 추이선의 위치가 타 연령대와 다른 모습을 하고 있음을 알 수 있다.

10 ①

세로의 길이를 x라 하면

$(x+13) \times x \times 7 = 210$

$x^2 + 13x = 30$

$(x+15)(x-2) = 0$

$\therefore x = 2 \text{(cm)}$

11 ③

乙의 진술이 거짓이라면 乙이 지원한 동아리는 한 곳이라는 것을 알 수 있지만 그 곳이 어느 동아리인지는 알 수 없다.

12 ①

② 양도성예금증서(CD) : 은행이 양도성을 부여하여 무기명 할인식으로 발행한 정기예금증서

③ 환매조건부채권(RP) : 금융기관이 보유하고 있는 국공채 등 채권을 고객이 매입하면 일정기간이 지난 뒤 이자를 가산하여 고객으로부터 다시 매입하겠다는 조건으로 운용되는 단기 금융상품

④ 시장금리부 수입출금식예금(MMDA) : 고객이 우체국이나 은행에 맡긴 자금을 단기금융상품에 투자하여 얻은 이익을 이자로 지급하는 구조로 되어 있어 시장실세금리에 의한 고금리가 적용되고 입출금이 자유로우며 각종 이체 및 결제기능이 가능한 단기상품

13 ④

이동통신 이용자들이 가입한 통신사와 관계없이 고르게 통화하며, 모든 통화로부터 동일한 편익을 얻으므로, 통화료 부담의 변화만 고려하면 된다. ㉠의 통화료 체계에서는 가입자가 통신사를 변경하여 동일한 통신사 가입자 간 통화와 다른 통신사 가입자 간 통화비율이 바뀐다 하더라도 기존 가입자의 통화료 부담에는 변화가 없다. 또한 통신사를 변경하는 가입자의 통화료 부담에도 변화가 없으므로 특별히 통신사를 변경할 유인이 없다. 반면, ㉡의 통화료 체계에서는 가입자의 일부가 빠져나간 통신사 가입자의 통화료 부담은 늘어나고, 가입자가 늘어난 통신사의 기존 가입자의 통화료 부담은 감소한다. 또한 가입자가 많은 통신사에 가입할 경우 통화료 부담이 줄어들기 때문에, 시장점유율이 높은 S텔레콤으로 가입자가 옮겨갈 유인이 생기고 S텔레콤의 시장점유율은 더욱 증가한다.

14 ③

㉠ 자율성주의는 예술작품에 대한 도덕적 가치판단을 범주 착오에 해당하는 것으로 보기 때문에 극단적 도덕주의와 온건적 도덕주의 모두를 범주착오로 본다.

㉡ 모든 도덕적 가치가 예술작품을 통해 구현된다는 말은 언급한 적이 없다.

㉢ 극단적 도덕주의는 모든 예술작품을, 온건적 도덕주의는 일부 예술작품을 도덕적 판단의 대상으로 본다.

15 ②

㈎ 제주, 서울, 부산, 충남, 경기, 인천 6곳이 2%를 넘고 있다. (X)

㈏ 제주는 서비스업 생산에서 약 3%p의 증감률 차이를 보이고 있으며, 소매 판매에서도 5%p 이상의 차이를 보이고 있어 가장 큰 증감률 차이를 보이는 곳이다. (O)

㈐ 제주와 서울 2곳이다. (X)

㈑ 두 그래프에서 이들 지역의 18년 3분기의 수치는 18년 2분기의 수치보다 방사형 그래프의 안쪽에 위치하므로 증감률이 더 낮아진 지역이 된다. (O)

16 ①

1, 2, 3층에는 각각 2가구, 3가구, 3가구가 거주하고 있으며, E, G, F가구는 2층 또는 3층에 거주해야 하는데, A와 D가구의 위치를 감안하면 E, G, F는 2층에 거주할 수밖에 없으며, A가구의 아래층에 F가구가 거주한다고 하였으므로 결국 확정적으로 알 수 있는 거주지는 다음 그림과 같다.

301호	302호	303호	304호 A가구
201호	202호 E가구	203호 G가구	204호 F가구
101호 D가구	102호	103호	104호

또한 1층에는 2가구, 2층에는 3가구, 3층에는 3가구가 거주하고 있으며, B, H, C의 조건을 감안하면 B, H, C 가구는 103호와 301호, 302호 세 군데에 나눠 거주해야 한다.
따라서 'C가구의 아래층은 항상 E가구가 거주한다.'는 302호가 반드시 C가구일 필요가 없다.
② 301호가 빈집이라면 302, 303호가 빈집이 아니어야 하며, 이것은 좌우 한쪽에만 옆집이 거주하는 가구가 두 가구라는 마지막 조건에 위배된다.
③ 202호는 E가구가 거주한다.
④ 201호는 빈집이 된다.

17 ②

예금과 대출이 꼬리에 꼬리를 물면서 당초 100만 원이었던 통화량은 100만 원을 훌쩍 넘는 큰 액수로 증대된다. 이와 같이 시중의 통화량이 한국은행이 발행한 통화량 이상으로 증가하는 현상을 예금창조 또는 신용창조라고 한다.

18 ③

조건에 따라 그림으로 나타내면 다음과 같다. 네 번째 술래는 C가 된다.

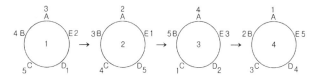

19 ④

왓슨의 추론은 필요한 모든 정보가 있음에도 이와 무관하게 엉터리 이유로 범인을 지목했기 때문에 박수를 받을 수 없다. 그러므로 "올바른 추론에 필요한 정보를 가지고 있긴 했지만 그 정보와 무관하게 범인을 지목했기 때문이다."가 빈칸에 들어가야 한다.

20 ④

① 초콜렛→초콜릿
② 컨셉→콘셉트
③ 악세사리→액세서리

21 ③

지원 구분에 따르면 모친상과 같은 경조사는 경조사 지원에 포함되어야 한다. 따라서 F의 구분이 잘못되었다.

22 ③

③ 2017년 변경된 사내 복지 제도에 따르면 1인 가구 사원에게는 가~사 총 7동 중 가~다동이 지원된다.

23 ①

자금이 부족한 금융기관이 자금이 남는 다른 곳에 자금을 빌려달라고 요청하는 것을 콜(call)이라 하며, 이러한 금융기관 사이에 거래를 하는 시장을 콜시장이라 한다. 즉 금융기관 간에 단기간에 돈을 빌려주거나 빌리는 시장을 말하며, 콜금리는 1일물(overnight) 금리를 의미하며 단기자금의 수요와 공급에 의해 결정된다.

24 ①

최저임금제는 시장의 균형임금수준보다 높은 수준으로 임금이 정해진 것으로 노동시장의 초과공급을 야기시키고 기업의 노동수요를 감소시킨다.

25 ④

① 단절 전 형성 방식은 이동단말기와 기존 기지국 간의 통화 채널이 단절되기 전에 새로운 기지국과의 통화 채널을 형성하는 방식이다.
각 기지국이 같은 주파수를 사용하고 있다면, 그런 주파수 조정이 필요 없으며 새로운 통화 채널을 형성하고 나서 기존 통화 채널을 단절할 수 있다.
② 핸드오버는 신호 세기가 특정값 이하로 떨어질 때 발생하는 것이지 이동단말기와 기지국 간 상대적 신호 세기와는 관계가 없다.
③ 새로운 기지국 간의 통화 채널이 형성되어야 함도 포함되어야 한다.

26 ④

① 팀 선수 평균 연봉 = $\dfrac{\text{총 연봉}}{\text{선수 인원수}}$

A : $\dfrac{15}{5} = 3$

B : $\dfrac{25}{10} = 2.5$

C : $\dfrac{24}{8} = 3$

D : $\dfrac{30}{6} = 5$

E : $\dfrac{24}{6} = 4$

② C팀 2017년 선수 인원수 $\dfrac{8}{1.333} = 6$명, 2018년 선수 인원수 8명

D팀 2017년 선수 인원수 $\dfrac{6}{1.5} = 4$명, 2018년 선수 인원수 6명

C, D팀은 모두 전년대비 2명씩 증가하였다.

③ A팀의 2017년 총 연봉은 $\dfrac{15}{1.5} = 10$억 원, 2017년 선수 인원수는 $\dfrac{5}{1.25} = 4$명

2017년 팀 선수 평균 연봉은 $\dfrac{10}{4} = 2.5$억 원

2018년 팀 선수 평균 연봉은 3억 원

④ 2017년 총 연봉은 A팀이 10억 원, E팀이 16억 원으로 E팀이 더 많다.

27 ④

조건에 따라 신규 매장 위치를 표시하면 다음과 같다. 따라서 신규 매장이 위치할 수 없는 곳은 ⓔ이다.

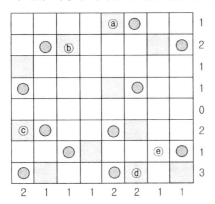

28 ①

'채'는 의존 명사로 '이미 있는 상태 그대로 있다는 뜻을 나타내는 말이다. '체'는 의존 명사로 '그럴듯하게 꾸미는 거짓 태도나 모양'을 의미한다. '-째'는 접사로 '그대로, 또는 전부'를 의미한다. 따라서 '껍질째'는 '껍질'이라는 명사에 '-째'라는 접사가 붙어 '껍질 그대로 또는 전부'라는 의미가 되므로 바르게 쓰였다.

② '앉아 있는 상태 그대로 있다.'라는 의미로 쓰인 것이므로 의존 명사 '채'가 쓰여 '앉은 채로'라고 써야 한다.

③ '똑똑한 척 꾸미는 거짓 태도나 모양'이라는 의미로 쓰인 것이므로 의존 명사 '체'가 쓰여 '똑똑한 체'라고 써야 한다.

④ '살아 있는 상태 그대로'라는 의미로 쓰인 것이므로 의존 명사 '채'가 쓰여 '산 채'라고 써야 한다.

29 ③

• $5x > 30$, ∴ $x > 6$

• $5x - 10 < 30$, ∴ $x < 8$

따라서 $6 < x < 8$, ∴ $x = 7$

30 ①

보호예수 … 은행 등이 예금자의 귀중품·유가증권 등을 요금을 받고 보관하는 행위를 말한다. 보호예수에는 목적물의 내용을 명시하여 보관하는 개봉예수와 봉함한 채로 보관하는 봉함예수가 있으며, 은행이 금고의 일부를 열쇠와 함께 빌려주는 대여금고도 은행업무상 보호예수에 포함되어 있으나, 법률적으로는 임대차계약으로 보호예수와는 성질이 다르다.

31 ②

② 지문의 경우는 역선택의 문제를 말하고 있으므로 이를 해결할 수 있는 방안에 관한 것을 찾아야 한다. 보험회사가 가입자에게 공동책임을 묻는 것은 보험가입 이후 위험회피 노력을 소홀히 하는 것을 방지하는 것으로 도덕적 해이의 문제를 해결하는 것이다.

32 ①

① 신고내용이 이미 끝난 경우에만 신고내용에 새로운 증거가 포함되어야 함을 알 수 있다.

② (3)의 ②에서 신고 내용에 보완요구를 할 수 있다는 사실을 알 수 있으므로 신고 시 일정 내용을 포함하고 있어야 함을 알 수 있다.

③ 공직자 등의 외부강의 시 법 시행령 별표2에서 정하는 금액을 초과하여 사례금을 수수하는 행위가 위반이라 했으므로 법 시행령 별표2에 사례금 상한이 정해져 있음을 알 수 있다.

④ (3)의 ④, ⑤를 통해 신고 접수 후 일정 조사가 이루어지고 있음을 알 수 있다.

33 ④

금요일 17시에 회의를 개최할 경우 C, D를 포함하여 A, B, F가 회의에 참여할 수 있다.

① 17:00~19:20 사이에 3명(C, D, F)의 회의가능 시간이 겹치므로 월요일에 회의를 개최할 수 있다.

② 금요일 16시 회의에 참여 가능한 전문가는 A, B, C, F 이며 네 명의 회의 장소 선호도는 '가: 19점', '나: 28점', '다: 24점'으로 가장 높은 점수인 '나'가 회의 장소가 된다.

③ 금요일 18시 회의에 참여하는 전문가는 C, D, F이고 회의 장소 선호도를 합산한 결과 '나' 장소가 된다(나: 22점 > 가: 16점 > 다: 15점).

34 ④

④ 기존의 문제 해결 방안이 지니는 문제점을 지적하고 있다.

35 ③

금융기관은 영업을 하는 과정에서 다양한 위험에 노출되어 있으며 이를 적절하게 관리하지 못하는 경우 도산할 수도 있다. 예를 들어 은행은 대출한 자금을 만기에 완전히 상환받지 못할 수 있는 위험, 즉 신용위험에 노출되어 있다. 이 외에도 은행은 보유하고 있는 채권이나 주식의 가격 하락, 직원의 자금 횡령 등 다양한 종류의 위험에 노출되어 있다. 따라서 은행이 도산하지 않고 영업을 지속할 수 있으려면 위험이 현실화되어 손실로 나타난 경우에도 이를 충당할 수 있을 만큼의 자본을 보유할 필요가 있는데 이를 제도화한 것이 자기자본규제제도이다. 즉 자기자본규제제도는 금융기관이 영업과정에서 예기치 못한 손실을 입는 경우에도 정부나 중앙은행의 자금지원 없이 스스로 손실을 감당할 수 있을 만큼의 최소 자본을 사전에 쌓아 두도록 하는 제도가 바로 자기자본규제제도이다. 바젤은행감독위원회는 2010년 12월 금융위기의 교훈을 바탕으로 은행부문의 복원력 제고를 위해 현행 자본규제체계를 크게 강화한 '바젤Ⅲ 규정기준서'를 발표하였다. 이 기준서의 주요 내용은 규제자본의 질(質)과 양(量)을 강화하고 레버리지비율 규제를 신설하는 등 글로벌 규제자본체계를 강화하고 글로벌 유동성 기준을 새로 도입하는 것이다.

36 ④

3월 11일에 하루 종일 비가 온다고 했으므로 복귀하기까지 총 소요 시간은 9시간이므로 복귀 시간은 부상자 없을 경우 17시가 된다. 부상이 있는 A가 출장을 갈 경우, 17시 15분에 사내 업무가 있는 B, 17시 10분부터 당직 근무를 서야 하는 D는 A와 함께 출장을 갈 수 없다. ③의 경우 1종 보통 운전면허 소지자가 없다.

37 ②

② 은행의 종류와 역할에 대한 설명을 통해 독자에게 새로운 정보를 제공하고 있다.

38 ②

십의 자리의 숫자를 x 라 하면,
$3(10x+8)-2=80+x$, $\therefore x=2$
십의 자리 숫자 2이고, 일의 자리 숫자 8이므로 이 자연수는 28이다.

39 ②

최종대부자(Lender of Last Resort) … 금융위기가 발생하여 개별 금융기관 또는 전체 금융시장에 돈 부족 사태가 나타날 때 위기 극복을 위하여 돈을 공급해 줄 수 있는 마지막 보루를 뜻한다. 이는 현실적으로 화폐의 독점적 발행권과 무제한 공급능력을 가지고 있는 중앙은행만이 할 수 있다.

40 ③

SCM의 유형

㉠ **첨단정보기술 활용형** : 상품주문서, 지불확인서 등을 e-mail을 통해 주고받는 유형이다. 이는 업무처리시간과 불필요한 업무가 감소된다.

㉡ **중앙 집중관리형** : 중앙물류센터를 설치하여 구매와 배송 절차를 단순화함으로써 구매단가, 운송단가를 최소화하고 각 점포의 상품배송주기를 단축하는 방식이다.

㉢ **공급자 주도의 재고관리형** : 소매업자와 공급업자가 상품 판매정보의 공유를 통해 소비자의 구매패턴에 맞는 상품 공급주기로 개선하는 방식이다. QR, JIT 등이 그 예이다.

41 ④

㉣ 1980년 대비 2015년에는 15 ~ 64세 인구 비율이 A국, C국은 감소하였고 B국은 변함없다. 반면, 65세 이상 인구 비율은 A ~ C국 모두 높아진 것으로 보아 A ~ C국의 노년 부양비가 모두 증가했음을 알 수 있다.

42 ①

㈎ 6개월 이내에 보증부대출 채무 인수는 마쳤으나 소유권이 전등기를 하지 않았으므로 대출금 조기 만료에 해당된다.

㈐ 본인이 담보주택의 소유권을 상실한 경우로 대출금 조기 만료에 해당된다.

㈏ 병원 입원 기간은 해당 사유에서 제외되므로 대출금이 조기 만료되지 않는다.

㈑ S씨의 대출금과 근저당권 상황은 대출금 조기 만료에 해당될 수 있으나, 채권자인 은행의 설정 최고액 변경 요구에 응하고 있으므로 조기 만료에 해당되지 않는다.

43 ②

① 방이나 집 따위에 있거나 거처를 정해 머무르게 되다.
② 어떤 일에 돈, 시간, 노력, 물자 따위가 쓰이다.
③ 어떤 물건이나 사람이 좋게 받아들여지다.
④ 어떠한 시기가 되다.

44 ③

절약의 역설 ⋯ 저축을 늘리는 것이 개인의 입장에서는 부를 축적하고 미래 소득을 증가시키나, 사회 전체적으로는 증가한 저축만큼 소비가 줄고 기업의 매출이 감소하면서, 이것이 개인의 소득 감소로 이어져 사회 전체 저축 수준은 이전과 같거나 낮아지는 경제현상

45 ①

제시된 표에서 충족도를 보면 도시는 52%, 농촌은 48%인데 전체는 51%이므로 도시 응답자 수가 농촌 응답자 수의 3배임을 알 수 있다. 한편, 남자의 충족도는 55%, 여자의 충족도는 47%인데 전체는 51%이므로 남자 응답자 수와 여자 응답자 수가 같음을 알 수 있다.

㉢ 교육 기회 미충족 사유를 경제적 형편이라고 응답한 사람은 미충족되었다고 응답한 사람의 과반수이다.

㉣ 교육 기회 미충족 사유를 부모의 사고방식이라고 응답한 비율은 지역 차이보다 성별 차이가 크다.

46 ①

빈칸에 들어갈 개념은 인플레이션이다.

※ **인플레이션의 발생원인**

　㉠ 통화량의 과다증가로 화폐가치가 하락한다.

　㉡ (과소비 등으로) 생산물수요가 늘어나서 수요초과가 발생한다.

　㉢ 임금, 이자율 등 요소가격과 에너지 비용 등의 상승으로 생산비용이 오른다.

47 ④

㉠ a를 '을'팀이 맡는 경우 : 4개의 프로젝트를 맡은 팀이 2팀이라는 조건에 어긋난다. 따라서 a를 '을'팀이 맡을 수 없다.

갑	c, d, e	0→3개
을	a, b	1→3개
병		2→3개
정		2→3개
무		3→4개

㉡ f를 '갑'팀이 맡는 경우 : a, b를 '병'팀 혹은 '정'팀이 맡게 되는데 4개의 프로젝트를 맡은 팀이 2팀이라는 조건에 어긋난다. 따라서 f를 '갑'팀이 맡을 수 없다.

갑	f	0→1개
을	c, d, e	1→4개
병	a, b	2→4개
정		2→3개
무		3→4개

㉢ a, b를 '갑'팀이 맡는 경우 기존에 수행하던 프로젝트를 포함해서 2개의 프로젝트를 맡게 된다.

갑	a, b	0→2개
을	c, d, e	1→4개
병		2→3개
정		2→3개
무		3→4개

48 ②

'위로 끌어 올리다'의 뜻으로 사용될 때는 '추켜올리다'와 '추어올리다'를 함께 사용할 수 있지만 '실제보다 높여 칭찬하다'의 뜻으로 사용될 때는 '추어올리다'만 사용해야 한다.

① 쓰여지는 지 → 쓰이는지
③ 나룻터 → 나루터
④ 또아리 → 똬리

49 ①

72 법칙(The Rule of 72) … 일반적으로 복리의 마술을 잘 설명해주는 법칙으로 복리수익률로 원금의 두 배를 벌 수 있는 기간을 쉽게 계산할 수 있다. 원금이 두 배가 되는 기간은 72를 이자율로 나누면 알 수 있는데 예를 들면 연 9%의 복리상품에 가입하였을 때 $72 \div 9 = 8$ 즉, 원금의 두 배가 되는데 8년이 걸림을 쉽게 계산할 수 있다. 한편 72 법칙은 다양하게 응용할 수 있으며 투자기간이 정해져 있는 경우 원금이 두 배가 되기 위해 얻어야 하는 수익은 72를 투자기간으로 나누어서 쉽게 구할 수 있다.

50 ①

지문은 플래그십 마케팅에 대한 설명으로, 가장 인기가 있고 성공을 거둔 특정 제품에 집중하여 판촉하는 마케팅이다. 특정 제품으로 브랜드에 대한 긍정적인 이미지를 다른 제품으로 확대·전파하여 전체 제품의 매출을 극대화하는 것이 목적이다. 비용을 절감할 수 있다는 장점이 있지만 주력 제품에 하자가 생겼을 경우 브랜드 이미지에 타격을 입을 수 있다.

② 버즈 마케팅 : 소비자 간의 입소문을 통하여 상품의 특성을 전달하는 마케팅

③ PPL 마케팅 : TV프로그램이나 영화 등 매체 속에 특정 기업이나 상품을 자연스럽게 노출시키는 마케팅

④ 넛지 마케팅 : 소비자가 상품을 선택할 때 유연하게 접근하도록 소비자를 유도 하는 마케팅

51 ①

① 乙과 甲, 乙과 丙이 '동갑' 관계이고 甲과 丙이 '위아래' 관계이므로 甲, 乙, 丙의 관계는 '모호'하다.

52 ③

㉠ 직원들의 평균 실적은 $\frac{2+6+4+8+10}{6} = 5$건이다.

㉣ 여자 직원이거나 실적이 7건 이상인 직원은 C, E, F로 전체 직원 수의 50% 이상이다.

㉡ 남자이면서 실적이 5건 이상인 직원은 F뿐이므로 전체 남자 직원 수의 50% 이하이다.

㉢ 실적이 2건 이상인 남자 직원은 B, D, F이고, 실적이 4건 이상인 여자 직원은 C, E이다.

53 ①

SWOT

㉠ Strength(강점) : 회사 전체나 부문, 팀의 목표 달성에 적합한 역량

㉡ Weakness(약점) : 목표 달성을 방해하는 모든 장애요소

㉢ Opportunities(기회) : 활용해야 할 시장의 동향, 세력, 사건, 아이디어

㉣ Threats(위협) : 대비해야 할 외부의 통제 불가능한 사건, 세력

54 ③

㉢ 상대적 빈곤 가구 중 교육 급여는 100%, 주거 급여는 86%, 의료 급여는 80%, 생계 급여는 56%이므로, 네 가지 급여 모두를 받는 비율은 56%이다.

㉣ 절대적 빈곤 가구의 70%는 월 소득이 중위 소득 28%인 140만 원 이하이므로, 30%는 월 소득 140만 원을 초과한다.

55 ④

① 눈물이 솟다(= 나다).

② 길이 생기다(= 나다).

③ 글이 신문, 잡지 따위에 실리다(= 나다).

56 ①

㉮ 종사자 규모 변동에 따른 사업체 수의 증감은 두 해 모두 규모가 커질수록 적어지는 동일한 추이를 보이고 있으며, 종사자 수 역시 사업체의 규모가 커짐에 따라 증가→감소→증가의 동일한 패턴을 보이고 있음을 알 수 있다. (X)

㉯ 구성비는 해당 수치를 전체 수치로 나누어 백분율로 나타낸 값을 의미하는데 주어진 기여율은 그러한 백분율 산식에 의한 수치와 다르다. 기여율은 '해당 항목의 전년 대비 증감분÷전체 수치의 전년대비 증감분×100'의 산식에 의해 계산된 수치이다. (X)

㉰ 종사자 수를 사업체 수로 나누어 보면 두 해 모두 종사자 규모가 큰 사업체일수록 평균 종사자 수가 커지는 것을 확인할 수 있다. (O)

㉱ 모든 규모의 사업체에서 전년보다 종사자 수가 더 많아졌음을 확인할 수 있다. (O)

57 ④

④ 캐즘(Chasm)이란 혁신적 제품이 개발·출시되어 초기의 적극적 소비자가 구매한 이후 일반 대중직 시장 영역으로 도약에 나서는 경우 수렁과 정체를 말한다.

※ **제품수명주기**(PLC ; Product Life Cycle) … 일반적으로 도입기, 성장기, 성숙기, 쇠퇴기의 네 단계로 구분된다. 주기의 구분이 명확하지 않고 분석의 초점이 제품에 맞춰짐으로 전반적 시장의 상황을 간과한다는 비판도 받고 있지만 현재까지는 제품전략의 수립에 유용한 분석의 틀로 사용되고 있으며 이를 통해 적절한 마케팅 전략을 수립하고 실행할 수 있다.

ⓘ **도입기** : 제품에 대하여 소비자의 인식이 부족하고 유통채널에 상품을 진열하는 데도 상당한 시간이 소요된다. 제품을 알리기 위한 촉진비용이 가장 많이 드는 시기이기 때문에 이익은 아주 적거나 오히려 적자인 경우가 대부분이다.

ⓛ **성장기** : 도입기를 지나 성장기가 되면 매출이 크게 증가하고 새로운 특성을 지닌 제품의 경쟁자가 등장한다. 일반대중들도 제품을 구매하기 시작하며 경쟁의 심화로 촉진비용도 함께 증가하지만 시장이 확대되어 수익도 빠르게 증가하게 된다.

ⓒ **성숙기** : 제품의 판매성장률이 둔화 즉, 판매가 정점에 달하는 전후의 시기를 말한다. 통상 도입기나 성장기보다 오래 지속되는 특징을 지니며 경쟁자들은 가격경쟁을 시도하거나 공격적인 촉진전략을 구사하기도 한다. 이익은 감소하고 경쟁에서 밀리는 기업은 도태되므로 성장기에는 소수의 시장지배자들과 다수의 소규모기업으로 시장이 양분된다.

ⓔ **쇠퇴기** : 시장에서 제품이 서서히 사라지는 단계로 기술의 변화 또는 소비자 기호의 변화, 경쟁심화 등으로 인해 진행되므로 제품에 따라 이 시기가 급격하게 진행될 수도 있고 서서히 진행될 수도 있다.

58 ③

롱테일법칙 … '결과물의 80%는 조직의 20%에 의하여 생산된다'는 파레토법칙과 반대되는 이론으로 80%의 사소한 다수가 20%의 핵심 소수보다 뛰어난 가치를 창출한다는 이론이다.

59 ④

5개의 건물이 위치한 곳을 그림과 기호로 표시하면 다음과 같다.

첫 번째 조건을 통해 목욕탕, 미용실, 은행은 C, D, E 중 한 곳, 교회와 편의점은 A, B 중 한 곳임을 알 수 있다.

두 번째 조건에 의하면 목욕탕과 교회 사이에 편의점과 또 하나의 건물이 있어야 한다. 이 조건을 충족하려면 A가 교회, B가 편의점이어야 하며 또한 D가 목욕탕이어야 한다. C와 E는 어느 곳이 미용실과 은행의 위치인지 주어진 조건만으로 알 수 없다.

따라서 보기 ④에서 언급된 바와 같이 미용실이 E가 된다면 은행은 C가 되어 교회인 A와 45m 거리에 있게 된다.

60 ③

트랜스프로모(Transpromo) … '트랜잭션(Transaction)'과 '프로모션(Promotion)'의 합성어로 청구서에 고객 개개인의 맞춤형 정보와 광고를 제공하는 새로운 형태의 DM 마케팅이다. 출력 장비가 옵셋 중심의 아날로그에서 디지털 인쇄 장비로 바뀌며 보급의 탄력을 얻었으며 명세서 또는 송장과 같은 업무용 문서를 이용하여 기업이나 협력 업체의 서비스와 제품을 홍보하는 '통합 마케팅(integrated transactional marketing)' 수단으로 주목받고 있다.

하나은행

지역인재 신입행원
모의고사

	영 역	NCS + 경제/경영상식
제 3 회	문항수	60문항
	시 간	60분
	비 고	객관식 4지선다형

SEOWONGAK

(주)서원각

제3회 기출동형 모의고사

1. 다음에서 설명하고 있는 내용은 무엇인가?

> 금융과 통신의 대표적인 서비스 융합사례로서 장소의 제약을 받지 않고 자유롭게 이용할 수 있다.

① 인터넷뱅킹
② 텔레뱅킹
③ 모바일뱅킹
④ CD/ATM서비스

2. 다음 〈조건〉이 모두 참이라고 할 때, 논리적으로 항상 참이라고 볼 수 없는 것은?

> 〈조건〉
> • 눈이 오면 교실이 조용하다.
> • 교실이 조용하거나 복도가 깨끗하다.
> • 복도가 깨끗한데 눈이 오지 않으면, 운동장이 넓고 눈이 오지 않는다.
> • 교실이 조용하지 않다.

① 교실이 조용하지 않으면 복도가 깨끗하다.
② 운동장이 넓지만 눈이 오지 않는다.
③ 복도가 깨끗하지 않다.
④ 눈이 오지 않으면, 교실이 조용하지 않고 운동장이 넓다.

3. 다음 중 제시된 문장의 빈칸에 들어갈 단어로 알맞은 것을 고르시오.

> • 환전을 하기 위해 현금을 (   )했다.
> • 장기화 되던 법정 다툼에서 극적으로 합의가 (   )되었다.
> • 회사 내의 주요 정보를 빼돌리던 스파이를 (   )했다.

① 입출(入出) – 도출(導出) – 검출(檢出)
② 입출(入出) – 검출(檢出) – 도출(導出)
③ 인출(引出) – 도출(導出) – 색출(索出)
④ 인출(引出) – 검출(檢出) – 색출(索出)

4. 다음 제시된 글의 내용과 일치하는 것을 모두 고른 것은?

> 유물(遺物)을 등록하기 위해서는 명칭을 붙인다. 이 때 유물의 전반적인 내용을 알 수 있도록 하는 것이 바람직하다. 따라서 명칭에는 그 유물의 재료나 물질, 제작기법, 문양, 형태가 나타난다. 예를 들어 도자기에 청자상감운학문매병(靑瓷象嵌雲鶴文梅瓶)이라는 명칭이 붙여졌다면, '청자'는 재료를, '상감'은 제작기법을, '운학문'은 문양을, '매병'은 그 형태를 각각 나타낸 것이다. 이러한 방식으로 다른 유물에 대해서도 명칭을 붙이게 된다.
> 유물의 수량은 점(點)으로 계산한다. 작은 화살촉도 한 점이고 커다란 철불(鐵佛)도 한 점으로 처리한다. 유물의 파편이 여럿인 경우에는 일괄(一括)이라 이름 붙여 한 점으로 계산하면 된다. 귀걸이와 같이 쌍(雙)으로 된 것은 한 쌍으로 하고, 하나인 경우에는 한 짝으로 하여 한 점으로 계산한다. 귀걸이 한 쌍은, 먼저 그 유물번호를 적고 그 뒤에 각각 (2-1), (2-2)로 적는다. 뚜껑이 있는 도자기나 토기도 한 점으로 계산하되, 번호를 매길 때는 귀걸이의 예와 같이 하면 된다.
> 유물을 등록할 때는 그 상태를 잘 기록해 둔다. 보존상태가 완전한 경우도 많지만, 일부가 손상된 유물도 많다. 예를 들어 유물의 어느 부분이 부서지거나 깨졌지만 그 파편이 남아 있는 상태를 파손(破損)이라고 하고, 파편이 없는 경우를 결손(缺損)이라고 표기한다. 그리고 파손된 것을 붙이거나 해서 손질했을 때 이를 수리(修理)라 하고, 결손된 부분을 모조해 원상태로 재현했을 때는 복원(復原)이라는 용어를 사용한다.

> ㉠ 도자기 뚜껑의 일부가 손상되어 파편이 떨어진 유물의 경우, 뚜껑은 파편과 일괄하여 한 점이지만 도자기 몸체와는 별개이므로 전체가 두 점으로 계산된다.
> ㉡ 조선시대 방패의 한 귀퉁이가 부서져나가 그 파편을 찾을 수 없다면, 수리가 아닌 복원의 대상이 된다.
> ㉢ 위 자료에 근거해 볼 때, 청자화훼당초문접시(靑瓷花卉唐草文皿)는 그 명칭에 비추어 청자상감운학문매병과 동일한 재료 및 문양을 사용하였으나, 그 제작기법과 형태에 있어서 서로 다른 것으로 추정된다.
> ㉣ 박물관이 소장하고 있는 한 쌍의 귀걸이 중 한 짝이 소실되는 경우에도 그 박물관 전체 유물의 수량이 줄어들지는 않을 것이다.

① ㉠
② ㉡, ㉢
③ ㉡, ㉣
④ ㉠, ㉢, ㉣

5. 다음은 물품 A~E의 가격에 대한 자료이다. 아래 조건에 부합하는 물품의 가격으로 가장 가능한 것은?

(단위 : 원/개)

물품	가격
A	24,000
B	㉠
C	㉡
D	㉢
E	16,000

[조건]
- 갑, 을, 병이 가방에 담긴 물품은 각각 다음과 같다.
  - 갑 : B, C, D
  - 을 : A, C
  - 병 : B, D, E
- 가방에는 해당 물품이 한 개씩만 담겨 있다.
- 가방에 담긴 물품 가격의 합이 높은 사람부터 순서대로 나열하면 갑 > 을 > 병 순이다.
- 병의 가방에 담긴 물품 가격의 합은 44,000원이다.

	㉠	㉡	㉢
①	11,000	23,000	14,000
②	12,000	14,000	16,000
③	12,000	19,000	16,000
④	13,000	23,000	15,000

6. 다음 빈칸에 들어갈 내용으로 바르게 짝지어진 것은?

위험은 사건발생에 연동되는 결과에 따라서 구분할 수 있다. (㉠)은 손실이 발생하거나 손실이 발생하지 않는 불확실성에 대한 리스크이며, (㉡)은 이익이 발생하는 불확실성에 대한 리스크이다.

	㉠	㉡
①	정태적 위험	동태적 위험
②	순수 위험	투기적 위험
③	동태적 위험	순수 위험
④	정태적 위험	투기적 위험

7. 바둑 애호가인 정 대리, 서 대리, 홍 대리 3명은 각각 상대방과 16판씩 총 32판의 대국을 두었다. 이들의 올해 계절별 바둑 결과가 다음과 같다. 정 대리와 서 대리 상호 간의 결과가 네 시기 모두 우열을 가리지 못하고 동일하였을 경우에 대한 설명으로 올바른 것은 어느 것인가?

시기	정 대리 전적	서 대리 전적	홍 대리 전적
봄	19승 13패	14승 18패	15승 17패
여름	10승 22패	20승 12패	18승 14패
가을	17승 15패	14승 18패	17승 15패
겨울	17승 15패	21승 11패	10승 22패

〈3명의 바둑 대국 결과〉

* 무승부는 한 차례도 없는 것으로 가정한다.

① 정 대리는 봄에 홍 대리에게 10승 이하의 성적을 거두었다.
② 홍 대리에게 우세를 보인 시기는 정 대리가 서 대리보다 더 많다.
③ 홍 대리가 서 대리에게 네 시기에 거둔 승수는 모두 30승이 넘는다.
④ 홍 대리가 한 사람에게 당한 패수가 가장 많은 시기는 봄이다.

(단위 : %)

구분		1970	1980	1990	2000	2010	2016	2020	2030	2040	2050	2060
전연령	남성	50.6	50.5	50.3	50.3	50.2	50.1	50.1	50.1	50.0	49.9	50.1
	여성	49.4	49.5	49.7	49.7	49.8	49.9	49.9	49.9	50.0	50.1	49.9
14세 이하	남성	51.9	51.8	52.0	52.9	52.1	51.6	51.4	51.3	51.3	51.3	51.3
	여성	48.1	48.2	48.0	47.1	47.9	48.4	48.6	48.7	48.7	48.7	48.7
15~64세	남성	50.1	50.5	50.6	50.8	51.2	51.3	51.4	51.7	52.0	52.2	51.8
	여성	49.9	49.5	49.4	49.2	48.8	48.7	48.6	48.3	48.0	47.8	48.2
65세 이상	남성	41.2	37.4	37.4	38.3	40.9	42.2	43.2	45.4	46.1	46.5	47.7
	여성	58.8	62.6	62.6	61.7	59.1	57.8	56.8	54.6	53.9	53.5	52.3

8. 다음 중 위의 자료를 잘못 설명한 것은?

① 2016년 이후의 남녀 인구 비중의 증감폭은 2016년 이전보다 대체적으로 둔화되었다.

② 2040년까지는 남녀 인구 비중의 격차가 지속적으로 줄어들고 있다.

③ 1970년 대비 2060년의 인구 비율은 65세 이상이 가장 큰 변화를 보이고 있다.

④ 15~64세 여성은 2040년에 가장 낮은 비율을 보이고 있다.

9. 연도별 남성과 여성의 인구 비중 추이를 나타낸 그래프로 올바른 것은? (단, 단위는 %이다)

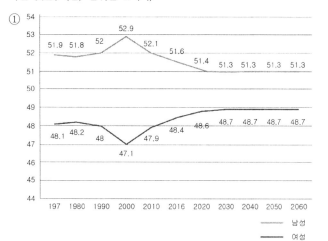

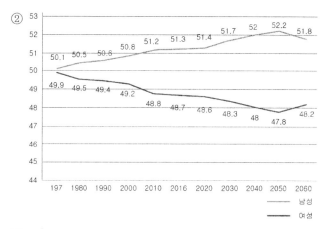

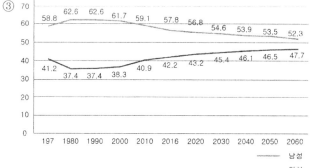

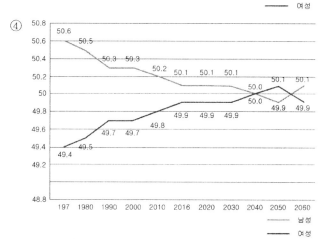

10. 부피가 210cm³, 높이가 7cm, 밑면의 가로의 길이가 세로의 길이보다 13cm 긴 직육면체가 있다. 이 직육면체의 밑면의 세로의 길이는?

① 2cm

② 4cm

③ 6cm

④ 8cm

11. 같은 회사를 다니는 甲~丁 네 명의 사람이 네 곳의 사내 동아리에 지원하였다. 다음 〈조건〉이 모두 참이라고 할 때, 甲~丁의 〈진술〉에 대한 설명으로 옳지 않은 것은?

〈조건〉
- 모든 사람은 한 곳 이상의 사내 동아리에 지원하였다.
- 甲~丁의 지원횟수의 총합은 10번이다.
- 甲~丁 중 한 명은 거짓말을 하고 있다.

〈진술〉
- 甲~丁의 진술은 다음과 같다.
- 甲 : 나는 세 군데 이상의 동아리에 지원했어.
- 乙 : 나는 두 군데 이상의 동아리에 지원했어.
- 丙 : 나는 모두 다 지원했어.
- 丁 : 나는 두 군데 이상의 동아리에 지원했어.

① 甲의 진술이 거짓이라면, 乙과 丁이 지원한 동아리가 겹치지 않을 수도 있다.
② 乙의 진술이 거짓이라면, 甲과 丁이 지원한 동아리가 반드시 겹친다.
③ 乙의 진술이 거짓이라면, 乙이 지원한 동아리를 알 수 있다.
④ 丙의 진술이 거짓이라면, 甲과 丁은 반드시 중복되는 동아리가 있다.

12. 다음에서 설명하고 있는 금융상품으로 알맞은 것은?

종합금융회사가 고객의 예탁금을 어음 및 국공채 등에 운용하여 그 수익을 고객에게 돌려주는 실적배당 금융상품으로서, 예탁금에 제한이 없고 수시 입출금이 가능한 상품

① CMA(Cash Management Account)
② CD(Certificate of Deposit)
③ RP(Repurchase Agreement)
④ MMDA(Money Market Deposit Account)

13. 다음 글에 관한 설명으로 가장 타당한 것은?

혁신국에서는 S텔레콤과 L텔레콤의 두 이동통신사가 있다. 혁신국의 이동통신 이동자 중 80%는 S텔레콤에, 나머지 20%는 L텔레콤에 가입해 있다. 이동통신 이용자들은 가입한 통신사에 관계없이 서로 고르게 통화하며, 모든 통화로부터 동일한 편익을 얻는다. 통화료는 전화를 건 사람만이 부담하며 다음 ㉠ 또는 ㉡의 두 가지 통화료 체계가 가능하다.
가입자는 이동통신사를 자유롭게 변경할 수 있으며, 이에 따른 추가적인 비용은 발생하지 않는다.
㉠ 가입한 통신사와 상관없이 통화료는 분당 20원
㉡ 동일한 통신사 가입자 간 통화료는 분당 20원, 다른 통신사 가입자 간 통화료는 분당 30원

① ㉠에서 S텔레콤 가입자의 일부가 L텔레콤으로 옮겨 갈 경우, S텔레콤 이용자의 편익은 감소한다.
② ㉡에서 L텔레콤 가입자의 일부가 S텔레콤으로 옮겨 갈 경우, L텔레콤 이용자의 편익은 증가한다.
③ ㉠에서 L텔레콤 가입자의 일부가 S텔레콤으로 옮겨 갈 경우, L텔레콤 이용자의 편익은 감소한다.
④ ㉡에서는 S텔레콤의 시장점유율이 증가한다.

14. 다음 글에서 추론할 수 있는 내용으로 옳은 것만을 고른 것은?

예술과 도덕의 관계, 더 구체적으로는 예술작품의 미적 가치와 도덕적 가치의 관계는 동서양을 막론하고 사상사의 중요한 주제들 중 하나이다. 그 관계에 대한 입장들로는 '극단적 도덕주의', '온건적 도덕주의', '자율성주의'가 있다. 이 입장들은 예술작품이 도덕적 가치판단의 대상이 될 수 있느냐는 물음에 각기 다른 대답을 한다.

극단적 도덕주의 입장은 모든 예술작품을 도덕적 가치판단의 대상으로 본다. 이 입장은 도덕적 가치를 가장 우선적인 가치이자 가장 포괄적인 가치로 본다. 따라서 모든 예술 작품은 도덕적 가치에 의해서 긍정적으로 또는 부정적으로 평가된다. 또한 도덕적 가치는 미적 가치를 비롯한 다른 가치들보다 우선한다. 이러한 입장을 대표하는 사람이 바로 톨스토이이다. 그는 인간의 형제애에 관한 정서를 전달함으로써 인류의 심정적 통합을 이루는 것이 예술의 핵심적 가치라고 보았다.

온건적 도덕주의는 오직 일부 예술작품만이 도덕적 판단의 대상이 된다고 보는 입장이다. 따라서 일부의 예술작품들에 대해서만 긍정적인 또는 부정적인 도덕적 가치판단이 가능하다고 본다. 이 입장에 따르면, 도덕적 판단의 대상이 되는 예술작품의 도덕적 가치와 미적 가치는 서로 독립적으로 성립하는 것이 아니다. 그것들은 서로 내적으로 연결되어 있기 때문에 어떤 예술작품이 가지는 도덕적 장점이 그 예술작품의 미적 장점이 된다. 또한 어떤 예술작품의 도덕적 결함은 그 예술작품의 미적 결함이 된다.

자율성주의는 어떠한 예술작품도 도덕적 가치판단의 대상이 될 수 없다고 보는 입장이다. 이 입장에 따르면, 도덕적 가치와 미적 가치는 서로 자율성을 유지한다. 즉, 도덕적 가치와 미적 가치는 각각 독립적인 영역에서 구현되고 서로 다른 기준에 의해 평가된다는 것이다. 결국 자율성주의는 예술작품에 대한 도덕적 가치판단을 범주착오에 해당하는 것으로 본다.

ㄱ 자율성주의는 극단적 도덕주의와 온건한 도덕주의가 모두 범주착오를 범하고 있다고 볼 것이다.

ㄴ 극단적 도덕주의는 모든 도덕적 가치가 예술작품을 통해 구현된다고 보지만 자율성주의는 그렇지 않을 것이다.

ㄷ 온건한 도덕주의에서 도덕적 판단의 대상이 되는 예술작품들은 모두 극단적 도덕주의에서도 도덕적 판단의 대상이 될 것이다.

① ㄱ
② ㄴ
③ ㄱ, ㄷ
④ ㄱ, ㄴ, ㄷ

15. 다음은 전년 동분기 대비 시·도별 서비스업 생산 및 소매 판매 증감률을 비교한 그래프이다. 다음 그래프에 대한 올바른 설명을 〈보기〉에서 모두 고른 것은?

(단위 : %)

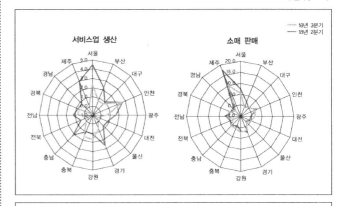

〈보기〉

㈎ 서비스업 생산의 18년 2분기 증감률이 2%를 넘는 지역은 모두 2곳이다.

㈏ 18년 2분기 증감률과 18년 3분기 증감률의 차이가 서비스업 생산과 소매 판매에서 모두 가장 큰 곳은 제주이다.

㈐ 18년 2분기 소매 판매의 증감률이 5%를 넘는 지역은 제주가 유일하다.

㈑ 경남, 제주, 서울, 부산은 18년 2분기에 비해 18년 3분기에 서비스업 생산과 소매 판매에서 모두 증감률이 더 낮아진 지역이다.

① ㈎, ㈐
② ㈏, ㈑
③ ㈐, ㈑
④ ㈏, ㈐

16. 3층짜리 건물인 K빌라에 A, B, C, D, E, F, G, H의 8가구가 다음 〈조건〉과 같이 입주해 살고 있을 경우, 이에 대한 올바른 설명이 아닌 것은 어느 것인가?

〈조건〉

• 건물의 호실 배열은 다음과 같다.

301호	302호	303호	304호
201호	202호	203호	204호
101호	102호	103호	104호

• A가구와 D가구는 위치가 가장 멀리 떨어져 있는 두 호실에 거주한다.
• 1, 2, 3층에는 각각 2가구, 3가구, 3가구가 거주하고 있다.
• G가구는 E가구와 F가구의 사이에 살고 있으며, E가구가 가장 앞 호실이다.
• A가구의 아래층에는 F가구가 살고 있다.
• B, H, C가구 중 두 가구는 좌우 한쪽에만 옆집이 거주한다.

① C가구의 아래층은 항상 E가구가 거주한다.

② 301호는 빈 집이 아니다.

③ 202호는 빈 집이 아니다.

④ 201호는 빈 집이다.

17. 다음의 현상을 의미하는 용어는?

> 은행은 고객의 예금이 들어오면 일정비율의 지급준비금만을 남기고 나머지는 대출에 사용을 한다. 이 대출금이 또 다시 은행에 예금으로 돌아오면 그 금액의 일정부분을 지급준비금으로 남기고 또 다시 대출로 사용이 된다. 이와 같이 은행이 대출과 예금을 통해서 최초 예금액의 몇 배 이상으로 예금통화를 창출하는 현상을 (   )라고 한다.

① 그렉시트

② 신용창조

③ 시뇨리지

④ 사모발행

18. 5명(A ~ E)이 다음 규칙에 따라 게임을 하고 있다. 4→1→1의 순서로 숫자가 호명되어 게임이 진행되었다면 네 번째 술래는?

> • A→B→C→D→E 순으로 반시계방향으로 동그랗게 앉아 있다.
> • 한 명의 술래를 기준으로, 술래는 항상 숫자 3을 배정받고, 반시계방향으로 술래 다음 사람이 숫자 4를, 그 다음 사람이 숫자 5를, 술래 이전 사람이 숫자 2를, 그 이전 사람이 숫자 1을 배정받는다.
> • 술래는 1 ~ 5의 숫자 중 하나를 호명하고, 호명된 숫자에 해당하는 사람이 다음 술래가 된다. 새로운 술래를 기준으로 다시 위의 조건에 따라 숫자가 배정되며 게임이 반복된다.
> • 첫 번째 술래는 A다.

① A

② B

③ C

④ D

19. 다음 글을 읽고 빈칸에 들어갈 알맞은 진술로 가장 적합한 것은?

> '실은 몰랐지만 넘겨짚어 시험의 정답을 맞힌' 경우와 '제대로 알고 시험의 정답을 맞힌' 경우를 구별할 수 있을까? 또 무작정 외워서 쓴 경우와 제대로 이해하고 쓴 경우는 어떤가? 전자와 후자는 서로 다르게 평가받아야 할까, 아니면 동등한 평가를 받는 것이 마땅한가?
>
> 선택형 시험의 평가는 오로지 답안지에 표기된 선택지가 정답과 일치하는가의 여부에만 달려 있다. 이는 위의 첫 번째 물음이 항상 긍정으로 대답되지는 않으리라는 사실을 말해준다. 그러나 만일 시험관이 답안지를 놓고 응시자와 면담할 기회가 주어진다면, 시험관은 응시자에게 그가 정답지를 선택한 근거를 물음으로써 그가 과연 문제에 관해 올바른 정보와 추론 능력을 가지고 있었는지 검사할 수 있을 것이다.
>
> 예를 들어 한 응시자가 '대한민국의 수도가 어디냐?'는 물음에 대해 '서울'이라고 답했다고 하자. 그렇게 답한 이유가 단지 '부모님이 사시는 도시라 이름이 익숙해서'였을 뿐, 정작 대한민국의 지리나 행정에 관해서는 아는 바 없다는 사실이 면접을 통해 드러났다고 하자. 이 경우에 시험관은 이 응시자가 대한민국의 수도에 관한 올바른 정보를 갖고 있다고 인정하기 어려울 것이다. 이 예는 응시자가 올바른 답을 제시하는데 필요한 정보가 부족한 경우이다.
>
> 그렇다면, 어떤 사람이 문제의 올바른 답을 추론해내는 데 필요한 모든 정보를 갖고 있었고 실제로도 정답을 제시했다는 것이, 그가 문제에 대한 올바른 추론 능력을 가지고 있다고 할 필요충분조건이라고 할 수 있는가?
>
> 어느 도난사건을 함께 조사한 홈즈와 왓슨이 사건의 모든 구체적인 세부사항, 예컨대 범행 현장에서 발견된 흙발자국의 토양 성분 등에 관한 정보뿐 아니라 올바른 결론을 내리는 데 필요한 모든 일반적 정보, 예컨대 영국의 지역별 토양의 성분에 관한 정보 등을 똑같이 갖고 있었고, 실제로 동일한 용의자를 범인으로 지목했다고 하자. 이 경우 두 사람의 추론을 동등하게 평가해야 하는가? 그렇지 않다. 예컨대 왓슨은 모든 정보를 완비하고 있었음에도 불구하고, 이름에 모음의 수가 가장 적다는 엉터리 이유로 범인을 지목했다고 하자. 이런 경우에도 우리는 왓슨의 추론에 박수를 보낼 수 있을까? 아니다. 왜냐하면 _____

① 왓슨은 올바른 추론에 필요한 논리적 능력은 갖추고 있음에도 불구하고 범인을 추론하는 데 필요한 관련 정보가 부족했기 때문이다.

② 왓슨은 올바른 추론의 방법을 알고 있었음에도 불구하고 요행을 우선시했기 때문이다.

③ 왓슨은 추론에 필요한 전문적인 훈련을 받지 못해서 범인을 잘못 골랐기 때문이다.

④ 왓슨은 올바른 추론에 필요한 정보를 가지고 있긴 했지만 그 정보와 무관하게 범인을 지목했기 때문이다.

20. 외래어 표기가 모두 옳은 것은?

① 뷔페 – 초콜렛 – 컬러

② 컨셉 – 서비스 – 윈도

③ 파이팅 – 악세사리 – 리더십

④ 플래카드 – 로봇 – 캐럴

｜21～22｜ 인사팀에 근무하는 S는 2017년도에 새롭게 변경된 사내 복지 제도에 따라 경조사 지원 내역을 정리하는 업무를 담당하고 있다. 다음을 바탕으로 물음에 답하시오.

▫ 2017년도 변경된 사내 복지 제도

종류	주요 내용
주택 지원	• 사택 지원(가~사 총 7동 175가구) 최소 1년 최장 3년 • 지원 대상 – 입사 3년 차 이하 1인 가구 사원 중 무주택자(가~다동 지원) – 입사 4년 차 이상 본인 포함 가구원이 3인 이상인 사원 중 무주택자(라~사동 지원)
경조사 지원	• 본인/가족 결혼, 회갑 등 각종 경조사 시 • 경조금, 화환 및 경조휴가 제공
학자금 지원	• 대학생 자녀의 학자금 지원
기타	• 상병 휴가, 휴직, 4대 보험 지원

▫ 2017년도 1/4분기 지원 내역

이름	부서	직위	내역	변경 전	변경 후	금액(천원)
A	인사팀	부장	자녀 대학진학	지원 불가	지원 가능	2,000
B	총무팀	차장	장인상	변경 내역 없음		100
C	연구1팀	차장	병가	실비 지급	추가 금액 지원	50 (실비 제외)
D	홍보팀	사원	사택 제공(가-102)	변경 내역 없음		–
E	연구2팀	대리	결혼	변경 내역 없음		100
F	영업1팀	차장	모친상	변경 내역 없음		100
G	인사팀	사원	사택 제공(바-305)	변경 내역 없음		–
H	보안팀	대리	부친 회갑	변경 내역 없음		100
I	기획팀	차장	결혼	변경 내역 없음		100
J	영업2팀	과장	생일	상품권	기프트 카드	50
K	전략팀	사원	생일	상품권	기프트 카드	50

21. 당신은 S가 정리해 온 2017년도 1/4분기 지원 내역을 확인하였다. 다음 중 잘못 구분된 사원은?

지원 구분	이름
주택 지원	D, G
경조사 지원	B, E, H, I, J, K
학자금 지원	A
기타	F, C

① B

② D

③ F

④ H

22. S는 2017년도 1/4분기 지원 내역 중 변경 사례를 참고하여 새로운 사내 복지 제도를 정리해 추가로 공시하려 한다. 다음 중 S가 정리한 내용으로 옳지 않은 것은?

① 복지 제도 변경 전후 모두 생일에 현금을 지급하지 않습니다.

② 복지 제도 변경 후 대학생 자녀에 대한 학자금을 지원해 드립니다.

③ 변경 전과 달리 미혼 사원의 경우 입주 가능한 사택동 제한이 없어집니다.

④ 변경 전과 같이 경조사 지원금은 직위와 관계없이 동일한 금액으로 지원됩니다.

23. 다음에서 설명하는 것은 무엇인가?

> 금융기관 간에 자금 과부족을 조정하기 위하여 초단기(1일 이상 90일 이내)로 자금을 거래하는 시장

① 콜시장

② 사채시장

③ 증권시장

④ 통화안정증권시장

24. 다음에서 설명하고 있는 제도는 무엇인가?

> 근로자에 대하여 임금의 최저수준을 보장하여 근로자의 생활안정과 노동력의 질적 향상을 꾀함으로써 국민경제의 건전한 발전에 이바지하게 함을 목적으로 한다. 우리나라에서는 1953년에 '근로기준법'을 제정하면서 이 제도의 실시 근거를 두었으나, 실질적으로는 1986년에 관련법을 제정·공포하고 1988년부터 실시하게 되었다. 2000년 11월 24일부터 근로자를 사용하는 모든 사업 또는 사업장에 적용되고 있다.

① 최저임금제도　　　　② 매매거래제도
③ 기업공시제도　　　　④ 노동조합제도

25. 다음 글을 통해 추론할 수 있는 것은?

> '핸드오버'란 이동단말기가 이동함에 따라 기존 기지국에서 이탈하여 새로운 기지국으로 넘어갈 때 통화가 끊기지 않도록 통화 신호를 새로운 기지국으로 넘겨주는 것을 말한다. 이런 핸드오버는 이동단말기, 기지국, 이동전화교환국 사이의 유무선 연결을 바탕으로 실행된다. 이동단말기가 기지국에 가까워지면 그 둘 사이의 신호가 점점 강해지는데 반해, 이동단말기와 기지국이 멀어지면 그 둘 사이의 신호는 점점 약해진다. 이 신호의 세기가 특정값 이하로 떨어지게 되면 핸드오버가 명령되어 이동단말기와 새로운 기지국 간의 통화 채널이 형성된다. 이 과정에서 이동전화교환국과 기지국 간 연결에 문제가 발생하면 핸드오버가 실패하게 된다.
>
> 핸드오버는 이동단말기와 기지국 간 통화 채널 형성 순서에 따라 '형성 전 단절 방식'과 '단절 전 형성 방식'으로 구분될 수 있다. FDMA와 TDMA에서는 형성 전 단절 방식을, CDMA에서는 단절 전 형성 방식을 사용한다. 형성 전 단절 방식은 이동단말기와 새로운 기지국 간의 통화 채널이 형성되기 전에 기존 기지국과의 통화 채널을 단절하는 것을 말한다. 이와 반대로 단절 전 형성 방식은 이동단말기와 기존 기지국 간의 통화 채널이 단절되기 전에 새로운 기지국과의 통화 채널을 형성하는 방식이다. 이런 핸드오버 방식의 차이는 각 기지국이 사용하는 주파수 간 차이에서 비롯된다. 만약 각 기지국이 다른 주파수를 사용하고 있다면, 이동단말기는 기존 기지국과의 통화 채널을 미리 단절한 뒤 새로운 기지국에 맞는 주파수를 할당 받은 후 통화 채널을 형성해야 한다. 그러나 각 기지국이 같은 주파수를 사용하고 있다면, 그런 주파수 조정이 필요 없으며 새로운 통화 채널을 형성하고 나서 기존 통화 채널을 단절할 수 있다.

① 단절 전 형성 방식의 각 기지국은 서로 다른 주파수를 사용한다.
② 이동단말기 A와 기지국 간 신호 세기가 이동단말기 B와 기지국 간 신호 세기보다 더 작다면 이동단말기 A에서는 핸드오버가 명령되지만 이동단말기 B에서는 핸드오버가 명령되지 않는다.

③ 이동단말기와 기존 기지국 간의 통화 채널이 단절되면 핸드오버가 성공한다.
④ CDMA에서는 하나의 이동단말기가 두 기지국과 동시에 통화 채널을 형성할 수 있지만 FDMA에서는 그렇지 않다.

26. 다음 표와 그림은 2018년 한국 골프 팀 A～E의 선수 인원수 및 총 연봉과 각각의 전년대비 증가율을 나타낸 것이다. 이에 대한 설명으로 옳지 않은 것은?

〈2018년 골프 팀 A～E의 선수 인원수 및 총 연봉〉
(단위 : 명, 억 원)

골프 팀	선수 인원수	총 연봉
A	5	15
B	10	25
C	8	24
D	6	30
E	6	24

※ 팀 선수 평균 연봉 = $\dfrac{\text{총 연봉}}{\text{선수 인원수}}$

〈2018년 골프 팀 A～E의 선수 인원수 및 총 연봉의 전년대비 증가율〉

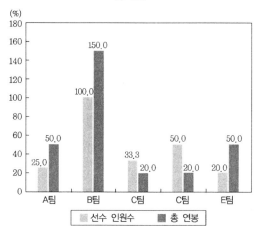

※ 전년대비 증가율은 소수점 둘째자리에서 반올림한 값이다.

① 2018년 팀 선수 평균 연봉은 D팀이 가장 많다.
② 2018년 전년대비 증가한 선수 인원수는 C팀과 D팀이 동일하다.
③ 2018년 A팀이 팀 선수 평균 연봉은 전년대비 증가하였다.
④ 2017년 총 연봉은 A팀이 E팀보다 많다.

27. ○○커피에 근무하는 甲은 신규 매장 오픈을 위한 위치 선정을 하고 있다. 다음은 기존 매장의 위치를 표시한 것으로 아래의 조건에 따라 신규 매장 위치를 선정한다고 할 때, ⓐ~ⓔ 중 신규 매장이 위치할 수 없는 곳은 어디인가?

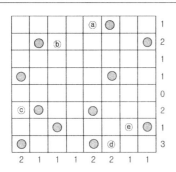

- 신규 매장은 바로 인접한 하나의 기존 매장으로부터 재료를 반드시 공급받아야 하고, 대각선 방향의 기존 매장은 이용할 수 없다.
- 기존 매장 하나는 하나의 신규 매장에만 재료를 공급할 수 있으며, 두 개의 신규 매장은 인접해서 위치하지 않고 대각선으로도 놓여있지 않다.
- 그림 밖의 숫자는 가로, 세로 줄에 위치할 신규 매장 수이다.

① ⓐ
② ⓑ
③ ⓓ
④ ⓔ

28. 다음의 내용을 참고할 때, 밑줄 친 부분이 바르게 쓰인 것은?

- 채 [의존 명사]
  이미 있는 상태 그대로 있다는 뜻을 나타내는 말.
- 체 [의존 명사]
  그럴듯하게 꾸미는 거짓 태도나 모양.
- –째 [접사]
  '그대로', 또는 '전부'의 뜻을 더하는 접미사.

① 사과를 껍질째로 먹었다.
② 나는 앉은 체로 잠이 들었다.
③ 그녀는 혼자 똑똑한 채를 한다.
④ 사나운 멧돼지를 산 쩨로 잡았다.

29. 양의 정수 x를 5배한 수는 30보다 크고, 5배한 수에서 10을 뺀 수는 30보다 작을 때, x의 값은?

① 5
② 6
③ 7
④ 8

30. 은행 등이 예금자의 귀중품·유가증권 등을 요금을 받고 보관하는 행위를 무엇이라 하는가?

① 보호예수
② 상호부금
③ 지급대행
④ 금고대행

31. 다음과 같은 문제를 해결하고 시장을 활성화하기 위한 방안으로 옳지 않은 것은?

- 과일판매상이 과일에 대한 정보를 많이 갖고 있는데 반해 소비자는 필요한 정보가 주어지지 않는 경우, 이러한 정보 불균형이 지속되어 과일시장에서 거래량이 감소하거나 상대적으로 열등한 상품들이 많이 거래되는 결과가 나타난다.
- 보험 가입자가 자신의 건강에 대해 보험사보다 더 많은 정보를 가지고 있게 되면서, 건강하지 않은 사람이 보험에 가입하려는 확률이 높아지고 보험사는 평균 건강치에 의존하여 보험료를 책정할 수밖에 없다. 이 경우 건강하지 않는 사람들이 보다 많이 가입하면 보험사의 부담이 늘어 보험료의 인상이 불가피하게 되고, 더 높은 보험료를 지불하면서도 보험에 가입하는 사람들은 건강이 더 나쁜 사람들이 될 것이다.
- 중고차 시장에서 판매자와 구매자는 가지고 있는 정보가 서로 다르므로 구매자는 잘못된 선택을 할 가능성이 높다.

① 정부나 공신력 있는 기관이 각종 용역제공자의 용역의 질을 사전에 검증해 소비자로 하여금 용역의 질을 믿고 구매할 수 있도록 한다.
② 보험회사는 사고 시 보험가입자에게 손실의 일부만을 보상해 주는 공동보험제도를 채택한다.
③ 중고차 판매회사가 판매 후 일정기간 품질을 보증한다.
④ 과일시장에서도 원산지 표시 범위를 확대하거나 과일에 대한 소독의 종류 및 횟수 등을 표시하게 한다.

32. 다음은 '청탁금지법 위반행위 신고'에 대한 안내문이다. 다음을 보고 추론할 수 없는 내용은?

<청탁금지법 위반행위 신고안내>

누구든지 청탁금지법 위반행위를 알게 됐을 때 공직자 등의 소속기관, 국민권익위원회, 감독기관, 감사원, 수사기관에 신고할 수 있습니다.

(1) 신고분야
　① 부정청탁 신고
　② 금품 등 수수 신고
　③ 외부강의 및 기타 청탁금지법 위반신고

(2) 신고대상
　① 부정청탁금지 … 직접 또는 제3자를 통하여 직무를 수행하는 공직자등에게 법 제5조 제1항 각 호에 따른 부정청탁을 하거나, 부정청탁을 받은 공직자등이 법 제6조를 위반하여 부정청탁에 따라 직무를 수행하는 행위
　② 금품 등 수수 금지 … 공직자 등 또는 그 공직자 등의 배우자가 법 제8조에 따른 수수 금지 금품 등을 받거나 요구 또는 약속하는 행위, 공직자등 또는 그 공직자등의 배우자에게 수수 금지 금품 등을 제공하거나 제공의 약속 또는 의사표시하는 행위
　③ 외부강의 등 사례금 수수제한 … 공직자 등의 외부강의 시 법 시행령 별표2에서 정하는 금액을 초과하여 사례금을 수수하는 행위
　④ 기타 … 그 밖에 이 법에서 정하고 있는 사항을 위반하는 행위

(3) 종결처리 사유
　① 신고 내용이 명백히 거짓인 경우
　② 신고자가 청탁금지법 시행령 제4조 제2항에 따른 보완 요구를 받고도 보완 기한 내에 보완하지 아니한 경우
　③ 신고에 대한 처리결과를 통보받은 사항에 대하여 정당한 사유 없이 다시 신고한 경우로서 새로운 증거가 없는 경우
　④ 신고내용이 언론매체 등을 통하여 공개된 내용에 해당하고 조사 등 중에 있거나 이미 끝난 경우로서 새로운 증거가 없는 경우
　⑤ 그 밖에 법 위반행위를 확인할 수 없는 등 조사 등이 필요하지 아니하다고 인정되어 종결하는 것이 합리적이라고 인정되는 경우

① 신고내용에는 항상 새로운 증거가 포함되어 있어야 한다.
② 청탁금지 위반행위 신고 시 일정한 내용을 갖추어야 접수가 이루어진다.
③ 공직자는 외부강의 시 받을 수 있는 사례금의 상한이 법으로 정해져있다.
④ 신고가 접수되면 내용 확인을 위한 조사가 이루어진다.

33. 전문가 6명(A~F)의 '회의 참여 가능 시간'과 '회의 장소 선호도'를 반영하여 <조건>을 충족하는 회의를 월요일 ~ 금요일 중에 개최하려 한다. 다음에 제시된 '표' 및 <조건>을 보고 판단한 것 중 옳은 것은?

<회의 참여 가능 시간>

요일 / 전문가	월	화	수	목	금
A	13:00 ~16:20	15:00 ~17:30	13:00 ~16:20	15:00 ~17:30	16:00 ~18:30
B	13:00 ~16:10	–	13:00 ~16:10	–	16:00 ~18:30
C	16:00 ~19:20	14:00 ~16:20	–	14:00 ~16:20	16:00 ~19:20
D	17:00 ~19:30	–	17:00 ~19:30	–	17:00 ~19:30
E	–	15:00 ~17:10	–	15:00 ~17:10	–
F	16:00 ~19:20	–	16:00 ~19:20	–	16:00 ~19:20

<회의 장소 선호도>

(단위 : 점)

전문가 / 장소	A	B	C	D	E	F
가	5	4	5	6	7	5
나	6	6	8	6	8	8
다	7	8	5	6	3	4

<조건>
1) 전문가 A~F 중 3명 이상이 참여할 수 있어야 회의 개최가 가능하다.
2) 회의는 1시간 동안 진행되며, 회의 참여자는 회의 시작부터 종료까지 자리를 지켜야 한다.
3) 회의 시간이 정해지면, 해당 일정에 참여 가능한 전문가들의 선호도를 합산하여 가장 높은 점수가 나온 곳을 회의 장소로 정한다.

① 월요일에는 회의를 개최할 수 없다.
② 금요일 16시에 회의를 개최할 경우 회의 장소는 '가'이다.
③ 금요일 18시에 회의를 개최할 경우 회의 장소는 '다'이다.
④ C, D를 포함하여 4명 이상이 참여해야 할 경우 금요일 17시에 회의를 개최할 수 있다.

34. (가)~(라)에 대한 설명으로 적절하지 않은 것은?

(가) 신문이나 잡지는 대부분 유료로 판매된다. 반면에 인터넷 뉴스 사이트는 신문이나 잡지의 기사와 같거나 비슷한 내용을 무료로 제공한다. 왜 이런 현상이 발생하는 것일까?

(나) 이 현상 속에는 경제학적 배경이 숨어 있다. 대체로 상품의 가격은 그 상품을 생산하는 데 드는 비용의 언저리에서 결정된다. 생산 비용이 많이 들면 들수록 상품의 가격이 상승하는 것이다. 그런데 인터넷에 게재되는 기사를 생산하는 데 드는 비용은 0에 가깝다. 기자가 컴퓨터로 작성한 기사를 신문사 편집실로 보내 종이 신문에 게재하고, 그 기사를 그대로 재활용하여 인터넷 뉴스 사이트에 올리기 때문이다. 또한 인터넷 뉴스 사이트 방문자 수가 증가하면 사이트에 걸어 놓은 광고에 대한 수입도 증가하게 된다. 이러한 이유로 신문사들은 경쟁적으로 인터넷 뉴스 사이트를 개설하여 무료로 운영했던 것이다.

(다) 그런데 무료 인터넷 뉴스 사이트를 이용하는 사람들이 폭발적으로 늘어나면서 돈을 지불하고 신문이나 잡지를 구독하는 사람들이 점점 줄어들기 시작했다. 그 결과 언론사들의 수익률이 감소하여 재정이 악화되었다. 문제는 여기서 그치지 않는다. 언론사들의 재정적 악화는 깊이 있고 정확한 뉴스를 생산하는 그들의 능력을 저하시키거나 사라지게 할 수도 있다. 결국 그로 인한 피해는 뉴스를 이용하는 소비자에게로 되돌아 올 것이다.

(라) 그래서 언론사들, 특히 신문사들의 재정 악화 개선을 위해 인터넷 뉴스를 유료화해야 한다는 의견이 있다. 하지만 그러한 주장을 현실화하는 것은 그리 간단하지 않다. 소비자들은 어떤 상품을 구매할 때 그 상품의 가격이 얼마 정도면 구입할 것이고, 얼마 이상이면 구입하지 않겠다는 마음의 선을 긋는다. 이 선의 최대치가 바로 최대지불의사(willingness to pay)이다. 소비자들의 머릿속에 한 번 각인된 최대지불의사는 좀처럼 변하지 않는 특성이 있다. 인터넷 뉴스의 경우 오랫동안 소비자에게 무료로 제공되었고, 그러는 사이 인터넷 뉴스에 대한 소비자들의 최대지불의사도 0으로 굳어진 것이다. 그런데 이제 와서 무료로 이용하던 정보를 유료화한다면 소비자들은 여러 이유를 들어 불만을 토로할 것이다.

① (가) : 현상을 제시하고 있다.
② (나) : 현상의 발생 원인을 분석하고 있다.
③ (다) : 현상의 문제점을 지적하고 있다.
④ (라) : 현상의 긍정적 측면을 강조하고 있다.

35. 금융기관이 영업과정에서 예기치 못한 손실을 입는 경우에도 정부나 중앙은행의 자금지원 없이 스스로 손실을 감당할 수 있을 만큼의 최소 자본을 사전에 쌓아 두도록 하는 제도는 무엇인가?

① 동일인대출한도제도
② 지급여력제도
③ 자기자본규제제도
④ 위험기준자기자본제도

36. '가' 은행 '나' 지점에서는 3월 11일 회계감사 관련 서류 제출을 위해 본점으로 출장을 가야 한다. 다음에 제시된 〈조건〉과 〈상황〉을 바탕으로 판단할 때, 출장을 함께 갈 수 있는 직원들의 조합으로 가능한 것은?

〈조건〉
1) 08시 정각 출발이 확정되어 있으며, 출발 후 '나' 지점에 복귀하기까지 총 8시간이 소요된다. 단, 비가 오는 경우 1시간이 추가로 소요된다.
2) 출장인원 중 한 명이 직접 운전하여야 하며, '운전면허 1종 보통' 소지자만 운전할 수 있다.
3) 출장시간에 사내 업무가 겹치는 경우에는 출장을 갈 수 없다.
4) 출장인원 중 부상자가 포함되어 있는 경우, 서류 박스 운반 지연으로 인해 30분이 추가로 소요된다.
5) 차장은 책임자로서 출장인원에 적어도 한 명 포함되어야 한다.
6) 주어진 조건 외에는 고려하지 않는다.

〈상황〉
1) 3월 11일은 하루 종일 비가 온다.
2) 3월 11일 당직 근무는 17시 10분에 시작한다.

직원	직급	운전면허	건강 상태	출장 당일 사내 업무
A	차장	1종 보통	부상	없음
B	차장	2종 보통	건강	17시 15분 계약업체 담당
C	과장	없음	건강	17시 35분 고객 상담
D	과장	1종 보통	건강	당직 근무
E	대리	2종 보통	건강	없음

① A, B, C
② A, C, D
③ B, C, E
④ B, D, E

37. 다음 글을 쓴 목적으로 가장 적절한 것은?

은행이나 농협이라고 하면 알겠는데, 제1금융권, 제2금융권이라는 말은 왠지 낯설다. 상호저축은행, 새마을금고 등 여러 금융 기관이 있다고 하는데, 이러한 금융 기관들은 어떻게 다른 걸까?

먼저 은행에는 중앙은행과 일반은행, 특수은행이 있다. 이 중, 중앙은행으로는 금융제도의 중심이 되는 한국은행이 있다. 한국은행은 우리가 사용하는 돈인 한국 은행권을 발행하고, 경제 상태에 따라 시중에 유통되는 돈의 양, 곧 통화량을 조절한다.

일반은행의 종류에는 큰 도시에 본점을 두고 전국적인 지점망을 형성하는 시중은행과 지방 위주로 영업하는 지방은행, 외국은행의 국내 지점이 있다. 일반은행은 예금은행 또는 상업은행이라고도 하며, 예금을 주로 받고 그 돈을 빌려주어서 이익을 얻는 상업적 목적으로 운영된다.

특수은행은 정부가 소유한 은행으로서, 일반은행으로서는 수지가 맞지 않아 자금 공급이 어려운 경제 부문에 자금을 공급하는 것이 주요 업무이다. 국가 주요 산업이나 기술 개발용 장기 자금을 공급하는 한국산업은행, 기업이 수출입 거래를 하는 데 필요한 자금을 공급해주는 한국수출입은행, 중소기업 금융을 전문으로 하는 중소기업은행이 이에 해당한다. 농업과 축산업 금융을 다루는 농업협동조합중앙회, 또는 수산업 금융을 다루는 수산업협동조합중앙회도 특수은행에 포함된다. 이 중에서 일반적으로 일반은행과 특수은행을 제1금융권이라고 한다.

제2금융권은 은행은 아니지만 은행과 비슷한 예금 업무를 다루는 기관으로, 은행에 비해 규모가 작고 특정한 부문의 금융 업무를 전문으로 한다. 상호저축은행, 신용협동기구, 투자신탁회사, 자산운영회사 등이 이에 해당한다.

상호저축은행은 도시 자영업자를 주요 고객으로 하는 소형 금융 기관이다. 은행처럼 예금 업무가 가능하고 돈을 빌려주기도 하지만 이자가 더 높고, 일반은행과 구별하기 위해서 상호저축은행이라는 이름을 쓴다. 신용협동조합, 새마을금고, 농협과 수협의 지역 조합을 통틀어 신용협동기구라고 하는데, 직장 혹은 지역 단위로 조합원을 모아서 이들의 예금을 받고, 그 돈을 조합원에게 빌려주는 금융 업무를 주로 담당한다.

투자신탁회사, 자산운영회사는 투자자들이 맡긴 돈을 모아 뭉칫돈으로 만들어 증권이나 채권 등에 투자해 수익을 올리지만, 돈을 빌려 주지는 않는다.

이외에도 여러 금융 기관들이 있는데, 이를 기타 금융 기관이라고 한다. 기타 금융 기관으로는 여신전문금융회사가 있는데, 신용카드회사와 할부금융회사, 기계 등의 시설을 빌려주는 리스회사 등이 포함된다. 그리고 증권사를 상대로 돈을 빌려주는 증권금융회사도 기타 금융 기관에 해당한다.

① 대상에 새로운 역할이 부여되어야 함을 주장하기 위해
② 대상의 특성을 설명하여 독자에게 정보를 제공하기 위해
③ 대상의 기능을 강조하여 독자의 인식 전환을 촉구하기 위해
④ 대상과 관련된 미담을 제시하여 독자에게 감동을 주기 위해

38. 일의 자리 숫자가 8인 두 자리 자연수에서 십의 자리와 일의 자리 숫자를 바꾸면 원래의 수의 3배보다 2가 작을 때, 이 자연수를 구하면?

① 26
② 28
③ 30
④ 32

39. 금융위기가 발생하여 개별 금융기관 또는 전체 금융시장에 돈 부족 사태가 나타날 때 위기 극복을 위하여 돈을 공급해 줄 수 있는 마지막 보루를 뜻하는 것은?

① 재할인제도
② 최종대부자
③ 모럴해저드
④ 대출자시장

40. 다음 중 SCM(Supply Chain Management)에 대한 설명으로 옳지 않은 것은?

① 디지털 기술을 활용하여 공급자, 유통채널, 소매업자, 고객 등의 물자 및 정보흐름을 신속하고 효율적으로 관리하는 것을 말한다.
② SCM은 정확한 수요예측을 통하여 수요량과 발주량 간의 격차를 없애는 데 목적이 있다.
③ 첨단정보기술 활용형 SCM은 중앙물류센터를 설치하여 구매와 배송절차를 단순화한 방식이다.
④ SCM의 본래 목적은 수요량과 발주량간의 격차해소였으며 이러한 격차가 공급망 상류로 갈수록 더욱 크게 나타나는 현상을 채찍효과라고 한다.

41. 자료에 대한 옳은 분석만을 바르게 짝지은 것은?

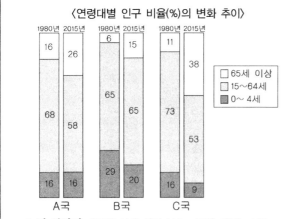

〈연령대별 인구 비율(%)의 변화 추이〉

※ 노년 부양비 : (65세 이상 인구 / 15 ~ 64세 인구)×100
※ 유소년 부양비 : (0 ~ 14세 인구 / 15 ~ 64세 인구)×100

㉠ 노년 부양비가 가장 큰 국가는 1980년과 2015년에 동일하다.
㉡ 2015년에 0 ~ 14세 인구 대비 65세 이상 인구의 비율이 가장 높은 국가는 C국이다.
㉢ 1980년 대비 2015년에 A국과 B국의 유소년 부양비는 감소하였다.
㉣ 1980년 대비 2015년에 A ~ C국 모두 노년 부양비가 증가하였다.

① ㉠, ㉡
② ㉠, ㉢
③ ㉡, ㉢
④ ㉡, ㉣

42. 다음 설명을 참고할 때, 대출금 지급이 조기에 만료되는 경우를 〈보기〉에서 모두 고른 것은? (단, 모두 주택연금 대출자로 가정한다)

[대출금 지급의 조기 만료]
　주택담보노후연금대출을 받고 본인에게 다음 각 항목의 사유 중 하나라도 발생한 경우 은행으로부터 독촉, 통지 등이 없어도 본인은 당연히 은행에 대한 당해 채무의 기한의 이익을 상실하여 곧 이를 갚아야 할 의무를 지며, 대출 기한일과 관계없이 대출금 지급이 조기에 종료됩니다.
• 본인 및 배우자가 모두 사망한 경우
• 본인이 사망한 후 배우자가 6월 이내에 담보주택의 소유권이 전등기 및 채권자에 대한 보증부대출 채무의 인수를 마치지 아니한 경우
• 본인 및 배우자 담보주택에서 다른 장소로 이사한 경우
• 본인 및 배우자가 1년 이상 계속하여 담보주택에서 거주하지 아니한 경우. 다만, 입원 등 은행이 정하여 인터넷 홈페이지에 공고하는 불가피한 사유로 거주하지 아니한 경우는 제외한다.
• 본인이 담보주택의 소유권을 상실한 경우
• 주택담보노후연금대출 원리금이 근저당권의 설정 최고액을 초과할 것으로 예상되는 경우로서 채권자의 설정 최고액 변경 요구에 응하지 아니하는 경우
• 그밖에 은행의 주택금융운영위원회가 정하는 일정한 사유가 발생한 경우

〈보기〉
㈎ 7개월 전 대출 명의자인 남편이 사망하였으며, 은행에 보증부대출 채무 인수를 두 달 전 완료하여 소유권이전등기는 하지 않은 배우자 A씨
㈏ 5/1일부터 이듬해 4/30일까지의 기간 중 본인 및 배우자 모두 병원 입원 기간이 각각 1년을 초과하는 B씨 부부
㈐ 주택연금대출을 받고 3개월 후 살고 있던 집을 팔고 더 큰 집을 사서 이사한 C씨
㈑ 연금 대출금과 수시 인출금의 합이 담보주택에 대해 은행에서 행사할 수 있는 근저당권 최고금액을 초과하여 은행의 설정 최고액 변경 요구에 따라 필요한 절차를 수행하고 있는 D씨

① ㈎, ㈐
② ㈏, ㈑
③ ㈎, ㈏, ㈑
④ ㈏, ㈐, ㈑

43. 밑줄 친 부분과 같은 의미로 쓰인 것을 고르시오.

> 잔치 음식에는 품이 많이 <u>든다</u>.

① 하숙집에 <u>든</u> 지도 벌써 삼 년이 지났다.
② 언 고기가 익는 데에는 시간이 좀 <u>드는</u> 법이다.
③ 일단 마음에 <u>드는</u> 사람이 있으면 적극적으로 나설 작정이다.
④ 4월에 <u>들어서만</u> 이익금이 두 배로 늘었다.

44. 다음에서 설명하고 있는 개념은 무엇인가?

> 저축의 증가는 총수요를 감소시키고 총수요의 감소는 국민 소득을 감소시켜 경제의 총저축은 오히려 감소한다는 것을 말한다. 이 개념은 저축이 증가하더라도 투자기회가 부족하여 저축이 투자로 연결되지 않는 나라에서 성립한다.

① 수요의 역설
② 소비의 역설
③ 절약의 역설
④ 공급의 역설

45. 다음 표에 대한 옳은 분석만을 모두 고른 것은?

〈갑국의 교육 기회 충족도 및 미충족 사유〉

(단위: %)

구분	계	충족	미충족	소계	경제적 형편	학업 부진	부모의 사고 방식	질병, 신체 장애	기타
전체	100	51.0	49.0	100	55.5	13.6	19.3	10.0	1.6
도시	100	52.0	48.0	100	56.1	14.8	17.5	9.9	1.7
농촌	100	48.0	52.0	100	53.8	10.3	24.3	10.3	1.3
남자	100	55.0	45.0	100	63.2	17.3	7.8	10.0	1.7
여자	100	47.0	53.0	100	49.0	10.4	29.1	10.0	1.5

※ 교육 기회 충족도 : 본인이 원하는 단계까지 학교 교육을 받았다고 응답한 사람의 비율
※ 갑국의 지역은 도시와 농촌으로만 구분됨.

> ㉠ 교육 기회가 미충족되었다고 응답한 사람은 농촌 지역보다 도시 지역에 많다.
> ㉡ 교육 기회 미충족 사유를 질병, 신체장애라고 응답한 사람은 남자보다 여자가 많다.
> ㉢ 교육 기회 미충족 사유를 경제적 형편이라고 응답한 사람은 전체 응답자의 과반수이다.
> ㉣ 교육 기회 미충족 사유를 부모의 사고방식이라고 응답한 비율은 성별 차이보다 지역 차이가 크다.

① ㉠, ㉡
② ㉠, ㉢
③ ㉡, ㉢
④ ㉡, ㉣

46. 다음 빈칸에 공통적으로 들어갈 개념으로 적절한 것은?

> 물가가 지속적으로 상승하는 경제현상으로 총수요의 증가와 생산비 상승이 주요 원인이다. _____로/으로 명목임금은 올라도 실질임금은 낮아져 임금소득자에게는 불리한 소득의 재분배가 이루어지며, 채무자에게는 유리하고 채권자에게는 불리한 부의 재분배 현상도 발생한다. _____은/는 이렇게 생산과정을 통하지 않고 사회구성원 사이에 소득과 부를 재분배하고, 경제적 효율성을 낮춰 경제 성장에 악영향을 미친다.

① 인플레이션
② 디플레이션
③ 본원통화
④ 통화창조

47. 다음으로부터 바르게 추론한 것으로 옳은 것을 보기에서 고르면?

- 5개의 갑, 을, 병, 정, 무 팀이 있다.
- 현재 '갑'팀은 0개, '을'팀은 1개, '병'팀은 2개, '정'팀은 2개, '무'팀은 3개의 프로젝트를 수행하고 있다.
- 8개의 새로운 프로젝트 a, b, c, d, e, f, g, h를 5개의 팀에게 분배하려고 한다.
- 5개의 팀은 새로운 프로젝트 1개 이상을 맡아야 한다.
- 기존에 수행하던 프로젝트를 포함하여 한 팀이 맡을 수 있는 프로젝트 수는 최대 4개이다.
- 기존의 프로젝트를 포함하여 4개의 프로젝트를 맡은 팀은 2팀이다.
- 프로젝트 a, b는 한 팀이 맡아야 한다.
- 프로젝트 c, d, e는 한 팀이 맡아야 한다.

〈보기〉

㉠ a를 '을'팀이 맡을 수 없다.
㉡ f를 '갑'팀이 맡을 수 있다.
㉢ 기존에 수행하던 프로젝트를 포함해서 2개의 프로젝트를 맡는 팀이 있다.

① ㉠
② ㉡
③ ㉡㉢
④ ㉠㉢

48. 밑줄 친 부분이 어법에 맞게 표기된 것은?

① 박 사장은 자기 돈이 어떻게 쓰여지는 지도 몰랐다.
② 그녀는 조금만 추어올리면 기고만장해진다.
③ 나룻터는 이미 사람들로 가득 차 있었다.
④ 구렁이가 또아리를 틀고 있다.

49. 다음 중 '72의 법칙'을 생활경제 속에 가장 잘 활용한 사람은?

① 지금 가진 돈을 장기예금에 넣으면 복리가 될 테고, 그 돈이 두 배가 될 때 원금을 빼면 좋을 텐데…… 만약 그렇다면 복리로 계산할 때 언제 두 배 수익이 되는 걸까?
② 올해 내 나이가 벌써 43세니 10년 전과 비교해서 주식 투자의 비중은 얼마의 차이가 나는 걸까?
③ 갑자기 한 번에 저축을 너무 늘리려 하면 힘들 테니 수입의 5% 정도만 우선 저축하면서 지금부터라도 조금씩 저축을 시작해야겠어.
④ 주식이 폭락해서 −50%의 수익률을 얻었는데 이를 회복하려면 얼마의 수익률을 내야하는 걸까?

50. 다음이 설명하는 것은 무엇인가?

A회사는 회사 제품 가운데 가장 인기가 있고 큰 성공을 거둔 선풍기에 집중하여 판촉하고 있다.
A회사에 대한 긍정적인 이미지를 다른 제품으로 확대·전파하여 전체 상품의 매출을 극대화 하려고 한다.

① 플래그십 마케팅
② 버즈 마케팅
③ PPL 마케팅
④ 닛지 마케팅

51. 다음 글과 표를 근거로 판단할 때 세 사람 사이의 관계가 모호한 경우는?

- 조직 내에서 두 사람 사이의 관계는 '동갑'과 '위아래' 두 가지 경우로 나뉜다.
  - 두 사람이 태어난 연도가 같은 경우 입사년도에 상관없이 '동갑' 관계가 된다.
  - 두 사람이 태어난 연도가 다른 경우 '위아래' 관계가 된다. 이때 생년이 더 빠른 사람이 '윗사람', 더 늦은 사람이 '아랫사람'이 된다.
  - 두 사람이 태어난 연도가 다르더라도 입사년도가 같고 생년월일의 차이가 1년 미만이라면 '동갑' 관계가 된다.
- 두 사람 사이의 관계를 바탕으로 임의의 세 사람(A~C) 사이의 관계는 '명확'과 '모호' 두 가지 경우로 나뉜다.
  - A와 B, A와 C가 '동갑' 관계이고 B와 C 또한 '동갑' 관계인 경우 세 사람 사이의 관계는 '명확'하다.
  - A와 B가 '동갑' 관계이고 A가 C의 '윗사람', B가 C의 '윗사람'인 경우 세 사람 사이의 관계는 '명확'하다.
  - A와 B, A와 C가 '동갑' 관계이고 B와 C가 '위아래' 관계인 경우 세 사람 사이의 관계는 '모호'하다.

이름	생년월일	입사년도
甲	1992. 4. 11.	2017
乙	1991. 10. 3.	2017
丙	1991. 3. 1.	2017
丁	1992. 2. 14.	2017
戊	1993. 1 7.	2018

① 甲, 乙, 丙
② 甲, 乙, 丁
③ 甲, 丁, 戊
④ 乙, 丁, 戊

52. 다음 〈표〉는 A은행 ○○지점 직원들의 지난 달 상품 신규 가입 실적 현황을 나타낸 자료이다. 이에 대한 설명 중 옳은 것을 모두 고르면?

〈표〉 A은행 ○○지점 직원별 상품 신규 가입 실적 현황

구분 \ 직원	A	B	C	D	E	F
성별	남	남	여	남	여	남
실적(건)	0	2	6	4	8	10

- ㉠ 직원들의 평균 실적은 5건이다.
- ㉡ 남자면서 실적이 5건 이상인 직원 수는 전체 남자 직원 수의 50% 이상이다.
- ㉢ 실적이 2건 이상인 남자 직원의 수는 실적이 4건 이상인 여자 직원의 수의 2배 이상이다.
- ㉣ 여자 직원이거나 실적이 7건 이상인 직원 수는 전체 직원 수의 50% 이상이다.

① ㉠, ㉡

② ㉠, ㉢

③ ㉠, ㉣

④ ㉡, ㉢

53. SWOT 분석법은 조직 내부의 강점과 약점을 조직외부의 기회와 위험 요인과 대응시켜 전략을 개발하는 기법이다. SWOT 분석에서 외부에 기회가 있다고 판단할 수 있는 근거의 예시 중 가장 거리가 먼 것은?

① 회사에 대한 고객의 높은 충성도

② 경제호황

③ 약해진 경쟁자

④ 새로운 기술의 출현

54. 다음은 우리나라 특정 지역의 빈곤 가구 중에서 맞춤형 급여를 지원받는 가구의 비율을 나타낸 것이다. 이에 대한 옳은 분석만을 모두 고른 것은?

조사 당시 중위 소득은 500만 원이며, 조사한 빈곤 가구의 가구원 수는 모두 동일하다.

〈맞춤형 급여 지원 기준〉

기준(중위 소득 기준)	지원 급여
28% 이하	교육, 주거, 의료, 생계
28% 초과 ~ 40% 이하	교육, 주거, 의료
40% 초과 ~ 43% 이하	교육, 주거
43% 초과 ~ 50% 이하	교육

〈빈곤 가구 중 맞춤형 급여를 지원받는 비율〉

(단위 : %)

빈곤 가구 \ 급여	생계	의료	주거	교육
절대적 빈곤 가구	70	100	100	100
상대적 빈곤 가구	56	80	86	100

※ 절대적 빈곤 가구 : 월 소득이 최저 생계비 미만인 가구
※ 상대적 빈곤 가구 : 월 소득이 중위 소득의 50% 미만인 가구
※ 중위 소득 : 전체 가구를 소득 순으로 나열했을 때 한가운데 위치한 가구의 소득

- ㉠ 상대적 빈곤 가구보다 절대적 빈곤 가구가 많다.
- ㉡ 조사 시점의 최저 생계비는 월 소득 250만 원이다.
- ㉢ 상대적 빈곤 가구 중 생계, 의료, 주거, 교육 급여를 모두 받는 비율은 56%이다.
- ㉣ 월 소득이 최저 생계비 미만인 가구 중에서 30%는 월 소득 140만 원을 초과한다.

① ㉠, ㉡

② ㉠, ㉣

③ ㉢, ㉣

④ ㉠, ㉡, ㉢

55. 다음 중 나머지 네 개의 단어의 의미로 사용될 수 있는 단어를 고르시오.

① 솟다

② 생기다

③ 실리다

④ 나다

56. 다음은 종사자 규모별 사업체 수와 종사자 수에 관한 자료이다. 자료를 올바르게 판단한 의견을 〈보기〉에서 모두 고른 것은?

종사자 규모별	사업체 수				종사자 수			
	2016년	2017년	증감률	기여율	2016년	2017년	증감률	기여율
합계	3,950,192 (100.0)	4,020,477 (100.0)	1.8	100.0	21,259,243 (100.0)	21,591,398 (100.0)	1.6	100.0
1~4인	3,173,203 (80.3)	3,224,683 (80.2)	1.6 (-0.1)	73.2	5,705,551 (26.8)	5,834,290 (27.0)	2.3 (0.2)	38.8
5~99인	758,333 (19.2)	776,922 (19.3)	2.5 (0.1)	26.4	10,211,699 (48.0)	10,281,826 (47.6)	0.7 (-0.4)	21.1
100~299인	14,710 (0.4)	14,846 (0.4)	0.9 (0.0)	0.2	2,292,599 (10.8)	2,318,203 (10.7)	1.1 (-0.1)	7.7
300인 이상	3,946 (0.1)	4,026 (0.1)	2.0 (0.0)	0.1	3,049,394 (14.3)	3,157,079 (14.6)	3.5 (0.3)	32.4

〈보기〉
㉮ "종사자 규모 변동에 따른 사업체 수와 종사자 수의 증감 내역이 연도별로 다르네."
㉯ "기여율은 '구성비'와 같은 개념의 수치로군."
㉰ "사업체 1개당 평균 종사자 수는 사업체 규모가 커질수록 더 많네."
㉱ "2016년보다 종사자 수가 더 적어진 사업체는 없군."

① ㉰, ㉱
② ㉮, ㉰
③ ㉯, ㉱
④ ㉮, ㉯, ㉰

57. 다음의 제품수명주기 내용에서 ㉠과 ㉡에 들어갈 적절한 개념이 바르게 연결된 것은?

사람에도 수명이 있듯이 제품도 인간과 비슷하게 일정한 수명주기를 지닌다. 제품 수명은 새로운 제품이 등장할 때마다 반복적인 형태로 나타나며 일반적으로 하나의 제품이 시장에 출시되면 도입기 → 성장기 → (㉠) → 쇠퇴기의 4단계를 겪게 된다.
제품의 출시와 함께 시작되는 도입기는 조기수용자(Early Adopter) 또는 혁신자가 구입하는 단계이고, 이를지나 성장기에는 조기다수자(Early Majority)가 구입하게 된다. 한편 도입기와 성장단계의 사이에 (㉡)(가)이 존재하는 경우도 있으며, 이를 넘어서지 못하고 많은 기술과 상품들이 도태되기도 한다. 하지만 이 지점을 넘어서면 수요층이 다수로 확장될 수 있다.

	㉠	㉡
①	성숙기	기술포화
②	포화기	확산거점
③	성숙기	확산거점
④	성숙기	캐즘(Chasm)

58. 다음 빈 칸에 알맞은 말은 무엇인가?

A게임사는 1년 5개월 전 출시한 소셜네트워크 게임을 통해 꾸준한 수익을 내고 있다. 이를 바탕으로 지난해 3분기까지 557억 원의 매출을 기록했다. 회사 관계자는 "B게임은 지금도 앱스토어나 구글 플레이 스토어에서 매출 10위권 이상을 유지하는 등 지속적으로 인기를 끌고 있다"며 "C게임 같은 대박 게임이 없어도 기존의 여러 게임들이 꾸준한 인기를 유지하는 것이 지속 성장의 비결"이라고 설명했다. 업계에 따르면 '대박을 쫓기 보다는 세분화된 사용자들의 기호를 충족시킬 수 있는 여러 게임을 선보여 장기적인 수익원을 마련하는 것이 모바일 게임 개발사들의 주요 전략으로 자리 잡고 있다. '하위 80%가 상위 20% 보다 더 의미 있는 역할을 한다'는 ( )이 적용되고 있는 것이다.

① 파레토법칙
② 틈새상품
③ 롱테일법칙
④ 프로슈머마케팅

59. K지점으로부터 은행, 목욕탕, 편의점, 미용실, 교회 건물이 각각 다음과 같은 조건에 맞게 위치해 있다. 모두 K지점으로부터 일직선상에 위치해 있다고 할 때, 다음 설명 중 올바른 것은 어느 것인가? (언급되지 않은 다른 건물은 없다고 가정한다)

- K지점으로부터 50m 이상 떨어져 있는 건물은 목욕탕, 미용실, 은행이다.
- 목욕탕과 교회 건물 사이에는 편의점을 포함한 2개의 건물이 있다.
- 5개의 건물은 각각 K지점에서 15m, 40m, 60m, 70m, 100m 떨어진 거리에 있다.

① 목욕탕과 편의점과의 거리는 40m이다.
② 연이은 두 건물 간의 거리가 가장 먼 것은 은행과 편의점이다.
③ 미용실과 편의점의 사이에는 1개의 건물이 있다.
④ K지점에서 미용실이 가장 멀리 있다면 은행과 교회는 45m 거리에 있다.

60. 다음의 기사와 가장 관련이 깊은 용어는?

백화점과 할인점의 마케팅 대행업체 '메일러스클럽'은 최근 고객에게 발송하는 DM 시스템을 전면 개선하였다. 기존에 획일적으로 제공하던 DM을 고객의 구매 이력을 분석하여 가장 많이 구입한 상품과 추천 상품의 할인 쿠폰을 개인별 맞춤 형태로 다르게 발송한 것이다. 그 후 일반적인 DM 회수율이 2% 미만이었던 반면 맞춤형 DM의 경우 회수율이 48%에 달하는 기대 이상의 성과를 올렸다. 이렇게 맞춤형 DM의 제작이 가능하게 된 것은 기존의 '옵셋(Off-Set)'에 비해 20~30% 가량 출력 비용이 저렴하고 빠른 출력 속도로 생산성이 높은 디지털 인쇄기를 활용한 덕분이다.

① STP전략
② 트랜스코더
③ 트랜스프로모
④ SWOT 분석

하나은행

지역인재 신입행원

모의고사

	영 역	NCS + 경제/경영상식
제 **2** 회	문항수	60문항
	시 간	60분
	비 고	객관식 4지선다형

SEOWONGAK
(주)서원각

제2회 기출동형 모의고사

1. 다음 보기 중 어법에 맞는 문장은?

① 시간 내에 역에 도착하려면 <u>가능한</u> 빨리 달려야 합니다.

② 그다지 효과적이지 <u>않는</u> 비판이 계속 이어지면서 회의 분위기는 급격히 안 좋아졌다.

③ 그는 <u>그들에</u> 뒤지지 않기 위해 끊임없는 노력을 계속하였다.

④ 부서원 대부분은 주말 근무 시간을 <u>늘리는</u> 것에 매우 부정적입니다.

2. 다음은 2015년과 2018년 한국, 중국, 일본의 재화 수출액 및 수입액을 정리한 표와 무역수지와 무역특화지수에 대한 용어정리이다. 이에 대한 〈보기〉의 내용 중 옳은 것만 고른 것은?

(단위 : 억 달러)

연도	국가 수출입액 재화	한국 수출액	한국 수입액	중국 수출액	중국 수입액	일본 수출액	일본 수입액
2015년	원자재	578	832	741	1,122	905	1,707
	소비재	117	104	796	138	305	847
	자본재	1,028	668	955	991	3,583	1,243
2018년	원자재	2,015	3,232	5,954	9,172	2,089	4,760
	소비재	138	375	4,083	2,119	521	1,362
	자본재	3,444	1,549	12,054	8,209	4,541	2,209

[용어정리]

• 무역수지＝수출액－수입액

－무역수지 값이 양(+)이면 흑자, 음(−)이면 적자이다.

• 무역특화지수＝$\dfrac{수출액-수입액}{수출액+수입액}$

－무역특화지수의 값이 클수록 수출경쟁력이 높다.

〈보기〉

㉠ 2018년 한국, 중국, 일본 각각에서 원자재 무역수지는 적자이다.

㉡ 2018년 한국의 원자재, 소비재, 자본재 수출액은 2015년 비해 각각 50% 이상 증가하였다.

㉢ 2018년 자본재 수출경쟁력은 일본이 한국보다 높다.

① ㉠

② ㉡

③ ㉠, ㉡

④ ㉠, ㉢

3. 다음에 제시된 정보를 종합할 때, 서류장 10개와 의자 10개의 가격은 테이블 몇 개의 가격과 같은가?

• 홍보팀에서는 테이블, 의자, 서류장을 다음과 같은 수량으로 구입하였다.

• 테이블 5개와 의자 10개의 가격은 의자 5개와 서류장 10개의 가격과 같다.

• 의자 5개와 서류장 15개의 가격은 의자 5개와 테이블 10개의 가격과 같다.

① 8개

② 9개

③ 10개

④ 11개

4. 리디노미네이션(Redenomination)의 진행절차로 옳은 것은?

㉠ 화폐 단위 변경 결정 및 법 개정

㉡ 화폐 발행

㉢ 화폐 교환

㉣ 화폐 단위 완전 변경

㉤ 화폐 도안 결정

㉥ 신·구화폐 병행 사용

① ㉠ → ㉣ → ㉤ → ㉢ → ㉡ → ㉥

② ㉣ → ㉢ → ㉠ → ㉡ → ㉤ → ㉥

③ ㉤ → ㉠ → ㉡ → ㉢ → ㉣ → ㉥

④ ㉠ → ㉤ → ㉡ → ㉢ → ㉥ → ㉣

5. 다음 자료를 참고할 때, 해당 수치가 가장 큰 것은 어느 것인가?

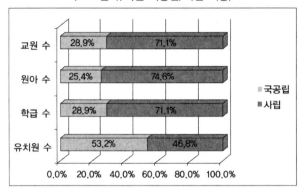

〈2018년 유치원 현황〉

유치원 수	학급 수	원아 수	교원 수
9,021개	37,749개	678,296명	54,892명

〈2018년 유치원 국공립/사립 비중〉

	국공립	사립
교원 수	28.9%	71.1%
원아 수	25.4%	74.6%
학급 수	28.9%	71.1%
유치원 수	53.2%	46.8%

0.0% 20.0% 40.0% 60.0% 80.0% 100.0%

① 국공립 유치원 1개당 평균 원아 수
② 사립 유치원 1개당 평균 학급 수
③ 사립 유치원 1개당 평균 교원 수
④ 국공립 유치원 교원 1인당 평균 원아 수

6. 다음 표준 임대차 계약서의 일부를 보고 추론할 수 없는 내용은?

[임대차계약서 계약조항]
제1조[보증금] 을(乙)은 상기 표시 부동산의 임대차보증금 및 차임(월세)을 다음과 같이 지불하기로 한다.
• 보증금 : 금○○원으로 한다.
• 계약금 : 금○○원은 계약 시에 지불한다.
• 중도금 : 금○○원은 2017년 ○월 ○일에 지불한다.
• 잔　금 : 금○○원은 건물명도와 동시에 지불한다.
• 차임(월세) : 금○○원은 매월 말일에 지불한다.

제4조[구조변경, 전대 등의 제한] 을(乙)은 갑(甲)의 동의 없이 상기 표시 부동산의 용도나 구조 등의 변경, 전대, 양도, 담보 제공 등 임대차 목적 외에 사용할 수 없다.

제5조[계약의 해제] 을(乙)이 갑(甲)에게 중도금(중도금 약정이 없는 경우에는 잔금)을 지불하기 전까지는 본 계약을 해제할 수 있는 바, 갑(甲)이 해약할 경우에는 계약금의 2배액을 상환하며 을(乙)이 해약할 경우에는 계약금을 포기하는 것으로 한다.

제6조[원상회복의무] 을(乙)은 존속기간의 만료, 합의 해지 및 기타 해지사유가 발생하면 즉시 원상회복하여야 한다.

① 중도금 약정 없이 계약이 진행될 수도 있다.
② 부동산의 용도를 변경하려면 갑(甲)의 동의가 필요하다.
③ 을(乙)은 계약금, 중도금, 보증금의 순서대로 임대보증금을 지불해야 한다.
④ 중도금 혹은 잔금을 지불하기 전까지만 계약을 해제할 수 있다.

7. 부피가 125cm³인 정육면체와 높이가 같은 직육면체가 있다. 이 직육면체의 가로가 4cm, 세로가 3cm이고, 겉넓이를 Acm²와 부피를 Bcm³라고 할 때, A-B는?

① 28
② 30
③ 32
④ 34

8. 다음의 기사를 읽고 선물시장에서 일어날 수 있는 상황을 추론할 때 적절하지 않은 것은?

　10일 KOSPI 200선물시장이 폭락했다. 외국인이 폭발적인 규모의 순매수를 기록했지만, 미국의 조기 금리인상과 국제유가 상승 등 대내외의 악재에 밀려 낙폭이 커졌다. 지수는 103선 아래로까지 떨어졌다. 이날 KOSPI 200선물 최근 월물인 6월물지수는 전일 대비 6.65포인트 하락한 102.40으로 장을 마감했다. 지수는 소폭 하락 출발해 오후 들어 낙폭을 급격히 키웠고, 지수가 5% 이상 급락함에 따라 오후 2시 14분 사이드 카(Side Car)가 발동되기도 했다.

① 이날 발생한 사이드 카는 이 건이 유일한 것으로 단 한번 뿐이었을 것이다.
② 만약 종합주가지수가 전일대비 10% 이상 하락하였다면 사이드 카 발동으로 선물시장은 20분간 중단될 것이다.
③ 주식시장의 프로그램매매 매도호가의 효력을 정지한 관계로 5분간 지연하여 매매가 체결되었을 것이다.
④ KOSPI 200선물시장에서 전일 거래량이 가장 많은 종목의 가격이 전일 종가대비 5% 이상 변동하여 1분 이상 지속되었다.

9. 소셜미디어 회사에 근무하는 甲은 사회 네트워크에 대한 이론을 바탕으로 자사 SNS 서비스를 이용하는 A~P에 대한 분석을 실시하였다. 甲이 분석한 내용 중 잘못된 것은?

사회 네트워크란 '사람들이 연결되어 있는 관계망'을 의미한다. '중심성'은 한 행위자가 전체 네트워크에서 중심에 위치하는 정도를 표현하는 지표이다. 중심성을 측정하는 방법에는 여러 가지가 있는데, 대표적인 것으로 '연결정도 중심성'과 '근접 중심성'의 두 가지 유형이 있다.

'연결정도 중심성'은 사회 네트워크 내의 행위자와 직접적으로 연결되는 다른 행위자 수의 합으로 얻어진다. 이는 한 행위자가 다른 행위자들과 얼마만큼 관계를 맺고 있는가를 통하여 그 행위자가 사회 네트워크에서 중심에 위치하는 정도를 측정하는 것이다. 예를 들어 〈예시〉에서 행위자 A의 연결정도 중심성은 A와 직접 연결된 행위자의 숫자인 4가 된다.

'근접 중심성'은 사회 네트워크에서의 두 행위자 간의 거리를 강조한다. 사회 네트워크상의 다른 행위자들과 가까운 위치에 있다면 그들과 쉽게 관계를 맺을 수 있고 따라서 그만큼 중심적인 역할을 담당한다고 간주한다. 연결정도 중심성과는 달리 근접 중심성은 네트워크 내에서 직·간접적으로 연결되는 모든 행위자들과의 최단거리의 합의 역수로 정의된다. 이때 직접 연결된 두 점의 거리는 1이다. 예를 들어 〈예시〉에서 A의 근접 중심성은 $\frac{1}{6}$이 된다.

〈예시〉

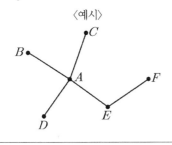

〈SNS 서비스를 이용하는 A~P의 사회 네트워크〉

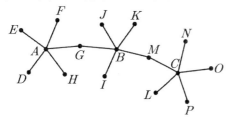

① 행위자 G의 근접 중심성은 $\frac{1}{37}$이다.

② 행위자 A의 근접 중심성은 행위자 B의 근접 중심성과 동일하다.

③ 행위자 G의 근접 중심성은 행위자 M의 근접 중심성과 동일하다.

④ 행위자 G의 연결정도 중심성은 행위자 M의 연결정도 중심성과 동일하다.

---

10. 다음 글을 통해 알 수 있는 내용이 아닌 것은?

오늘날 인류가 왼손보다 오른손을 선호하는 경향은 어디서 비롯되었을까? 무기를 들고 싸우는 결투에서 오른손잡이는 왼손잡이 상대를 만나 곤혹을 치르곤 한다. 왼손잡이 적수가 무기를 든 왼손은 뒤로 감춘 채 오른손을 내밀어 화해의 몸짓을 보이다가 방심한 틈에 공격을 할 수도 있다. 그러나 이런 상황이 왼손에 대한 폭넓고 뿌리 깊은 반감을 다 설명해 준다고는 생각하지 않는다. 예컨대 그런 종류의 겨루기와 거의 무관했던 여성들의 오른손 선호는 어떻게 설명할 것인가?

오른손을 귀하게 여기고 왼손을 천대하는 현상은 어쩌면 산업화 이전 사회에서 배변 후 사용할 휴지가 없었다는 사실과 관련이 있을 법하다. 인류 역사에서 대부분의 기간 동안 배변 후 뒤처리를 담당한 것은 맨손이었다. 맨손으로 배변 뒤처리를 하는 것은 불쾌할뿐더러 병균을 옮길 위험을 수반하는 일이었다. 이런 위험의 가능성을 낮추는 간단한 방법은 음식을 먹거나 인사할 때 다른 손을 사용하는 것이었다. 기술 발달 이전의 사회에서는 대개 왼손을 배변 뒤처리에, 오른손을 먹고 인사하는 일에 사용했다. 이런 전통에서 벗어난 행동을 보면 사람들은 기겁하지 않을 수 없었다. 오른손과 왼손의 역할 분담에 관한 관습을 따르지 않는 어린아이는 벌을 받았을 것이다.

나는 이런 배경이 인간 사회에서 널리 나타나는 '오른쪽'에 대한 긍정과 '왼쪽'에 대한 반감을 어느 정도 설명해 줄 수 있으리라고 생각한다. 그러나 이 설명은 왜 애초에 오른손이 먹는 일에, 그리고 왼손이 배변 처리에 사용되었는지 설명해주지 못한다. 확률로 말하자면 왼손이 배변 처리를 담당하게 될 확률은 1/2이다. 그렇다면 인간 사회 가운데 절반 정도는 왼손잡이 사회였어야 할 것이다. 그러나 동서양을 막론하고 왼손잡이 사회는 확인된 바 없다. 세상에는 왜 온통 오른손잡이 사회들뿐인지에 대한 근본적인 설명은 다른 곳에서 찾아야 할 것 같다.

한쪽 손을 주로 쓰는 경향은 뇌의 좌우반구의 기능 분화와 관련되어 있는 것으로 보인다. 보고된 증거에 따르면, 왼손잡이는 읽기와 쓰기, 개념적·논리적 사고 같은 좌반구 기능에서 오른손잡이보다 상대적으로 미약한 대신 상상력, 패턴 인식, 창의력 등 전형적인 우반구 기능에서는 상대적으로 기민한 경우가 많다.

비비원숭이의 두개골 화석을 연구함으로써 오스트랄로피테쿠스가 어느 손을 즐겨 썼는지를 추정할 수 있다. 이들이 비비원숭이를 몽둥이로 때려서 입힌 상처의 흔적이 남아 있기 때문이다. 연구에 따르면 오스트랄로피테쿠스는 약 80%가 오른손잡이였다. 이는 현대인과 거의 일치한다. 사람이 오른손을 즐겨 쓰듯 다른 동물들도 앞발 중에 더 선호하는 쪽이 있는데, 포유류에 속하는 동물들은 대개 왼발을 즐겨 쓰는 것으로 나타났다. 이들 동물에서도 뇌의 좌우반구 기능은 인간과 본질적으로 다르지 않으며, 좌우반구의 신체 제어에서 좌우 교차가 일어난다는 점도 인간과 다르지 않다.

왼쪽과 오른쪽의 대결은 인간이라는 종의 먼 과거까지 거슬러 올라간다. 나는 이성대 직관의 힘겨루기, 뇌의 두 반구 사이의 힘겨루기가 오른손과 인손의 힘겨루기로 표면화된 것이 아닐까 생각한다. 즉 오른손이 원래 왼손보다 더 능숙했기 때문이 아니라 뇌의 좌반구가 인간의 행동을 지배하는 권력을 갖게 되었기 때문에 오른손 선호에 이르렀다는 생각이다. 그리고 이것이 사실이라면 직관적 사고에 대한 논리적 비판은 거시적 관점에서 그 타당성을 의심해볼 만하다. 어쩌면 뇌의 우반구 역시 좌반구의 권력을 못마땅하게 여기고 있는지도 모른다. 다만 논리적인 언어로 반론을 펴지 못할 뿐.

① 위생에 관한 관습은 명문화된 규범 없이도 형성될 수 있다.
② 직관적 사고보다 논리적 사고가 인간의 행위를 더 강하게 지배해 왔다고 볼 수 있다.
③ 인류를 제외한 대부분의 포유류의 경우에는 뇌의 우반구가 좌반구와의 힘겨루기에서 우세하다고 볼 수 있다.
④ 먹는 손과 배변을 처리하는 손이 다르게 된 이유는 먹는 행위와 배변 처리 행위에 요구되는 뇌 기능이 다르기 때문이다.

▌11~12 ▌ 금융자산 투자 운용'에 대한 다음 자료를 보고 이어지는 물음에 답하시오.

〈투자의 주된 목적에 대한 비율〉

(단위 : %)

목적\연도	주택 관련	노후 대책	결혼 자금 마련	사고와 질병 대비	자녀 교육비 마련	부채 상환	기타
2017년	16.7	57.4	2.9	3.5	6.4	8.6	4.5
2018년	15.5	57.2	2.8	3.4	5.7	9.6	5.8

〈투자 시 선호하는 운용 방법에 대한 비율〉

(단위 : %)

| 선호 방법\연도 | 예금 | | | | 주식 | | 계(契) | 기타 |
	은행 예금	저축 은행 예금	비은행 금융 기관 예금	개인 연금	주식	수익 증권 (간접 투자)		
2017년	91.8	75.0	5.7	11.2	1.8	4.1	2.4	1.7	0.1	2.2
2018년	91.9	75.7	5.5	10.8	1.8	4.7	3.0	1.6	0.1	1.6

〈투자 전 우선 고려 사항에 대한 비율〉

(단위 : %)

고려 사항\연도	합계	수익성	안전성	현금화 가능성	접근성	기타
2017년	100.0	12.8	75.0	5.8	6.2	0.2
2018년	100.0	13.8	74.5	5.4	6.1	0.1

11. 다음 중 위의 자료에 대한 올바른 판단만을 〈보기〉에서 모두 고른 것은?

〈보기〉
㈎ 투자 운용 방법으로 예금 중 은행예금을 선호하는 사람의 비중은 2018년에 더 감소하였다.
㈏ 금융자산 투자 시의 운용 방법 비중에 전년보다 가장 큰 변동이 있는 것은 은행예금이다.
㈐ 노후 대책을 투자 목적으로 하는 사람들은 안전성이 있는 은행예금의 방법을 선택할 가능성이 가장 높다.
㈑ 금융 투자 전에는 현금화 가능성보다 접근성을 더 많이 고려한다.

① ㈎, ㈏
② ㈏, ㈐
③ ㈏, ㈑
④ ㈐, ㈑

12. 다음 중 위의 자료를 통하여 작성할 수 있는 하위 자료를 적절한 도표와 그래프로 표현하지 못한 것은?

① 〈예금 종류별 선호방법 비중의 연도별 변화, 단위 : %p〉

은행예금	저축은행 예금	비은행 금융기관 예금
0.7 ↑	0.2 ↓	0.4 ↓

② 〈2018년 투자 전 고려사항의 항목별 구성비〉

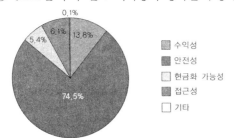

③ 〈2018년 투자 목적의 비중 비교, 단위 : %〉

④ 〈연도별 투자 목적의 항목별 비중 비교표, 단위 : %〉

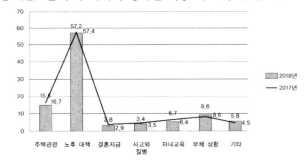

13. 전력 설비 수리를 하기 위해 본사에서 파견된 8명의 기술자들이 출장지에서 하룻밤을 묵게 되었다. 1개 층에 4개의 객실 (101~104호, 201~204호, 301~304호, 401~404호)이 있는 3층으로 된 조그만 여인숙에 1인당 객실 1개씩을 잡고 투숙하였고 다음과 같은 조건을 만족할 경우, 12개의 객실 중 8명이 묵고 있지 않은 객실 4개를 모두 알기 위하여 필요한 사실이 될 수 있는 것은 다음 보기 중 어느 것인가? (출장자 일행 외의 다른 투숙객은 없는 것으로 가정한다)

- 출장자들은 1, 2, 3층에 각각 객실 2개, 3개, 3개에 투숙하였다.
- 출장자들은 1, 2, 3, 4호 라인에 각각 2개, 2개, 1개, 3개 객실에 투숙하였다.

① 302호에 출장자가 투숙하고 있다.

② 103호에 출장자가 투숙하고 있다.

③ 102호에 출장자가 투숙하고 있다.

④ 202호에 출장자가 투숙하고 있지 않다.

14. 다음에서 설명하는 개념은 무엇인가?

증권회사 등이 투자자의 자산규모와 투자성향 및 위험수용도 등을 분석하여 투자자의 자산을 적당한 금융상품 등에 투자해주고 일정한 수수료를 받는 것을 말한다.

① 단기금융집합투자기구

② 랩어카운트

③ 대안투자상품

④ late trading

15. 다음 A ~ F에 대한 평가로 적절하지 못한 것은?

어느 때부터 인간으로 간주할 수 있는가와 관련된 주제는 인문학뿐만 아니라 자연과학에서도 흥미로운 주제이다. 특히 태아의 인권 취득과 관련하여 이러한 주제는 다양하게 논의되고 있다. 과학적으로 볼 때, 인간은 수정 후 시간이 흐름에 따라 수정체, 접합체, 배아, 태아의 단계를 거쳐 인간의 모습을 갖추게 되는 수준으로 발전한다. 수정 후에 태아가 형성되는 데까지는 8주 정도가 소요되는데 배아는 2주 경에 형성된다. 10달의 임신 기간은 태아 형성기, 두뇌의 발달 정도 등을 고려하여 4기로 나뉘는데, 1 ~ 3기는 3개월 단위로 나뉘고 마지막 한 달은 4기에 해당한다. 이러한 발달 단계의 어느 시점에서부터 그 대상을 인간으로 간주할 것인지에 대해서는 다양한 견해들이 있다.

A에 따르면 태아가 산모의 뱃속으로부터 밖으로 나올 때 즉 태아의 신체가 전부 노출이 될 때부터 인간에 해당한다. B에 따르면 출산의 진통 때부터는 태아가 산모로부터 독립해 생존이 가능하기 때문에 그때부터 인간에 해당한다. C는 태아가 형성된 후 4개월 이후부터 인간으로 간주한다. 지각력이 있는 태아는 보호받아야 하는데 지각력이 있어서 필수 요소인 전뇌가 2기부터 발달하기 때문이다. D에 따르면 정자와 난자가 합쳐졌을 때, 즉 수정체부터 인간에 해당한다. 그 이유는 수정체는 생물학적으로 인간으로 태어날 가능성을 갖고 있기 때문이다. E에 따르면 합리적 사고를 가능하게 하는 뇌가 생기는 시점 즉 배아에 해당하는 때부터 인간에 해당한다. F는 수정될 때 영혼이 생기기 때문에 수정체부터 인간에 해당한다고 본다.

① A가 인간으로 간주하는 대상은 B도 인간으로 간주한다.
② C가 인간으로 간주하는 대산은 E도 인간으로 간주한다.
③ D가 인간으로 간주하는 대상은 E도 인간으로 간주한다.
④ D가 인간으로 간주하는 대상은 F도 인간으로 간주하지만, 그렇게 간주하는 이유는 다르다.

16. 김 대리는 최근 주식시장의 강세에 따라 주식형 펀드 가입을 고려하고 있다. 다음의 조건을 바탕으로 할 때 가장 유리한 선택을 하는 펀드는?

〈조건〉
• 김 대리는 펀드선택시 과거 6개월간 수익률의 변동성이 반영된 샤프지수를 가장 중요하게 생각한다.
• 종합주가지수 상승률 : 35%
• 무위험자산수익률 : 5%

펀드	펀드수익률	수익률 표준편차	베타
A	7%	10%	0.5
B	15%	10%	0.8
C	20%	32%	1.0
D	30%	28%	1.2

① A
② B
③ C
④ D

17. 보람마트에서 여름 이벤트로 아이스크림 1세트를 첫 날 3,000원을 시작으로 매일 500원씩 할인하여 판매하고 있다. 해당 아이스크림의 하루 판매 개수는 10세트로 동일하고, 총 매출이 100,000원일 때, 며칠 동안 판매한 것인가?

① 4일
② 5일
③ 6일
④ 7일

18. 다음 글을 읽고 이 글의 내용과 부합되는 것을 고르시오.

말갈은 고구려의 북쪽에 있으며 읍락마다 추장이 있으나 서로 하나로 통일되지는 못했다. 무릇 7종이 있으니 첫째는 속말부라 부르며 고구려에 접해 있고, 둘째는 백돌부로 속말의 북쪽에 있다. 셋째. 안차골부는 백돌의 동북쪽에 있고, 넷째, 불열부는 백돌의 동쪽에 있다. 다섯째는 호실부로 불열의 동쪽에 있고, 여섯째는 흑수부로 안차골의 서북쪽에 있으며, 일곱째는 백산부로 속말의 동쪽에 있다. 정병은 3천이 넘지 않고 흑수부가 가장 강하다.

① 백돌부는 호실부의 서쪽에 있다.
② 흑수부는 백산부의 동쪽에 있다.
③ 백산부는 불열부의 북쪽에 있다.
④ 안차골부는 속말부의 서북쪽에 있다.

19. 다음 중 금리(이자율)의 기능을 모두 고르면?

㉠ 자금배분	㉡ 경기전망
㉢ 경기조절	㉣ 물가조정

① ㉠, ㉡, ㉢

② ㉠, ㉡, ㉣

③ ㉠, ㉡, ㉢, ㉣

④ ㉠, ㉢, ㉣

20. 다음 밑줄 친 금융상품의 특성을 잘 파악하고 있는 사람을 모두 고른 것은?

> 노 씨는 생활비를 충당하기 위해 살고 있는 주택을 담보로 맡기고 역모기지론 상품에 가입했다.

> 김 씨 : 주택을 담보로 맡기고 연금 형태로 생활비를 지급 받고, 사망하면 금융회사가 집을 처분해 그 동안의 대출금과 이자를 상환 받는 형태로 운영되지.
> 이 씨 : 대출받는 사람 입장에서는 집을 먼저 산 뒤 장기간에 걸쳐 원리금을 분할 상환할 수 있는 제도로 목돈 마련의 부담이 없어서 좋지.
> 최 씨 : 노후에 안정된 생활을 돕기 위해 도입된 것으로 고령화 시대에 필요한 금융상품이다.
> 강 씨 : 집을 담보로 맡기고 돈을 한 번에 대출 받은 뒤 원금과 이자를 갚아 나가는 제도를 뜻하지.

① 김 씨, 최 씨

② 이 씨, 강 씨

③ 김 씨, 이 씨

④ 최 씨, 강 씨

21. 다음 다섯 사람 중 오직 한 사람만이 거짓말을 하고 있다. 거짓말을 하고 있는 사람은 누구인가?

> • A : B는 거짓말을 하고 있지 않다.
> • B : C의 말이 참이면 D의 말도 참이다.
> • C : E는 거짓말을 하고 있다.
> • D : B의 말이 거짓이면 C의 말은 참이다.
> • E : A의 말이 참이면 D의 말은 거짓이다.

① A

② C

③ D

④ E

22. 다음 자료에 대한 올바른 설명을 〈보기〉에서 모두 고른 것은?

〈'갑'시의 도시철도 노선별 연간 범죄 발생건수〉

(단위 : 건)

연도＼노선	1호선	2호선	3호선	4호선	합
2017년	224	271	82	39	616
2018년	252	318	38	61	669

〈'갑'시의 도시철도 노선별 연간 아동 상대 범죄 발생건수〉

(단위 : 건)

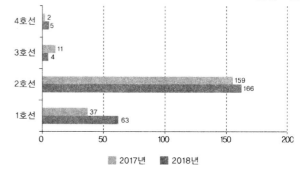

* 노선별 범죄율 = 노선별 해당 범죄 발생건수 ÷ 전체 노선 해당 범죄 발생건수 × 100
* 언급되지 않은 '갑'시의 다른 노선은 고려하지 않으며, 범죄 발생건수는 아동 상대 범죄 발생건수와 비아동 상대 범죄 발생건수로만 구성됨.

〈보기〉

㉮ 2018년 비아동 상대 범죄 발생건수는 4개 노선 모두 전년보다 증가하였다.

㉯ 2018년의 전년 대비 아동 상대 범죄 발생건수의 증가폭은 비아동 상대 범죄 발생건수의 증가폭보다 더 크다.

㉰ 2018년의 노선별 전체 범죄율이 10% 이하인 노선은 1개이다.

㉱ 두 해 모두 전체 범죄율이 가장 높은 노선은 2호선이다.

① ㉯, ㉰

② ㉯, ㉱

③ ㉮, ㉰

④ ㉮, ㉯

23. 밑줄 친 부분과 같은 의미로 쓰인 것을 고르시오.

> 그는 해결하기만 하면 좋은 기회가 될 수 있는 사건을 하나 물어왔다.

① 사장은 과장에게 이번 일의 책임을 물었다.

② 친구는 나에게 그 일이 어떻게 되어가고 있는지 물어왔다.

③ 여자들은 그녀가 부자를 물어 팔자가 피었다며 속닥거렸다.

④ 일이 잘못되어 꼼짝없이 내가 모든 돈을 물어주게 생겼다.

24. 다음 글의 내용과 부합하는 것은?

'청렴(淸廉)'은 현대 사회에서 좁게는 반부패와 동의어로 사용되며 넓게는 투명성과 책임성 등을 포괄하는 통합적 개념으로 사용되고 있다. 유학자들은 청렴을 효제와 같은 인륜의 덕목보다는 하위에 두었지만 군자라면 마땅히 지켜야 할 일상의 덕목으로 중시하였다. 조선의 대표적 유학자였던 이황과 이이는 청렴을 사회 규율이자 개인 처세의 지침으로 강조하였다. 특히 공적 업무에 종사하는 사람이라면 사회 규율로서의 청렴이 개인의 처세와 직결된다는 점에 유념해야 한다고 보았다.

청렴에 대한 논의는 정약용의 「목민심서」에서 본격적으로 나타난다. 정약용은 청렴이야말로 목민관이 지켜야 할 근본적인 덕목이며 목민관의 직무는 청렴이 없이는 불가능하다고 강조하였다. 정약용은 청렴을 당위의 차원에서 주장하는 기존의 학자들과 달리 행위자 자신에게 실질적 이익이 된다는 점을 들어 설득하고자 한다. 그는 청렴은 큰 이득이 남는 장사라고 말하면서, 지혜롭고 욕심이 큰 사람은 청렴을 택하지만 지혜가 짧고 욕심이 작은 사람은 탐욕을 택한다고 설명한다. 정약용은 "지자(知者)는 인(仁)을 이롭게 여긴다."라는 공자의 말을 빌려 "지혜로운 자는 청렴함을 이롭게 여긴다."라고 하였다. 비록 재물을 얻는 데 뜻이 있더라도 청렴함을 택하는 것이 결과적으로는 지혜로운 선택이라고 정약용은 말한다. 목민관의 작은 탐욕은 단기적으로 보면 눈앞의 재물을 취하여 이익을 얻을 수 있겠지만 궁극에는 개인의 몰락과 가문의 불명예를 가져올 수 있기 때문이다.

정약용은 청렴을 지키는 것은 두 가지 효과가 있다고 보았다. 첫째, 청렴은 다른 사람에게 긍정적 효과를 미친다. 목민관이 청렴할 경우 백성을 비롯한 공동체 구성원에게 좋은 혜택이 돌아갈 것이다. 둘째, 청렴한 행위를 하는 것은 목민관 자신에게도 좋은 결과를 가져다준다. 청렴은 그 자신의 덕을 높이는 것일 뿐 아니라 자신의 가문에 빛나는 명성과 영광을 가져다줄 것이다.

① 정약용은 청렴이 목민관이 반드시 지켜야 할 덕목임을 당위론 차원에서 정당화하였다.

② 정약용은 탐욕을 택하는 것보다 청렴을 택하는 것이 이롭다는 공자의 뜻을 계승하였다.

③ 정약용은 청렴한 사람은 욕심이 작기 때문에 재물에 대한 탐욕에 빠지지 않는다고 보았다.

④ 정약용은 청렴이 백성에게 이로움을 줄 뿐 아니라 목민관 자신에게도 이로운 행위라고 보았다.

25. △△은행에서 창구업무를 보던 도중 한 고객이 입금하려던 예금액 500만 원이 분실되었다. 경찰은 3명의 용의자 A, B, C를 검거하였다. 그러나 세 명의 용의자는 하나같이 자신이 범인이 아니라고 했지만 셋 중 하나가 범인임에 틀림없다. 세 사람이 각각 진술한 3개의 진술 중 하나의 진술은 참이고, 나머지는 거짓이다. 다음 중 범인과 참인 진술로 바르게 짝지어진 것은?

A의 진술
㉠ B가 범인이다.
㉡ 우리 집에는 사과가 많이 있다.
㉢ 나는 C를 몇 번 만난 적이 있다.

B의 진술
㉠ 내가 범인이다.
㉡ A의 두 번째 말은 거짓이다.
㉢ A와 C는 한 번도 만난 적이 없다.

C의 진술
㉠ A가 범인이다.
㉡ B의 두 번째 말은 진실이다.
㉢ 나는 A를 한 번도 만난 적이 없다.

① 범인은 C, 참인 진술은 A의 ㉢ - B의 ㉡
② 범인은 A, 참인 진술은 A의 ㉡ - C의 ㉠
③ 범인은 C, 참인 진술은 C의 ㉡ - B의 ㉢
④ 범인은 B, 참인 진술은 A의 ㉢ - C의 ㉢

26. 다음은 T센터 대강당 사용과 관련한 안내문이다. 이를 참고할 때, 다음 주 금요일 신년 행사에서 장소 섭외 담당자인 A 씨가 준비할 사항으로 잘못된 것은?

구분	장비명		수량	개당 가격	비고
음향 장치	일반 마이크	다이나믹	65개	4,500원	7대 무료, 8대부터 비용
		콘덴서	55개	4,500원	
	고급 마이크		25개	25,000원	건전지 사용자 부담
촬영 장치	써라운드 스피커 시스템		4대	25,000원	1일 1대
	빔 프로젝터		1대	210,000원	1일 1대
	영상 재생 및 녹화 서비스	USB	1개	25,000원	–
		CD	1개	32,000원	–
조명 장치	solo 라이트		2대	6,000원	–
	rail 라이트		10대	55,000원	2개까지 무료

- 주의사항
  - 내부 매점 이외에서 구매한 음식물 반입 엄금(음용수 제외)
  - 대관일 하루 전날 사전 점검 및 시설물 설치 가능, 행사 종료 즉시 시설물 철거 요망
  - 건물 내 전 지역 금연(실외 경비구역 내 지정 흡연 부스 있음)
- 주차장 안내
  - 행사장 주최 측에 무료 주차권 100장 공급
  - 무료 주차권 없을 경우, 행사 종료 후부터 1시간까지 3,000원/이후 30분당 1,000원
  - 경차, 장애인 차량 주차 무료
- 기타사항
  - 예약 후, 행사 당일 3일 전 이후 취소 시 기 지급금 20% 수수료 및 향후 대관 불가
  - 정치적 목적의 행사, 종교 행사 등과 사회 기피적 모임 및 활동을 위한 대관 불가

① 회사에서 준비해 간 주류와 음료는 이용할 수 없겠군.
② 무료 주차권에 맞춰서 차량 수도 조정하는 게 좋겠어.
③ 다음 주 수요일에 화환이 도착한다고 했으니까 곧장 대강당으로 보내면 되겠군.
④ 마이크는 일반 마이크 5대면 충분하니 추가금은 필요 없겠어.

27. 한국은행이 콜금리 목표를 인하하겠다고 결정하였을 때 다음 중 추론으로 가장 적절한 것을 고르면?

> ㉠ 부동산에 대한 수요 증가
> ㉡ 원화환율의 상승으로 인한 경상수지의 개선효과
> ㉢ 케인즈 학파의 견해에 따를 경우 큰 폭으로 투자수요 증가
> ㉣ 주식보다 채권에 대한 투자매력 증가

① ㉠, ㉡
② ㉠, ㉢
③ ㉠, ㉡, ㉢
④ ㉠, ㉡, ㉢, ㉣

28. 다음은 은행의 보수적인 금융행태의 원인에 대하여 설명하는 글이다. 다음 글에서 지적한 가장 핵심적인 은행의 보수적인 모습으로 적절한 것은?

> 외환위기 이후 구조조정 과정에서 은행은 생존을 위해서는 양호한 경영실적을 올리는 것이 중요하다는 것을 절감하였다. 특히 단기수익을 중시하는 성향이 높은 외국인의 지분 확대는 은행의 단기수익성 제고에 대한 부담을 가중시켰다. 이에 따라 은행은 상대적으로 위험부담이 적고 수익창출이 용이한 가계대출을 중심으로 대출을 증가시키게 되었다. 2000년대 초반 가계대출의 예대마진이 중소기업대출보다 높았던 데다 부동산시장이 활황세를 나타냄에 따라 은행은 가계대출을 증가시킴으로써 수익을 향상시킬 수 있었다. 중소기업대출의 예대마진이 가계대출을 상회한 2000년대 중반 이후에도 부동산시장의 호조와 상대적으로 낮은 연체율 등에 힘입어 은행은 가계대출 중심의 대출행태를 지속하였다.
>
> 단기수익 중시의 단견주의(short-termism)는 은행 임직원의 행태에도 큰 영향을 미쳤다. 대체로 3년 정도의 임기인 은행장은 장기 비전을 가지고 은행을 경영하기보다는 단기수익을 극대화할 수 있는 영업 전략을 선택할 수밖에 없게 되었다. 또한 직원에 대한 핵심성과지표(Key Performance Index : KPI)가 수익성 및 여수신 유치실적 등 단기성과 중심으로 구성되어 있어 위험성이 높지만 성장 가능성이 높은 유망한 중소·벤처기업에 대한 대출보다는 주택담보대출과 같이 상대적으로 안전하고 손쉬운 대출을 취급하려는 유인이 높아졌다.

① 내부 임직원에 대한 구태의연한 평가방식
② 은행장의 무모한 경영 전략 수립
③ 대기업에 집중된 기업대출 패턴
④ 수익성 추구의 단기성과주의

29. 다음 내용이 설명하는 것은 무엇인가?

> 중앙은행인 한국은행이 경기상황이나 물가수준, 금융·외환 시장 상황, 세계경제 흐름 등을 종합적으로 고려하여 시중의 풀린 돈의 양을 조절하기 위해 금융통화위원회 의결을 거쳐 인위적으로 결정하는 정책금리를 말한다.

① 실질금리
② 명목금리
③ 기준금리
④ 시장금리

30. 다음 〈그림〉은 국내 7개 권역별 전국 대비 면적, 인구, 산업 생산액 비중 현황을 나타낸 것이다. 이를 토대로 〈보기〉에 제시된 각 항목의 값이 두 번째로 큰 권역을 바르게 나열한 것은?

〈그림〉 권역별 전국 대비 면적, 인구, 산업 생산액 비중 현황

(단위 : %)

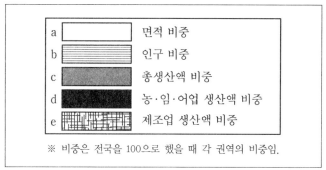

※ 비중은 전국을 100으로 했을 때 각 권역의 비중임.

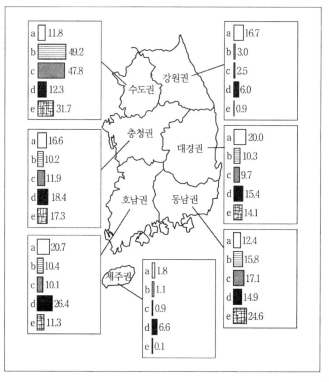

> ㉠ 면적 대비 총생산액
> ㉡ 면적 대비 농·임·어업 생산액
> ㉢ 인구 대비 제조업 생산액

	㉠	㉡	㉢
①	충청권	동남권	동남권
②	충청권	호남권	대경권
③	동남권	동남권	대경권
④	동남권	호남권	동남권

31. 다음은 영업사원인 甲씨가 오늘 미팅해야 할 거래처 직원들과 방문해야 할 업체에 관한 정보이다. 다음의 정보를 모두 반영하여 하루의 일정을 짠다고 할 때 순서가 올바르게 배열된 것은? (단, 장소 간 이동 시간은 없는 것으로 가정한다)

> 〈거래처 직원들의 요구 사항〉
> • A거래처 과장 : 회사 내부 일정으로 인해 미팅은 10시~12시 또는 16~18시까지 2시간 정도 가능합니다.
> • B거래처 대리 : 12시부터 점심식사를 하거나, 18시부터 저녁식사를 하시죠. 시간은 2시간이면 될 것 같습니다.
> • C거래처 사원 : 외근이 잡혀서 오전 9시부터 10시까지 1시간만 가능합니다.
> • D거래처 부장 : 외부일정으로 18시부터 저녁식사만 가능합니다.
>
> 〈방문해야 할 업체와 가능시간〉
> • E서점 : 14~18시, 소요시간은 2시간
> • F은행 : 12~16시, 소요시간은 1시간
> • G미술관 관람 : 하루 3회(10시, 13시, 15시), 소요시간은 1시간

① C거래처 사원 – A거래처 과장 – B거래처 대리 – E서점 – G미술관 – F은행 – D거래처 부장
② C거래처 사원 – A거래처 과장 – F은행 – B거래처 대리 – G미술관 – E서점 – D거래처 부장
③ C거래처 사원 – G미술관 – F은행 – B거래처 대리 – E서점 – A거래처 과장 – D거래처 부장
④ C거래처 사원 – A거래처 과장 – B거래처 대리 – F은행 – G미술관 – E서점 – D거래처 부장

32. 다음에서 설명하는 것은 무엇인가?

> 환율, 금리 또는 다른 자산에 대한 투자 등을 통해 보유하고 있는 위험자산의 가격변동을 제거하는 것을 말하며, 확정되지 않은 자산을 확정된 자산으로 편입하는 과정이라 할 수 있다. 주로 선물 옵션과 같은 파생상품을 이용한다. 이를 통해 가격변동에 대한 리스크를 줄일 수 있다.

① 레버리지
② 랩어카운트
③ 풀링
④ 헤징

33. 다음은 특정 월의 3개 원자력발전소에서 생산된 전력을 각각 다른 세 곳으로 전송한 내역을 나타낸 표이다. 다음 표에 대한 〈보기〉의 설명 중, 적절한 것을 모두 고른 것은 어느 것인가?

(단위: 천 Mwh)

전송처 / 발전소	지역A	지역B	지역C
H발전소	150	120	180
G발전소	110	90	120
W발전소	140	170	70

> 〈보기〉
> (가) 생산 전력량은 H발전소가, 전송받은 전력량은 지역A가 가장 많다.
> (나) W발전소에서 지역A로 공급한 전력의 30%가 지역C로 전송되었더라면 전송받은 전력량의 지역별 순위는 바뀌게 된다.
> (다) H발전소에서 전송한 전력량을 세 지역 모두 10%씩 줄이게 되면 발전소별 생산 전력량 순위는 바뀌게 된다.
> (라) 발전소별 평균 전송한 전력량과 지역별 평균 전송받은 전력량 중, 100~150천 Mwh의 범위를 넘어서는 전력량은 없다.

① (나), (다), (라)
② (가), (나), (라)
③ (가), (다), (라)
④ (가), (나), (다), (라)

34. 다음 중 나머지 네 개의 단어의 의미로 사용될 수 있는 단어를 고르시오.

① 입다
② 맡다
③ 지다
④ 넘어가다

35. 다음 글의 내용과 일치하지 않는 것은?

(가) 전통적인 경제학에서는 인간은 합리적이므로 충분한 정보가 주어진다면 합리적 의사 결정이 이루어질 수 있을 것으로 보았다. 그러나 인터넷의 등장 이후 원하는 정보에 쉽게 접할 수 있는 환경이 되면서 의사 결정 모델의 초점은 크게 달라졌다. 이제는 정보는 오히려 풍부하되 정보를 다루기 위한 시간이 부족하기 때문에 모든 정보에 주의를 기울일 수 없게 된 것이다. 이러한 변화를 바탕으로 새롭게 등장한 것이 관심의 경제학이다.

(나) 관심의 경제학은 인간의 관심 그 자체가 경제적인 가치를 가지고 있다는 인식에서 출발한다. 현대 사회에서는 인터넷이 기업을 알릴 수 있는 중요한 수단으로 자리 잡아 많은 기업이 홈페이지를 보유하고 있다. 그런데 홈페이지에 실린 정보는 개인이 인터넷에 접속하여 적극적으로 탐색함으로써 노출된다. 따라서 이제는 정보를 일방적으로 밀어 보내는 것이 아니라 개인의 관심을 끌어당기는 것이 중요하게 되었다. 이러한 관심이 기업의 이익 창출로 이어질 수 있다고 보아 개인의 관심에 경제적 가치를 부여하게 된 것이다.

(다) 개인의 관심을 끌기 위한 경쟁이 일반화되면서 소비자와 기업의 관계도 근본적으로 변화되었다. 공급자 중심의 사고가 지배했던 과거에는 계획부터 생산, 출하, 유통에 이르기까지 정보는 생산을 중심으로 관리되었고, 여기서 소비자에 관한 정보는 그다지 중요한 변수가 아니었다. 그러나 인터넷의 등장 이후 소비자는 상품에 대한 정보를 많이 가지게 되어 기업과 소비자 사이의 정보의 비대칭성이 완화되었을 뿐 아니라 소비자가 상품을 선택할 수 있는 범위 역시 넓어졌다. 따라서 기업은 이제 소비자를 이해하는 방향으로 점차 재구조화되고 있으며, 그 과정의 핵심은 소비자의 관심을 자신의 상품으로 유인하고 유지하는 것이다.

(라) 그렇다면 이러한 상황에서 소비자의 관심을 유인하고 유지하기 위해 필요한 요소는 무엇일까? 인터넷에서는 소비자가 현실 공간에서의 상거래보다 훨씬 다양한 기업과 상품을 접할 수 있다. 그리고 현실 공간에서와는 달리 인터넷상에서는 대면하지 않은 상태에서 상거래가 이루어진다. 따라서 기업과 상품에 대한 평판이나 신뢰가 개인의 의사 결정 과정에서 이전보다 중요한 역할을 수행하게 된다.

(마) '평판'은 개인이 선택할 수 있는 대안들 중에서 특정 선택으로 관심을 집중시키는 역할을 한다. 이런 맥락에서 기업은 좋은 평판을 쌓기 위한 투자를 늘리고 있으며 기업과 제품의 상표 경쟁력(브랜드 파워) 구축에 힘을 쏟는다. '신뢰' 역시 개인의 관심을 한쪽으로 집중시킨다. 기업은 개인 정보를 보호하고 대금 결제에 있어 위험 요소를 제거하는 등의 노력을 통해 신뢰를 얻으려 한다. 개인은 신뢰할 수 있는 기업들로 선택의 범위를 한정시킴으로써 관심 또는 시간이라는 희소 자원을 효과적으로 사용할 수 있게 된다.

① 인터넷의 등장 이후 소비자가 상품을 선택할 수 있는 범위가 넓어졌다.
② 현대 사회에서 기업은 개인의 관심을 끌어당기는 것을 중시하고 있다.
③ 인터넷에서는 현실 공간과는 달리 대면하지 않은 상태에서 상거래가 이루어진다.
④ 현대 사회에서는 소비자에 관한 정보보다는 생산을 중심으로 한 정보가 중시되고 있다.

36. 밑면의 반지름의 길이가 3cm이고 모선의 길이가 5cm인 원뿔의 높이를 구하면?

① 1cm   ② 2cm

③ 3cm   ④ 4cm

37. 글의 내용을 바탕으로 판단할 때, 밑줄 친 부분의 이유로 가장 적절한 것은?

> 매몰비용이 의사결정과 무관해야 한다는 사실로부터 기업들의 의사결정 절차를 이해할 수 있다. 1990년대 초, 대부분의 미국 내 대형 항공사들은 큰 손실을 입었다. 어떤 해에는 아메리칸 에어라인, 델타 항공이 각각 4억 달러 이상의 손실을 본 적도 있다. 그럼에도 불구하고 항공사들은 계속 표를 팔고 승객들을 실어 날랐다. 이러한 결정은 다소 의아하게 느껴질 것이다. 왜 항공사 경영진은 사업을 포기하지 않았을까?
> 항공사들의 이러한 행동을 이해하기 위해서는 항공사들 비용의 일부가 매몰된다는 사실을 알아야 한다. 항공사가 비행기를 샀고 그것을 다시 팔 수 없다면 그 비행기에 대한 비용은 이미 매몰된 것이다. 운항의 기회비용은 연료비, 조종사와 승무원의 임금 정도가 될 것이다. 운항을 선택함으로써 써야 하는 비용보다 기업이 운항을 통해 벌어들이는 총수입이 크다면 항공사들은 계속 영업을 해야 한다. 그리고 실제로 그렇게 했다.
> 매몰비용이 의사결정과 무관함은 개인에게 있어서도 마찬가지다. 여러분이 영화를 보는 것에서 10,000원의 만족감, 즉 편익을 얻는다고 하자. 영화표를 7,000원에 샀는데 실수로 극장에 들어가기 전에 표를 잃어버렸다면 여러분은 어떤 선택을 하겠는가? 다시 사야 할까 말아야 할까? 정답은 다시 표를 사는 것이다. 영화를 보는 것의 편익(10,000원)은 여전히 기회비용(표를 다시 사는 비용 7,000원)을 초과하고 있기 때문이다. 이때 이미 잃어버린 표의 비용은 돌려받을 수 없기 때문에 더 이상 생각하지 않아야 한다. 이미 엎질러진 물이니 후회해봐야 소용없는 것이다.

① 총수입이 매몰비용보다 크기 때문에
② 총수입이 기회비용보다 크기 때문에
③ 매몰비용이 기회비용보다 크기 때문에
④ 매몰비용이 손실보다 크기 때문에

38. 같은 영화라도 오전 첫 회에 상영하는 조조요금은 다른 시간대의 영화 관람료보다 저렴하다. 일반 관람료는 9,000원이라면 조조 관람료는 4,000원으로 같은 상품인데도 다른 가격이 매겨진다. 이러한 현상과 관련된 설명으로 옳은 것은?

① 가격이 차별되는 시장 사이에 완전히 자유로운 교류가 필요하다.
② 가격이 차별되는 두 시장에서 수요의 가격 탄력성은 같아야 한다.
③ 극장이 어느 정도 독점력을 갖추어 가격을 설정할 수 있는 힘을 가진 경우에 가능하다.
④ 조조요금이 더 싼 것은 오전 영화 관람 시장보다 오후 영화 관람 시장의 수요가 더 탄력적이기 때문이다.

39. 4차 산업혁명 관련 기술을 개발 또는 활용하고 있는 기업에 대한 다음 자료를 올바르게 해석한 설명은 어느 것인가?

〈표1〉

(단위 : 개, %)

	기업 수	산업 대분류										
		농림어업	광업제조업	제조업	전기가스업	건설업	도소매업	운수·창고업	숙박음식업	정보통신업	부동산업	기타서비스업	금융보험업
조사대상 기업 수	12,579	26	6,119	6,106	59	543	1,401	715	323	1,047	246	1,773	327
구성비	100.0	0.2	48.6	48.5	0.5	4.3	11.1	5.7	2.6	8.3	2.0	14.1	2.6
4차 산업 기술 개발·활용 기업 수	1,014	-	408	408	9	28	94	22	19	265	3	114	52
구성비	100.0	-	40.2	40.2	0.9	2.8	9.3	2.2	1.9	26.1	0.3	11.2	5.1

〈표2〉

(단위 : 개, %)

4차 산업 기술 개발·활용 기업 수	분야(복수응답)								
	계	사물인터넷	클라우드	빅데이터	모바일(5G)	인공지능	블록체인	3D프린팅	로봇공학	가상증강현실
1,014	1,993	288	332	346	438	174	95	119	96	105
	100.0	14.5	16.7	17.4	22.0	8.7	4.8	6.0	4.8	5.3

* 단, 계산 값은 소수점 둘째 자리에서 반올림한다.

① 4차 산업 기술을 활용하는 전기가스업 기업은 모두 사물인터넷을 활용한다.

② 조사대상 기업체 중 4차 산업 기술을 활용하는 기업의 비중은 금융보험업이 전기가스업보다 더 높다.

③ 전체 조사대상 기업 중 4차 산업 기술을 활용하는 기업의 수는 1,993개이다.

④ 조사대상 기업체 중 4차 산업 기술 활용 비중이 가장 낮은 업종은 운수·창고업이다.

40. 다음 중 ( ) 안에 들어갈 말로 적절한 것은?

세계의 여러 나라는 경제 성장이 국민 소득을 높여주고 물질적인 풍요를 가져다주는 것으로 보고, 이와 관련된 여러 지표를 바탕으로 국가를 경영하고 있다. 만일, 경제 성장으로 인해 우리의 소득이 증가하고 또 물질적인 풍요가 이루어진다면 우리는 행복한 생활을 누리게 되는 것일까?

이러한 의문을 처음 제기한 사람은 미국의 이스털린 교수이다. 그는 여러 국가를 대상으로 다년간의 조사를 실시하여 사람들이 느끼는 행복감을 지수화(指數化)하였다. 그 결과 한 국가 내에서는 소득이 높은 사람이 낮은 사람에 비해 행복하다고 응답하는 편이었으나, 국가별 비교에서는 이와 다른 결과가 나타났다. 즉, 소득 수준이 높은 국가의 국민들이 느끼는 행복 지수와 소득 수준이 낮은 국가의 국민들이 느끼는 행복 지수가 거의 비슷하게 나온 것이다. 아울러 한 국가 내에서 가난했던 시기와 부유해진 이후의 행복감을 비교해도 행복감을 느끼는 사람의 비율이 별로 달라지지 않았다는 사실을 확인했다.

이처럼 최저의 생활수준만 벗어나 일정한 수준에 다다르면 경제 성장은 개인의 행복에 이바지하지 못하게 되는데, 이러한 현상을 가리켜 '이스털린의 역설'이라 부른다.

만일 행복이 경제력과 비례한다면 소득 수준이 높을수록 더 행복해져야 하고 또 국민 소득이 높을수록 사회 전체가 행복해져야 할 것이다. 그러나 이스털린의 조사에서 확인할 수 있듯이, 행복과 경제력은 비례하지 않는다. 즉, 사회 전체의 차원의 소득 수준이 높아진다고 해서 행복하게 느끼는 사람의 비율이 함께 증가하지 않는 것이다.

이스털린 이후에도 많은 학자들은 행복과 소득의 관련성에 관심을 갖고 왜 이러한 괴리 현상이 나타나는지 연구했다. 이들은 우선 사람들이 행복을 자신의 절대적인 수준이 아닌 다른 사람과 비교한 상대적인 수준에서 느끼는 것으로 보았다. 그리고 시간이 지나면서 늘어난 자신의 소득에 적응하게 되면 행복감이 이전보다 둔화된다고 보았다. 또 '인간 욕구 단계설'을 근거로 소득이 높아지면 의식주와 같은 기본 욕구보다 성취감과 같은 자아실현 욕구가 강해지므로 행복의 질이 달라진다고 해석했다. 이러한 연구 결과를 바탕으로 이들은 부유한 국가일수록 경제 성장보다는 분배 정책과 함께 자아실현의 기회를 늘려주는 정책을 펴야 한다고 주장하고 있다.

1인당 국민소득이 1만 달러에서 2만 달러로 올라간다고 해도 사람들이 그만큼 더 행복해진다고 말하기는 어렵다. 즉, 경제 성장이 사람들의 소득 수준을 전반적으로 향상시켜 경제적인 부유함을 더 누릴 수 있게 할 수는 있어도 행복감마저 그만큼 더 높여줄 수는 없는 것이다. 한 마디로 (   )

① 행복은 소득과 꼭 정비례하는 것은 아니다.

② 개인은 자아를 실현할 때 행복을 얻게 되는 것이다.

③ 국가가 국민의 행복감을 좌우할 수 있는 것은 아니다.

④ 행복은 성장보다 분배를 더 중시할 때 이루어질 수 있다.

41. 다음의 사례와 가장 관련성 깊은 경제적 개념을 고르면?

> 지구상에는 수없이 많은 종류의 커피가 존재한다. 그 중 인도네시아에서 생산되는 루왁커피는 다양한 종류의 커피 중 가장 맛이 좋고 향 또한 일반 커피와는 비교할 수 없을 정도로 특이한 최고의 커피라 인정받고 있다. 루왁커피는 특이한 과정을 거쳐 만들어지는데 커피의 익은 열매를 긴 꼬리 사향 고양이가 먹으면 익은 부드러운 커피 열매 껍질은 소화가 되고 나머지 딱딱한 씨 부분, 즉 우리가 커피로 사용하는 씨 부분은 소화되지 않은 커피 알 상태 그대로 유지된 채로 배설된다. 다시 말하면 루왁커피는 긴 꼬리 사향 고양이의 배설물인 것이다. 이런 특이한 발효 과정에서 태어난 커피는 롭스타(Robustar) 혹은 아라비카(Arabica)와 같은 고급 커피와도 비교할 수 없는 가격으로 거래되고 있는데, 보통 1파운드당 미화 $400 ~ $450에 미국이나 일본으로 판매되고 있다.

① 기회비용
② 희소성의 원칙
③ 비교우위
④ 효율성의 원칙

42. 다음은 우리나라의 연도별 유형별 정치 참여도를 나타낸 자료이다. 〈보기〉에 주어진 조건을 참고할 때, ㉠~㉣에 들어갈 알맞은 정치 참여방법을 순서대로 올바르게 나열한 것은 어느 것인가?

	㉠	온라인상 의견 피력하기	정부나 언론에 의견제시	㉡	탄원서·진정서·청원서 제출하기	㉢	공무원·정치인에 민원전달	㉣
2016	53.9	15.0	9.5	21.2	8.8	9.2	10.3	12.8
2017	58.8	14.7	8.8	17.5	7.9	7.6	9.1	9.2
2018	69.3	13.3	6.7	14.9	5.6	6.9	6.1	10.3
2019	74.1	12.2	6.4	14.5	5.8	14.4	5.6	8.5

〈보기〉
1. 주변인과 대화를 하거나 시위 등에 참여하는 방법은 2016년보다 2019년에 그 비중이 더 증가하였다.
2. 2019년에 서명운동에 참여하거나 주변인과 대화를 하는 방법으로 정치에 참여하는 사람의 비중은 모두 온라인상 의견을 피력하는 방법으로 정치에 참여하는 사람의 비중보다 더 많다.
3. 2016~2018년 기간 동안은 시위에 참여하거나 불매운동을 하는 방법으로 정치에 참여한 사람의 비중이 온라인상 의견을 피력하는 방법으로 정치에 참여한 사람의 비중보다 항상 적었다.

① 서명운동 참여하기 – 주변인과 대화하기 – 시위·집회 참여하기 – 불매운동 참여하기
② 주변인과 대화하기 – 서명운동 참여하기 – 시위·집회 참여하기 – 불매운동 참여하기
③ 주변인과 대화하기 – 서명운동 참여하기 – 불매운동 참여하기 – 시위·집회 참여하기
④ 불매운동 참여하기 – 주변인과 대화하기 – 서명운동 참여하기 – 시위·집회 참여하기

43. 다음 중 A, B, C, D 네 명이 파티에 참석하였다. 그들의 직업은 각각 교사, 변호사, 의사, 경찰 중 하나이다. 다음 내용을 읽고 〈보기〉 내용의 참, 거짓을 판단하면?

> ① A는 교사와 만났지만, D와는 만나지 않았다.
> ② B는 의사와 경찰을 만났다.
> ③ C는 의사를 만나지 않았다.
> ④ D는 경찰과 만났다.

〈보기〉
㉠ C는 변호사이다.
㉡ 의사와 경찰은 파티장에서 만났다.

① ㉠과 ㉡ 모두 참이다.
② ㉠과 ㉡ 모두 거짓이다.
③ ㉠만 참이다.
④ 알 수 없다.

44. 다음의 글에서 밑줄 친 재화의 특징으로 옳은 것을 고른 것은?

> 일반적으로 재화는 그에 대한 대가를 지불한 사람만이 그 재화를 쓸 수 있고(배제성), 누군가 그 재화를 써버리면 다른 사람은 동일한 재화를 쓸 수 없다(경합성). 배제성과 경합성을 동시에 지니지 못한 재화 이를테면 치안이나 국방 서비스 등의 재화를 가리켜 공공재라고 한다. 한편, 경합성은 지니고 있으나 배제성은 가지고 있지 못한 재화도 있다. 누구나 대가 없이 소비에 참여할 수 있으나 누군가 모두 소비해 버리면 다른 사람은 소비할 수 없는 재화이다.

> ㉠ 과잉 이용으로 고갈되어 간다.
> ㉡ 사적 이익을 목적으로 하여 생산된다.
> ㉢ 소유자가 없으며 경제적 가치를 지니고 있다.
> ㉣ 소유자가 있으나 경제적 가치를 지니고 있지 않다.

① ㉠, ㉡
② ㉠, ㉢
③ ㉠, ㉣
④ ㉡, ㉢

45. 다음 〈표〉는 탄소포인트제 가입자 A~D의 에너지 사용량 감축률 현황을 나타낸 자료이다. 아래의 〈지급 방식〉에 따라 가입자 A~D가 탄소포인트를 지급받을 때, 탄소포인트를 가장 많이 지급받는 가입자와 가장 적게 지급받는 가입자를 바르게 나열한 것은?

〈표〉 가입자 A~D의 에너지 사용량 감축률 현황

(단위 : %)

에너지 사용유형 \ 가입자	A	B	C	D
전기	2.9	15.0	14.3	6.3
수도	16.0	15.0	5.7	21.1
가스	28.6	26.1	11.1	5.9

〈지급 방식〉
- 탄소포인트 지급 기준

에너지 사용유형 \ 에너지 사용량 감축률	5% 미만	5% 이상 10% 미만	10% 이상
전기	0	5,000	10,000
수도	0	1,250	2,500
가스	0	2,500	5,000

- 가입자가 지급받는 탄소포인트＝전기 탄소포인트＋수도 탄소포인트＋가스 탄소포인트

〈지급 방식〉
- 탄소포인트 지급 기준

에너지 사용유형 \ 에너지 사용량 감축률	5% 미만	5% 이상 10% 미만	10% 이상
전기	0	5,000	10,000
수도	0	1,250	2,500
가스	0	2,500	5,000

- 가입자가 지급받는 탄소포인트＝전기 탄소포인트＋수도 탄소포인트＋가스 탄소포인트

	가장 많이 지급받는 가입자	가장 적게 지급받는 가입자
①	B	A
②	B	C
③	C	D
④	C	A

46. 밑줄 친 단어의 맞춤법이 옳은 것은?

① 그대와의 추억이 <u>있으매</u> 저는 행복하게 살아갑니다.
② 하늘이 뚫린 것인지 <u>몇 날 몇 일</u>을 기다려도 비는 그치지 않았다.
③ 생각지 못한 일이 자꾸 생기니 그때의 상황이 참 <u>야속터군요.</u>
④ 그 발가숭이 몸뚱이가 위로 번쩍 쳐들렸다가 물속에 텀벙 <u>처박히는</u> 순간이었습니다.

47. 다음 조건을 바탕으로 김 대리가 월차를 쓰기에 가장 적절한 날은 언제인가?

> ㉠ 김 대리는 반드시 이번 주에 월차를 쓸 것이다.
> ㉡ 김 대리는 실장님 또는 팀장님과 같은 날, 또는 공휴일에 월차를 쓸 수 없다.
> ㉢ 팀장님이 월요일에 월차를 쓴다고 하였다.
> ㉣ 실장님이 김 대리에게 우선권을 주어 월차를 쓸 수 있는 요일이 수, 목, 금이 되었다.
> ㉤ 김 대리는 5일에 붙여서 월차를 쓰기로 하였다.
> ㉥ 이번 주 5일은 공휴일이며, 주중에 있다.

① 월요일
② 화요일
③ 수요일
④ 목요일

48. 다음의 내용을 보고 계란의 수요 및 공급에 미치게 될 영향을 바르게 추론한 것은?

- 닭 사료의 가격하락
- 닭의 보완재인 베이컨의 가격 하락
- 미디어를 통한 계란이 인체에 미치는 악영향에 대한 보도

① 계란이 인체에 미치는 악영향이 보도되면 계란의 가격이 하락하여 계란에 대한 수요가 증가한다.

② 사료의 가격이 하락하면 닭의 생산과 공급이 감소하여 계란의 공급은 감소하게 된다.

③ 베이컨 가격의 하락은 베이컨에 대한 수요를 증가시키고 계란의 수요도 증가시킨다.

④ 사료 가격이 하락하게 되면 균형가격은 증가하고 균형거래량은 감소하게 된다.

49. 다음 〈표〉는 창호, 영숙, 기오, 준희가 홍콩 여행을 하며 지출한 경비에 관한 자료이다. 지출한 총 경비를 네 명이 동일하게 분담하는 정산을 수행할 때 〈그림〉의 A, B, C에 해당하는 금액을 바르게 나열한 것은?

〈표〉 여행경비 지출 내역

구분	지출자	내역	금액	단위
숙박	창호	호텔비	400,000	원
교통	영숙	왕복 비행기	1,200,000	
기타	기오	간식1	600	홍콩달러
		중식1	700	
		관광지1 입장권	600	
		석식	600	
		관광지2 입장권	1,000	
		간식2	320	
		중식2	180	

※ 환율은 1홍콩 달러당 140원으로 일정하다고 가정함.

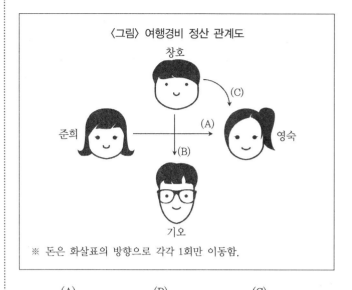

〈그림〉 여행경비 정산 관계도

※ 돈은 화살표의 방향으로 각각 1회만 이동함.

	(A)	(B)	(C)
①	540,000원	20,000원	120,000원
②	540,000원	20,000원	160,000원
③	540,000원	40,000원	100,000원
④	300,000원	40,000원	100,000원

50. A나라는 석유를 전액 수입하고 있다. 그런데 갑자기 중동지역에 큰 전쟁이 일어날 전망이 제기되면서 석유가격이 크게 상승하였다. 이때 A나라 정부가 가계생활의 안정을 위해 가격상승분의 일부를 유류세 인하로 보전해주는 정책을 폈다고 할 경우 나타날 수 있는 결과를 나열한 것이다. 다음 중 A나라 석유시장과 유류세 인하의 효과에 대하여 바르게 설명한 것만을 짝지은 것은?

- ㉠ A국의 석유 공급곡선은 비탄력적이다.
- ㉡ 유류세 인하는 석유의 시장가격을 떨어뜨릴 것이다.
- ㉢ 유류세 인하의 혜택은 공급자가 전부 가져갈 것이다.
- ㉣ 유류세 인하로 석유 수요곡선이 원점에서 멀어진다.
- ㉤ A국의 석유 공급곡선은 X축에 대하여 수평이다.

① ㉠, ㉡

② ㉠, ㉣

③ ㉡, ㉣

④ ㉡, ㉢, ㉤

51. 유리는 자신이 운영하는 커피숍에서 커피 1잔에 원가의 3할 정도의 이익을 덧붙여서 판매하고 있다. 오전의 경우에는 타임할인을 적용해 450원을 할인해 판매하는데 이때 원가의 15% 정도의 이익이 발생한다고 한다. 만약 커피 70잔을 오전에 판매한다면 이익금은 얼마인가?

① 27,352원

② 28,400원

③ 30,091원

④ 31,500원

52. 다음 중 제시된 문장의 빈칸에 들어갈 단어로 알맞은 것을 고르시오.

- 정부는 저소득층을 위한 새로운 경제 정책을 (　　)했다.
- 불우이웃돕기를 통해 총 1억 원의 수익금이 (　　)되었다.
- 청소년기의 중요한 과업은 자아정체성을 (　　)하는 것이다.

① 수립(樹立) － 정립(正立) － 확립(確立)

② 수립(樹立) － 적립(積立) － 확립(確立)

③ 확립(確立) － 적립(積立) － 수립(樹立)

④ 기립(起立) － 적립(積立) － 수립(樹立)

53. 다음에 제시된 내용들을 토대로 추론한 것으로 바른 것은?

- 소비자소득의 증가
- 컴퓨터 소프트웨어 가격의 상승
- 대학들이 신입생들에게 반드시 컴퓨터를 구입하도록 요구
- 컴퓨터 칩 가격의 하락

① 소비자의 소득이 증가하게 되면 컴퓨터 수요가 증가하게 되므로 컴퓨터의 가격은 하락하고 균형거래량은 증가하게 된다.

② 소프트웨어의 가격이 상승하게 되면 컴퓨터의 수요는 증가하게 된다.

③ 컴퓨터의 구입이 의무화되면 컴퓨터의 수요가 증가하여 거래량 또한 증가하게 된다.

④ 칩 가격이 하락하게 되면 컴퓨터 공급량이 증가하게 되어 균형거래량은 하락하게 된다.

54. 갑, 을, 병 세 사람이 정이 새로 산 스마트폰의 색에 대해 자신들의 의견을 다음과 같이 이야기하고 있다. 이 이야기를 다 듣고 나서 정이 "적어도 한 사람은 맞았고, 또 적어도 한 사람은 틀렸다." 고 말하였다면 정이 산 스마트폰의 색은 무슨 색인가?

갑 : 황금색은 아닐거야.
을 : 검은색이나 흰색 중 하나일거야.
병 : 아니야, 분명이 검은색이야.

① 황금색

② 흰색

③ 검은색

④ 알 수 없다.

55. 다음에서 설명하는 개념에 해당하는 것은?

경쟁기업과 비교하여 제품의 생산 또는 서비스의 공급에 더 높은 효과성 내지는 효율성을 야기시키는 능력을 말한다. 즉, 보다 우수한 수준으로 고객에게 특별한 효용을 제공할 수 있게 하는 지식 또는 기술의 묶음을 이르는 말이다.

① 핵심역량(Core Competency)

② 절대우위(Absolute Advantage)

③ 지식경영(Knowledge Management)

④ 비교우위(Comparative Advantage)

56. 기업체의 생산과정에서 종업원이 최선의 노력과 주의를 다하여 결점을 없애고자 하는 것으로 QC기법을 제조부문에 한정하지 않고 일반 관리 사무에까지 확대 적용하여 전사적으로 결점이 없는 일을 하자는 이 기법은?

① 6시그마(6 Sigma)

② ZD(Zero Defects)운동

③ SCM(Supply Chain Management)

④ TQM(Total Quality Management)

57. 다음 중 ABC 분석기법과 관련한 설명으로 옳지 않은 것은?

① 도매상들은 표적소매상 고객들이 원하는 제품구색과 서비스수준을 파악하고 수익성과 재고비용을 고려하여 효과적인 관리를 위해 ABC 분석기법을 활용한다.

② 공헌이익, 매출액, 판매량, 총이익, GMROI 혹은 매장면적당 매출이나 총이익을 기준으로 상품을 분류하고 재고량을 조절하고자 할 때 ABC 분석을 활용한다.

③ 다양한 고객에 대한 평가기준 특히 공헌이익, 수익성기여도 등에 따라 고객을 A, B, C 등급으로 분류한 후 등급 특성에 따른 마케팅 전략 및 믹스를 활용할 수 있도록 도와주는 기법이다.

④ 유통상이 취급하는 상품을 수익에 대한 기여도에 따라 A, B, C로 분류한 후 각각의 상품그룹의 특성을 활용한 상품 확장, 신제품개발, 및 신시장 개척을 위한 도구로 사용되는 기법이다.

58. 다음 〈표〉는 2017년 지방법원(A~E)의 배심원 출석현황에 관한 자료이다. 이에 대한 〈보기〉의 설명 중 옳은 것만을 모두 고르면?

〈표〉 2017년 지방법원(A~E)의 배심원 출석 현황

(단위 : 명)

구분\n지방법원	소환인원	송달\n불능자	출석취소\n통지자	출석의무자	출석자
A	1,880	533	573	( )	411
B	1,740	495	508	( )	453
C	716	160	213	343	189
D	191	38	65	88	57
E	420	126	120	174	115

※ 1) 출석의무자 수＝소환인원－송달불능자 수－출석취소통지자 수

2) 출석률(%)＝$\dfrac{출석자 수}{소환인원}\times100$

3) 실질출석률(%)＝$\dfrac{출석자 수}{출석의무자 수}\times100$

〈보기〉

㉠ 출석의무자 수는 B지방법원이 A지방법원보다 많다.

㉡ 실질출석률은 E지방법원이 C지방법원보다 낮다.

㉢ D지방법원의 출석률은 25% 이상이다.

㉣ A~E지방법원 전체 소환인원에서 A지방법원의 소환 인원이 차지하는 비율은 35% 이상이다.

① ㉠, ㉡　　　　　　② ㉢, ㉣

③ ㉡, ㉢　　　　　　④ ㉡, ㉣

59. 다음 설명은 4P 전략 중 어디에 해당하는가?

- 제품은 마케팅 믹스의 첫 번째로 가장 중요한 요소이다.
- 제품전략은 제품믹스, 브랜드, 포장 등에 대한 종합적 의사결정을 말한다.
- 제품이란 고객의 욕구를 충족시키기 위해 시장에 제공되는 것으로 유형·무형의 것을 말한다.

① 제품관리

② 가격관리

③ 경로관리

④ 촉진관리

60. 다음은 기업의 경영혁신기법에 대한 설명이다. 가장 적절한 용어는?

기업의 규모가 커지고 복잡화된 경영으로 인해 과거와 같은 기능식 위계조직으로는 고객을 만족시킬 수 없다는 사고에서 등장한 기법으로 기존의 경영활동을 무시하고 기업의 부가가치 산출활동을 새롭게 구성하는 경영혁신기법이다. 기업 체질 및 구조의 근본적인 변혁을 가리키며 종래의 인원 삭감이나 부문 또는 부서폐쇄 등에 의존하기보다 사업의 모든 업무과정을 기업의 전략에 맞추어 프로세스 중심으로 바꾸는 것을 주안점으로 하고 있다.

① 리모델링(Remodeling)

② 리엔지니어링(Reengineering)

③ 인수·합병(M & A)

④ 기업재구성(Restructuring)

하나은행

지역인재 신입행원

모의고사

제 1 회	영 역	NCS + 경제/경영상식
	문항수	60문항
	시 간	60분
	비 고	객관식 4지선다형

SEOWONGAK
(주)서원각

제1회 기출동형 모의고사

📝 문항수 : 60문항
⏰ 시 간 : 60분

■1~2■ 다음 자료를 보고 이어지는 물음에 답하시오.

상용 5인 이상 사업체 근로자의 시간당 실질급여액은 ⊙2006년 11,172원에서부터 꾸준히 인상되어 2016년 16,709원에 이르렀다. 남성과 여성의 시간당 임금액에는 상당한 차이가 있는데, ⓒ2006년의 경우 여성의 임금액은 남성의 60.6%에서 2016년에는 64.6%로 격차가 다소 줄어들었다. 사업체규모별·근로형태별로 나눠보면, 정규직의 임금은 사업체 규모를 따라서 뚜렷하게 높아지는 것으로 나타났고, 비정규직의 경우는 300인 미만인 경우 사업장 규모에 따른 큰 차이를 보이지 않는다. ⓒ모든 규모의 사업장에서 비정규직은 정규직보다 평균적으로 낮은 임금을 받는 것으로 나타났으며, ⓔ정규직과 비정규직 간의 임금격차는 사업장 규모가 커짐에 따라 점차 감소하는 것으로 나타났다. 이를 세분화된 근로형태별로 살펴보면, 2016년 현재 비정규직의 시간당 임금은 12,076원으로 정규직 18,212원의 66.3%를 받는다. 특히 파견/용역근로자, 한시적 근로자의 임금이 더욱 낮은 것으로 나타났다.

〈성별 상용 5인 이상 사업체 시간당 임금액〉

(단위 : 원)

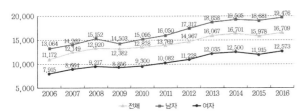

〈사업체규모별·고용형태별 시간당 임금액〉

(단위 : 원)

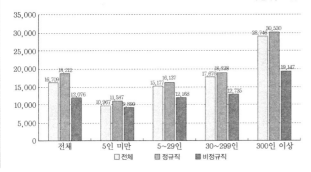

〈근로형태별 시간당 임금액〉

(단위 : 원)

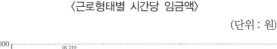
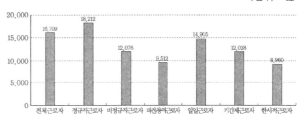

1. 위의 자료를 분석한 밑줄 친 ⊙~ⓔ 중, 자료의 내용에 부합하지 않는 것은 어느 것인가?

① ⊙

② ⓒ

③ ⓒ

④ ⓔ

2. 다음 중 전체근로자에 대한 정규직근로자와 비정규직근로자의 시간당 임금액 배율을 올바르게 짝지은 것은 어느 것인가? (반올림하여 소수 둘째 자리로 표시함)

① 1.02배, 0.84배

② 1.09배, 0.72배

③ 1.15배, 0.65배

④ 1.33배, 0.52배

3. 두렵고 피하고 싶었던 상황에 처해 있다는 것을 갑자기 깨닫게 되는 순간을 무엇이라 하는가?

① 블랙스완

② 코요테 모멘트

③ 베어마켓랠리

④ 불마켓

4. △△사는 신사업 개발팀 결성을 위해 기존의 A~H팀의 예산을 줄이기로 하였다. △△사는 다음의 조건에 따라 예산을 감축하기로 하였다. 다음 중 옳지 않은 것을 고르면?

<조건>
- ㉠ 만약 금융팀 예산을 감축하면, 총무팀의 예산은 감축되지 않는다.
- ㉡ 만약 관리팀 예산을 감축하면, 영업팀과 디자인팀의 예산은 감축하지 않는다.
- ㉢ 만약 인사팀과 디자인팀이 모두 예산을 감축하면, 기획팀의 예산도 감축된다.
- ㉣ 총무팀, 기획팀, 영업팀 가운데 두 팀만 예산을 감축한다.

① 만약 기획팀과 영업팀의 예산이 감축된다면 총무팀과 관리팀은 예산이 감축되지 않는다.

② 만약 관리팀의 예산이 감축되면 인사팀이나 디자인팀의 예산이 감축되지 않는다.

③ 만약 총무팀의 예산이 감축되면 금융팀의 예산은 감축되지 않는다.

④ 만약 관리팀의 예산이 감축되면 총무팀과 기획팀의 예산이 감축된다.

5. 다음 글을 읽고 빈칸에 들어갈 말로 가장 적절한 것을 고르시오.

우리가 많이 사용하는 진통제 대부분은 비마약성 진통제로, 통증을 유발하는 물질이 생성되지 않도록 말초신경계에서 차단하여 통증이 뇌로 전달되는 것을 막아주는 역할을 한다. 대표적인 비마약성 진통제에는 아스피린, 아세트아미노펜 등이 있다. 비마약성 진통제를 사용해도 통증이 사라지지 않는 경우에는 중추신경계에 직접적으로 작용하는 마약성 진통제를 사용하기도 한다. 마약성 진통제로 가장 잘 알려진 모르핀은 양귀비에서 추출한 아편유도체(opiate) 계통의 약물로, 암과 같이 일반적인 진통제가 듣지 않는 극심한 통증에 주로 쓰인다. 마약성 진통제는 척수나 뇌간에 작용해 통증 신호가 뇌의 감각피질에 도달하는 것을 차단한다.

1950년에 처음 소개된 뇌심부자극술(DBS; Deep Brain Stimulation) 요법은 뇌의 특정부위에 전극을 삽입한 뒤 자극을 줘서 신경세포의 활동을 억제하여 통증을 감소시키는 기법이다. 아직까지는 약물을 통해 통증을 치료하는 방법이 주로 쓰이고 있지만, 선진국에서는 통제하기 힘든 통증을 줄이기 위해 뇌심부자극술 요법을 꾸준히 연구하고 있다.

크고 작은 통증들은 다양한 통로를 통해 전달되는데, 말초신경계에서 포착된 통증 신호는 척수와 뇌관 그리고 감각시상(sensory thalamus)을 거쳐 뇌의 감각피질로 전달된다. 감각시상은 후각을 제외한 모든 감각정보를 감각피질로 전달할지 차단할지를 결정하는 감각통제기능을 지닌 것으로 알려져 있다. 예를 들어 우리가 의식이 있을 때는 시상이 모든 감각정보를 감각피질로 전달해 의식 활동이 가능하게 해 주지만, 수면 중에는 대부분의 감각정보를 차단해 우리가 깨지 않고 휴식을 취할 수 있게 해준다. 한편 이미 감지된 통증을 감소시키는 경로도 존재한다. 뇌관의 도수관주변회백질(PAG ; Peri Aqueductal Gray)에서 척수로 이어지는 경로는 신경전달물질의 일종인 아편유도체(opiate)를 분비한다. 이는 말초신경을 타고 들어오는 통증신호를 척수에서 차단하는 역할을 하는 것으로 알려져 있다.

최근 연구 결과를 살펴보면 감각시상세포는 두 가지 발화패턴이 있는 것으로 알려져 있다. 첫째, 긴장성 발화(tonic firing)는 한 번에 신경세포를 흥분시키는 활동전위(action potential)가 하나씩 발생하며 이를 통해 감각정보가 감각피질로 전달된다. 또 다른 발화 패턴인 폭발성 발화(burst firing)는 한 번에 2개 이상의 전기신호가 짧은 시간 동안 발생하는데, 이 전기신호의 전후로 신경세포의 발화가 억제된다. 따라서 이론적으로는 _____ 통증을 효과적으로 감소시킬 수 있을 것으로 예상된다.

① 모르핀과 유사한 활동을 하는 세포의 패턴을 파악하여 입력하면

② 감각시상을 자극하여 인간이 수면 상태일 때와 같은 뇌환경을 만들게 되면

③ 감각시상에 감각시상세포의 긴장성 발화를 유도할 수 있는 자극을 전달하면

④ 감각시상에 감각시상세포의 폭발성 발화를 모방한 전기자극을 주면

6. 벤처 펀드에 대한 설명으로 옳지 않은 것은?

① 투자대상은 최근 3년 이내에 1회 이상 부도를 내거나 파산 등을 신청한 기업이다.

② 부실기업이나 정크본드를 주요 투자대상으로 한다.

③ 제일은행을 인수한 뉴브리지캐피탈도 벤처 펀드 성격이 강하다.

④ 운용대상에 제한 없이 자유로운 운용이 가능하다.

7. 다음 〈그림〉은 A기업의 2011년과 2012년 자산총액의 항목별 구성비를 나타낸 자료이다. 이에 대한 〈보기〉의 설명 중 옳은 것만을 모두 고르면?

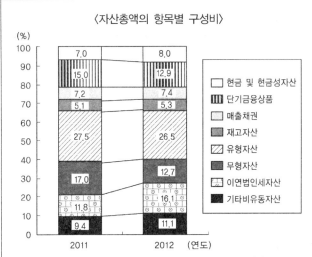

〈자산총액의 항목별 구성비〉

1) 자산총액은 2011년 3,400억 원, 2012년 2,850억 원임.
2) 유동자산 = 현금및현금성자산 + 단기금융상품 + 매출채권 + 재고자산

〈보기〉
㉠ 2011년 항목별 금액의 순위가 2012년과 동일한 항목은 4개이다.
㉡ 2011년 유동자산 중 '단기금융상품'의 구성비는 45% 미만이다.
㉢ '현금및현금성자산' 금액은 2012년이 2011년보다 크다.
㉣ 2011년 대비 2012년에 '무형자산' 금액은 4.3% 감소하였다.

① ㉠, ㉡   ② ㉠, ㉢

③ ㉡, ㉢   ④ ㉠, ㉡, ㉣

|8~9| 다음은 A공사의 '여비규정'의 일부 내용이다. 이를 읽고 이어지는 물음에 답하시오.

제2조[여비의 종류] 여비는 운임·일비·숙박비·식비 등으로 구분한다.

제4조[여비의 계산] 여비는 일반적인 경로에 의하여 지급한다. 단, 업무형편상 또는 천재 기타 부득이한 사유로 인하여 일반적인 경로에 의한 여행이 곤란할 때에는 그 실지 경로에 의하여 계산하며, 별표 1의 여비지급 구분표에서 규정한 상한액을 초과할 수 없다.

제5조[여비지급의 예외]
① 공사는 여비를 지급하지 아니할 충분한 이유가 있다고 인정될 때에는 여비의 정액을 감하거나 여비의 전부 또는 일부를 지급하지 아니할 수 있다.
② 학회 또는 학술대회 참석 등으로 인한 관외출장은 연2회의 범위 내에서 여비를 지급할 수 있다.
③ 2인 이상의 직원이 같은 목적으로 동행하여 출장할 경우에는 그 동행자 중 가장 높은 등급을 적용받는 자의 여비를 기준으로 지급할 수 있다. 단, 관내의 출장은 제외한다.

제6조[여비일수의 계산]
① 여비일수는 업무에 소요되는 일수에 의한다. 단, 업무로 출장지에 체재하는 일수 및 여행도중 천재, 기타 부득이한 사유로 인하여 소요되는 일수는 업무로 소요되는 일수에 포함된다.
② 여행도중 선로 변경이나 직급의 변경에 의하여 여비의 계산을 달리하여야 할 필요가 있을 때에는 그 사유가 발생한 후 최초의 목적지에 도착한 날로부터 이를 계산한다.

제7조[출장지의 구분] 출장지는 관내출장지와 관외출장지로 구분한다. 관내출장지는 시 지역 중 여행거리가 8km 이내이거나 여행시간이 4시간 이내인 경우이며, 이외의 지역을 관외출장지로 한다.

제8조[장기체제 여비] 출장자가 동일지역에 장기간 체재하는 경우에는 현지 교통비 및 식비는 그 지역에 도착한 익일부터 다음의 각호의 순에 따라 감액 지급한다.
   1. 15일을 초과할 때에는 그 초과일수에 대하여 정액의 10%
   2. 30일을 초과할 때에는 그 초과일수에 대하여 정액의 20%
   3. 60일을 초과할 때에는 그 초과일수에 대하여 정액의 30%

제9조[여비의 정액]
① 여비는 별표 1의 여비지급 구분표 및 공무원 여비규정의 국내여비 정액표를 준용한다.
② 항공편을 이용 시에는 사전에 관계부서의 승인을 얻어야 한다.
③ 수로 여행기간 중에 있어서는 천재, 기타 부득이한 사유로 육상에서 숙박하는 경우를 제외하고는 숙박료를 지급하지 아니한다.
④ 운임적용에 있어 해당등급이 없는 경우에는 실제 운행등급의 요금을 지급한다.

제9조의1[지급의 제한] 현재 교통비 및 식비는 여행일수에 따라 이를 지급하되 공사 차량을 이용할 경우에는 운임(철도, 선박, 항공, 자동차) 및 현지 교통비는 지급하지 아니한다.

제9조의2[근무지내 출장 시의 여비] 시 안에서의 출장이나 출장여행 시간이 4시간 이내인 자에 대하여는 10,000원을 지급한다.

8. 위의 여비규정을 본 A공사 신입사원들의 다음과 같은 의견 중, 규정의 내용을 올바르게 파악하지 못한 사람의 의견에 해당하는 것은?

① "부득이한 사유로 교통비가 과하게 발생하게 되면, 그런 경우에 맞는 별도 지급기준이 있구나."

② "하루 교통비와 식비가 5만 원인 곳에 20일 간 있으면 총 교통비와 여비가 975,000원이 되겠구나."

③ "여행시간이 2시간 밖에 안 걸리지만 거리가 12km인 곳은 관내출장지가 되겠구나."

④ "관내출장을 선배직원과 함께 가게 될 경우에는 선배직원의 여비 지급기준에 의해 여비를 지급받는 게 아니군."

9. 다음 중 위에서 언급된 밑줄 친 '별표 1의 여비지급 구분표'에 포함될만한 내용으로 거리가 먼 것은?

① 직급별 하루 식비 지급액

② 항공 노선별 항공료 지급 기준

③ 직급별 숙박비 지급 기준

④ 국가별 등급에 의한 일비 적용 기준

10. 다음 주어진 관계에 따라 가돌이가 좋아할 가능성이 있는 사람으로만 묶인 것은?

'랄라'라는 마을에는 한 사람이 다른 사람을 일방적으로 좋아하는 경우는 없다. 즉 A가 B를 좋아한다는 것은 B도 A를 좋아한다는 것을 뜻한다. 그리고 랄라마을에 사는 사람들은 애매한 관계를 싫어하기 때문에 이들의 관계는 좋아하거나 좋아하지 않는 것 두 가지 뿐이다. 이 마을에는 가돌, 나돌, 다돌, 라돌, 마돌, 바돌만이 살고 있으며 이들의 관계는 다음과 같다.

㉠ 가돌이가 마돌이를 좋아하면 라돌이는 가돌이를 좋아하지 않는다.

㉡ 나돌이는 가돌이를 좋아하거나 가돌이는 다돌이를 좋아한다.

㉢ 바돌이가 가돌이를 좋아하면 라돌이는 다돌이를 좋아하거나 가돌이는 라돌이를 좋아한다.

㉣ 마돌이가 가돌이를 좋아하지 않으면 가돌이를 좋아하는 사람은 아무도 없다.

㉤ 다돌이는 가돌이를 좋아하지 않는 사람들은 좋아하지 않는다.

㉥ 가돌이와 나돌이가 서로 좋아하지 않고 가돌이가 다돌이를 좋아하지 않으면 가돌이는 아무도 좋아하지 않는다.

① 나돌, 라돌

② 나돌, 다돌, 라돌

③ 나돌, 다돌, 마돌

④ 바돌, 마돌

11. 핀테크의 특징으로 옳지 않은 것은?

① 금융 시스템 개선을 위한 기술은 핀테크라고 할 수 없다.

② 기술발달과 더불어 다양한 금융 서비스도 핀테크 서비스에 포함된다.

③ 기존 금융 서비스 전달 체계를 변혁한다.

④ 인터넷 전문은행의 비대면 거래도 핀테크에 포함된다.

12. 다음 주어진 글의 서술상 특징에 대한 설명으로 가장 옳은 것은?

　민주주의, 특히 대중 민주주의의 역사는 생각보다 짧다. 고대 그리스의 민주주의나 마그나 카르타(대헌장) 이후의 영국 민주주의는 귀족이나 특정 신분 계층만이 누릴 수 있는 체제였다. 우리가 흔히 알고 있는 대중 민주주의, 즉 모든 계층의 성인들이 1인 1표의 투표권을 행사할 수 있는 정치 체제는 영국에서 독립한 미국에서 시작되었다고 보는 것이 맞다. 하지만 미국에서조차도 20세기 초에야 여성에게 투표권을 부여하면서 제대로 된 대중 민주주의의 형태를 갖추게 되었다. 유럽의 본격적인 민주주의 도입도 19세기 말에야 시작되었고, 유럽과 미국을 제외한 각국의 대중 민주주의의 도입은 이보다 훨씬 더 늦었다.

　자본주의의 역사는 얼마나 될까? 자본주의를 '개인 소유권의 인정'이라고 본다면 구약 성경에도 기록될 정도로 오래된 것으로 추정된다. 왕이 국가의 모든 자산을 소유하는 것으로 여겨졌던 절대 군주주의 시대에도 상업 활동을 통해서 부를 축적한 상인 계급이 존재했다. 그러나 보통 근대 자본주의의 시작은 1776년으로 간주된다. 이 해는 미국이 독립하고, 애덤 스미스의 "국부론"이 출간된 때이다. 아나톨 칼레츠키는 그의 저서 "자본주의 4.0"에서 대중 민주주의(이하 민주주의)와 자본주의는 제대로 결합하여 발전을 서로 도와 온 것으로 설명하고 있다. 실제로 산업 혁명 이후, 식민지 경영 시대, 공산주의와 자본주의의 대립 등을 거쳐, 지금은 세계 수많은 나라가 민주주의와 자본주의를 결합한 정치·경제 체제를 갖추고 있다. 그런데 이 두 체제의 결합은 사실 자연스러운 것은 아니다. 레스터 서로는 그의 저서에서 이렇게 설파했다.

　"민주주의와 자본주의는 적절한 권력의 분배에 대해 매우 다른 믿음을 갖고 있다. 하나는 '1인 1표'라는 정치권력의 완전한 분배가 좋다고 믿는 반면, 다른 하나는 경제적 비적격자를 몰아내어 경제적으로 멸종시키는 것이 경제적 적격자의 의무라고 믿는다. '적자생존'과 (구매력상의)불평등이 자본주의적 효율성의 모든 것이다."

　그렇다면 본질적으로 어울리기 어려운 정치 체제(민주주의)와 경제 체제(자본주의)가 어떻게 잘 결합하고 상호작용을 하면서 19세기 이후 크게 번영을 이루어 왔을까? 레스터 서로는 민주주의 절차에 의해 선출된 정부가 시장을 가만히 놔두지 않고 더 평등한 소득 분배를 이루는 데 적극적으로 나섰기 때문이라는 설명을 내놓는다.

　"역사적으로 시장 경제들은 민주주의와 양립할 수 있을 만큼 충분한 경제적 평등을 창출해 내지 못했기 때문에 모든 민주주의 국가들은 평등을 촉진하고 불평등이 확대되는 것을 막기 위해 고안된 다양한 프로그램들을 가지고 시장에 '개입하는' 것이 필요하다는 것을 알게 되었다."

　칼레츠키는 이와 비슷하지만 더 적극적인 주장을 하고 있다. 그는 자본주의가 근본적으로 민주주의와 궁합이 잘맞는 제도라고 주장한다. 자본주의가 존립의 위기에 처했을 때마다 민주주의의 도움을 받아 경제 환경에 맞는 새로운 형태로 진화해 왔다고 주장한다.

　"민주주의 덕분에 자본주의는 그 시스템과 제도가 진화할 수 있는 여유를 갖게 된다. 자본주의는 구부러지기 때문에 부러지지 않는다."

① 민주주의가 지닌 문제점을 열거한 후 자본주의를 이의 대안으로 제시하고 있다.
② 민주주의와 자본주의의 결합에 대해 전문가의 견해를 인용해 신뢰도를 높이고 있다.
③ 민주주의적 입장과 자본주의적 입장을 그림을 그리듯 설명하고 있다.
④ 민주주의과 자본주의의 권력 분배의 원리를 자세히 묘사하고 있다.

13. 다음 글에서 추론할 수 있는 내용만을 모두 고른 것은?

　'도박사의 오류'라고 불리는 것은 특정 사건과 관련 없는 사건을 관련 있는 것으로 간주했을 때 발생하는 오류이다. 예를 들어, 주사위 세 개를 동시에 던지는 게임을 생각해 보자. 첫 번째 던지기 결과는 두 번째 던지기 결과에 어떤 영향도 미치지 않으며, 이런 의미에서 두 사건은 서로 상관이 없다. 마찬가지로 10번의 던지기에서 한 번도 6의 눈이 나오지 않았다는 것은 11번째 던지기에서 6의 눈이 나온다는 것과 아무런 상관이 없다. 그럼에도 불구하고, 우리는 "10번 던질 동안 한 번도 6의 눈이 나오지 않았으니, 이번 11번째 던지기에는 6의 눈이 나올 확률이 무척 높다."라고 말하는 경우를 종종 본다. 이런 오류를 '도박사의 오류 A'라고 하자. 이 오류는 지금까지 일어난 사건을 통해 미래에 일어날 특정 사건을 예측할 때 일어난다.

　하지만 반대 방향도 가능하다. 즉, 지금 일어난 특정 사건을 바탕으로 과거를 추측하는 경우에도 오류가 발생한다. 다음 사례를 생각해보자. 당신은 친구의 집을 방문했다. 친구의 방에 들어가는 순간, 친구는 주사위 세 개를 던지고 있었으며 그 결과 세 개의 주사위에서 모두 6의 눈이 나왔다. 이를 본 당신은 "방금 6의 눈이 세 개가 나온 놀라운 사건이 일어났다는 것에 비춰볼 때, 내가 오기 전에 너는 주사위 던지기를 무척 많이 했음에 틀림없다."라고 말한다. 당신은 방금 놀라운 사건이 일어났다는 것을 바탕으로 당신 친구가 과거에 주사위 던지기를 많이 했다는 것을 추론한 것이다. 하지만 이것도 오류이다. 당신이 방문을 여는 순간 친구가 던진 주사위들에서 모두 6의 눈이 나올 확률은 매우 낮다. 하지만 이 사건은 당신 친구가 과거에 주사위 던지기를 많이 했다는 것에 영향을 받은 것이 아니다. 왜냐하면 문을 열었을 때 처음으로 주사위 던지기를 했을 경우에 문제의 사건이 일어날 확률과, 문을 열기 전 오랫동안 주사위 던지기를 했을 경우에 해당 사건이 일어날 확률은 동일하기 때문이다. 이 오류는 현재에 일어난 특정 사건을 통해 과거를 추측할 때 일어난다. 이를 '도박사의 오류 B'라고 하자.

ⓐ 인태가 당첨 확률이 매우 낮은 복권을 구입했다는 사실로부터 그가 구입한 그 복권은 당첨되지 않을 것이라고 추론하는 것은 도박사의 오류 A이다.

ⓑ 은희가 오늘 구입한 복권에 당첨되었다는 사실로부터 그녀가 오랫동안 꽤 많은 복권을 구입했을 것이라고 추론하는 것은 도박사의 오류 B이다.

ⓒ 승민이가 어제 구입한 복권에 당첨되었다는 사실로부터 그가 구입했던 그 복권의 당첨 확률이 매우 높았을 것이라고 추론하는 것은 도박사의 오류 A도 아니며 도박사의 오류 B도 아니다.

① ⓐ

② ⓑ

③ ⓑ, ⓒ

④ ⓐ, ⓑ, ⓒ

14. 甲은 자신의 전시회 오픈 파티에 동창인 A, B, C, D, E, F 6명을 초대하였다. 6인의 친구들은 서로가 甲의 전시회에 초대 받은 사실을 알고 있으며 다음과 같은 원칙을 정하여 참석하기로 했다. 참석하게 될 최대 인원은 몇 명인가?

- A가 파티에 참석하면 C와 F도 참석한다.
- E는 D가 참석하는 경우에만 파티에 참석하고, C는 B가 참석하는 경우에만 파티에 참석할 예정이다.
- A와 B는 서로 사이가 좋지 않아 B가 참석하면 A는 파티에 참석하지 않을 예정이다.
- D나 F가 참석하면 A는 파티에 참석한다.

① 1명

② 2명

③ 3명

④ 4명

15. 다음은 1960∼1964년 동안 전남지역 곡물 재배면적 및 생산량을 정리한 표이다. 이에 대한 설명으로 옳은 것은?

(단위 : 천 정보, 천 석)

곡물	구분	1960	1961	1962	1963	1964
두류	재배면적	450	283	301	317	339
	생산량	1,940	1,140	1,143	1,215	1,362
맥류	재배면적	1,146	773	829	963	1,034
	생산량	7,347	4,407	4,407	6,339	7,795
미곡	재배면적	1,148	1,100	998	1,118	1,164
	생산량	15,276	14,145	13,057	15,553	18,585
서류	재배면적	59	88	87	101	138
	생산량	821	1,093	1,228	1,436	2,612
잡곡	재배면적	334	224	264	215	208
	생산량	1,136	600	750	633	772
전체	재배면적	3,137	2,468	2,479	2,714	2,883
	생산량	26,520	21,385	20,585	25,176	31,126

① 1961∼1964년 동안 재배면적의 전년대비 증감방향은 미곡과 두류가 동일하다.

② 1963년 미곡과 맥류 재배면적의 합은 1963년 곡물 재배면적 전체의 70% 이상이다.

③ 재배면적은 매년 잡곡이 서류의 2배 이상이다.

④ 1964년 재배면적당 생산량이 가장 큰 곡물은 미곡이다.

16. 온라인 플랫폼을 이용하여 대중으로부터 자금을 조달하는 방식으로 옳은 것은?

① 오픈API

② 크라우드 펀딩

③ 로보 어드바이저

④ P2P 금융

17. 다음 〈표〉는 K국 '갑'~'무' 공무원의 국외 출장 현황과 출장 국가별 여비 기준을 나타낸 자료이다. 〈표〉와 〈조건〉을 근거로 출장 여비를 지급받을 때, 출장 여비를 가장 많이 지급받는 출장자부터 순서대로 바르게 나열한 것은?

〈표 1〉 K국 '갑'~'무' 공무원 국외 출장 현황

출장자	출장국가	출장 기간	숙박비 지급 유형	1박 실지출 비용($/박)	출장 시 개인 마일리지 사용 여부
갑	A	3박 4일	실비지급	145	미사용
을	A	3박 4일	정액지급	130	사용
병	B	3박 5일	실비지급	110	사용
정	C	4박 6일	정액지급	75	미사용
무	D	5박 6일	실비지급	75	사용

※ 각 출장자의 출장 기간 중 매박 실지출 비용은 변동 없음.

〈표 2〉 출장 국가별 1인당 여비 지급 기준액

구분 / 출장국가	1일 숙박비 상한액($/박)	1일 식비($/일)
A	170	72
B	140	60
C	100	45
D	85	35

〈조건〉
- 출장 여비($) = 숙박비 + 식비
- 숙박비는 숙박 실지출 비용을 지급하는 실비지급 유형과 출장국가 숙박비 상한액의 80%를 지급하는 정액지급 유형으로 구분
  - 실비지급 숙박비($) = (1박 실지출 비용) × ('박' 수)
  - 정액지급 숙박비($) = (출장국가 1일 숙박비 상한액) × ('박' 수) × 0.8
- 식비는 출장시 개인 마일리지 사용여부에 따라 출장 중 식비의 20% 추가지급
  - 개인 마일리지 미사용시 지급 식비($)
    = (출장국가 1일 식비) × ('일' 수)
  - 개인 마일리지 사용시 지급 식비($)
    = (출장국가 1일 식비) × ('일' 수) × 1.2

① 갑, 을, 병, 정, 무
② 갑, 을, 병, 무, 정
③ 을, 갑, 정, 병, 무
④ 을, 갑, 병, 무, 정

18. 다음 밑줄 친 '에'와 그 쓰임이 가장 유사한 것은?

사람들은 상호의존적인 성격을 가지고 있어 어떤 사람의 소비가 다른 사람의 소비에 영향을 받는 경우를 종종 볼 수 있다. 예를 들어 친구들이 어떤 게임기를 사자 자신도 그 게임기를 사겠다고 결심하는 경우가 그것이다. 이와 같이 어떤 사람의 소비가 다른 사람의 소비에 의해 영향을 받을 때 '네트워크 효과'가 있다고 말한다. 그 상품을 쓰는 사람들이 일종의 네트워크를 형성해 다른 사람의 소비에 영향을 준다는 뜻에서 이런 이름이 붙었다. 이 네트워크 효과의 대표적인 것으로 '유행효과'와 '속물효과'가 있다.

어떤 사람들이 특정 옷을 입으면 마치 유행처럼 주변 사람들도 이 옷을 따라 입는 경우가 있다. 이처럼 다른 사람의 영향을 받아 상품을 사는 것을 '유행효과'라고 부른다. 유행효과는 일반적으로 특정 상품에 대한 수요가 예측보다 더 늘어나는 현상을 설명해 준다. 예를 들어 옷의 가격이 4만 원일 때 5천 벌의 수요가 있고, 3만 원일 때 6천 벌의 수요가 있다고 하자. 그런데 유행효과가 있으면 늘어난 소비자의 수에 영향을 받아 새로운 소비가 창출되게 된다. 그래서 가격이 3만 원으로 떨어지면 수요가 6천 벌이 되어야 하지만 실제로는 8천 벌로 늘어나게 된다.

① 바람에 꽃이 졌다.
② 옷에 먼지가 묻었다.
③ 이 보약은 몸에 좋다.
④ 내 동생은 방금 학교에 갔다.

19. 다음 글의 내용과 일치하지 않는 것은?

무역이나 해외 여행 등을 위해서는 서로 다른 두 나라의 화폐를 교환할 필요가 있다. 이때 두 나라의 화폐는 일정한 비율로 교환되는데, 이 비율을 환율(換率)이라고 한다. 환율은 특정 국가 통화에 대해 자국 통화가 어느 정도의 값어치가 있는가를 나타내는 지표이다. 물건의 가격이 시장에서 수요와 공급에 따라 결정되는 것처럼, 환율도 외환시장의 수요와 공급에 따라 결정된다. 국제 외환시장에서는 달러화가 주로 거래되고 있기 때문에 편의상 우리나라를 비롯한 대부분의 나라에서는 미국 달러화를 기준으로 환율을 표시하고 있으며, 1달러=1,000원과 같은 형태로 나타낸다.

환율은 고정되어 있지 않고 시시각각으로 변한다. 1달러당 1,000원 하던 환율이 900원으로 내려가면 1달러를 교환할 때 필요한 우리나라 원화가 줄어든다. 이때 '환율이 내렸다'고 하는데, 이것은 거꾸로 원화 가치가 올랐음을 의미한다. 이처럼 원화 가치가 상대적으로 높아지는 것을 평가절상 되었다고 하며, 원화가 오른 상태가 지속되면 '원고(高)'가 진행된다고 한다. 반대로 1달러당 1,000원 하던 환율이 1,100원으로 올라가면 원화의 가치는 떨어지는데, 이때에는 원화가 평가절하 되었다고 하며 이 상태가 유지되면 '원저(低)'가 진행된다고 한다.

이러한 환율 변화는 경우에 따라서 우리나라에 호재가 될 수도, 악재가 될 수도 있다. 일반적으로 환율이 내려가면 국내 수출업체들은 불리해진다. 원화의 달러당 환율이 1,000원일 때 국내기업이 수출 대금으로 1달러를 받으면 1,000원을 받는 셈이다. 하지만 환율이 900원으로 내려가면 1달러를 받아 900원밖에 받지 못하므로 기업의 수익이 줄어든다. 반면에 환율이 내려가면 수입업체들은 유리해진다. 수입상품 대금을 치를 때 원화 대금이 줄기 때문이다. 그래서 원화 환율이 내려가면 수입(輸入)이 증가한다.

환율이 올라가면 일반적으로 이와 반대되는 현상이 발생한다. 환율이 1,100원으로 오르면 수출대금으로 달러당 1,000원을 받던 수출업체들은 더 많은 원화를 받기 때문에 수출업체들의 수익성이 좋아진다. 이와 반대로 수입업체들은 수입 대금을 결제하기 위해 더 많은 원화를 지불해야 하기 때문에 수입원가가 비싸진다. 따라서 환율이 오르면 원자재 수입 가격이 상승하기 때문에 이를 사용하는 공산품의 가격도 상승한다. 뿐만 아니라 기계류 등 수입 완제품 가격도 상승하게 되므로 결과적으로 국내 물가 전반은 상승 압력을 받는다.

우리나라는 대외무역 의존도가 아주 높기 때문에 환율의 변화에 민감하게 반응할 수밖에 없는 경제구조를 갖고 있다. 환율이 완만하게 변동하면 수출입업체가 대처할 수 있는 시간적 여유가 충분하므로 별 문제가 되지 않는다. 하지만 환율이 급격하게 변동하면 국내 수출입업체들이 이에 신속하게 대처하기 어려워 심각한 문제가 야기되기도 한다. 따라서 환율 변동으로 인한 업체들의 불안을 해소하기 위해서는 적절한 환율 관리가 필요하다.

① 환율이 오르면 해외에서 들어오는 원자재의 수입 가격이 하락한다.
② 환율은 외환시장의 수요와 공급에 따라 결정된다.
③ 대부분의 나라는 미국 달러화를 기준으로 환율을 표시한다.
④ 환율에 따라 달러화에 대한 원화의 가치를 확인할 수 있다.

20. 분산형 데이터 저장기술이라고도 부르며 암호화폐와도 관련이 있는 기술은?

① 블록체인
② 로보 어드바이저
③ 핀테크
④ 비트코인

▌21~22▐ 다음은 M사의 채용 시험에 응시한 최종 6명의 평가 결과를 나타낸 자료이다. 이를 보고 이어지는 물음에 답하시오.

〈평가 결과표〉

응시자 \ 분야	어학	컴퓨터	실무	NCS	면접	평균
A	( )	14	13	15	( )	( )
B	12	14	( )	10	14	12.0
C	10	12	9	( )	18	11.8
D	14	14	( )	17	( )	( )
E	( )	20	19	17	19	18.6
F	10	( )	16	( )	16	( )
계	80	( )	( )	84	( )	( )
평균	( )	14.5	14.5	( )	( )	( )

* 평균 점수가 높은 2명을 최종 채용자로 결정함

21. 다음 중 위의 자료를 통해 분야별 점수와 평균 점수 모두를 알 수 있는 응시자가 아닌 사람은 누구인가?

① A, D
② A, F
③ D, F
④ D, E

22. 다음 중 응시자 A와 D의 면접 점수가 동일하며, 6명의 면접 평균 점수가 17.5점일 경우, 최종 채용자 2명 중 어느 한 명이라도 변경될 수 있는 조건으로 올바른 설명은 어느 것인가?

① E의 '컴퓨터' 점수가 5점 낮아질 경우
② A의 '실무' 점수가 최고점, D의 '실무' 점수가 13점일 경우
③ F의 '어학' 점수가 최고점일 경우
④ B의 '실무'와 'NCS' 점수가 모두 최고점일 경우

23. '가, 나, 다, 라, 마'가 일렬로 서 있다. 아래와 같은 조건을 만족할 때, '가'가 맨 왼쪽에 서 있을 경우, '나'는 몇 번째에 서 있는가?

> • '가'는 '다' 바로 옆에 서있다.
> • '나'는 '라'와 '마' 사이에 서있다.

① 첫 번째
② 두 번째
③ 세 번째
④ 네 번째

24. 다음은 K전자의 연도별 매출 자료이다. 2017년 1분기의 판관비가 2억 원이며, 매 시기 1천만 원씩 증가하였다고 가정할 때, K전자의 매출 실적에 대한 올바른 설명은?

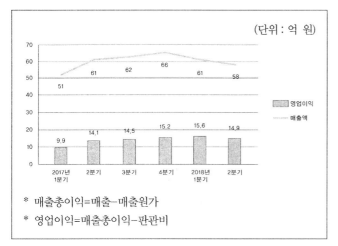

(단위 : 억 원)

* 매출총이익=매출-매출원가
* 영업이익=매출총이익-판관비

① 매출원가가 가장 큰 시기의 매출총이익도 가장 크다.
② 매출액 대비 영업이익을 나타내는 영업이익률은 2018년 1분기가 가장 크다.
③ 매출총이익에서 판관비가 차지하는 비중은 2017년 1분기가 가장 크다.
④ 매출액 대비 매출총이익 비중은 매 시기 조금씩 증가하였다.

25. 시중금리와 인플레이션 기대심리와의 관계를 말해주는 이론으로, 시중의 명목금리는 실질금리와 예상 인플레이션율의 합계와 같다는 것을 말하는 효과는 무엇인가?

① 톱니 효과
② 피셔 효과
③ 피구 효과
④ 승수 효과

26. 소비는 물론 생산과 유통 전 단계에 걸쳐 참여하는 소비자를 무엇이라 하는가?

① 크리슈머
② 프로슈머
③ 모디슈머
④ 스마슈머

▌27~28▐ 다음 글을 읽고, 각 물음에 답하시오.

(가) 고려시대의 상업에 대한 연구가 그리 많지는 않으나 그것이 활발했음은 분명하다. 국내에 조성된 상권 내부에서 매매·유통이 활발했을 뿐 아니라 국외 외부시장과의 거래도 꾸준했기 때문이다. 정형화된 시장(수도)과 다양한 상인, 그리고 제품의 꾸준한 매매가 고려시대 내내 확인된다. 중앙 장시는 매 시기 주기적으로 확장될 만큼 거대했고 이동 상인들과 공인들은 상황에 따라 분화돼있었으며, 고위층과 하위민들을 위한 별도의 통화(은병과 포필)가 전국적으로 통용됐다.

(나) 물론 고려의 그러한 '유통 질서'가 언제나 정상적인 모습만 보였다고는 할 수 없다. 상인들의 활동에 일종의 투자자로 동참하던 정상적 공권력이 존재했지만 한편으로, 상인들이 거둔 이윤을 갈취하는 데 골몰했던 폭압적 권위자들도 적지 않았기 때문이다. 어떤 경우에는 한 주체가 두 모습을 모두 보인 경우도 있었는데 국왕, 정부, 종실, 관료들은 사실 모두 그랬다. 이들은 자신들의 수중에 있던 가치가 하락한 은병을 처분하고자 백성들의 물품을 빼앗았으며, 심지어 외국에 내다 팔 물건들을 확보하기 위해 터무니없는 싼 가격에 그것을 백성들로부터 빼앗아오기도 하였다.

(다) 아울러 불교사찰들 역시 그와 매우 달랐다고 하기 어렵다. 물론 사원들은 어디까지나 종교 공간에 해당했던 만큼 앞서 언급한 행위를 보였더라도 그 수위가 권세가들과는 달랐으며, 생산 활동을 겸한 존재였다는 점에서 사회경제에의 기여도 남달랐음이 확인된다. 민간과의 관계 또한 '거래'보다는 '신앙'을 매개로 한 것이어서 일반 경제주체와 달리 보아야 할 필요가 없지 않다. 그러나 그럼에도 불구하고, 상황과 경우에 따라 국내 상인들을 대하는 불교사원들의 입장과 관점이 그리 순수하지만은 않은 경우도 분명 존재하였다.

(라) 이런 상황에서 고려의 국내 상인들은 과연 어떤 삶을 살았을까? 안타깝게도 고려시대의 기록에 상인들이 그리 자주 등장하지 않는 바, 그 생애의 모습을 찾아내 재구성하기란 대단히 어렵다. 상인들의 동태가 시장 질서를 해치거나 국왕의 정책에 반하는 것일 경우 징벌 대상으로는 등장해도, 그 사람의 영업행위나 개인적 일생이 관찬사료에 담길 이유는 당시인들의 관점에서는 거의 없었을 것이기 때문이다. 경우에 따라 정부나 관료들과 결탁한 상인들이 있어 특권을 토대로 영리를 도모했을 가능성도 적지 않지만, 그것이 당대 상인들이 보였던 모습의 전부는 아니었으며, 애당초 선량한 상인들의 경우 그 행적이 사료에 남아 전해지기란 불가능한 일이었을 수도 있다.

27. 윗글의 단락 ㈎～㈐에 대한 설명으로 가장 적절한 것은?

① 고려시대 시장의 상황을 묘사한 단락은 ㈎뿐이다.

② ㈏에서는 당시 권세가들의 이중적인 모습을 엿볼 수 있다.

③ ㈐에서는 권세가들이 시장에 끼친 영향과 상반되는 모습을 언급하고 있다.

④ ㈑를 통해 부패한 고려 상인들이 많았음을 알 수 있다.

28. 윗글의 내용과 일치하지 않는 것은?

① 고려시대의 은병과 포필은 화폐로서의 역할을 하였다.

② 모든 고려 상인들의 모습이 사료에 수록되지 못한 것은 아니다.

③ 고려시대의 권세가들은 시장에 투자자로서의 역할을 수행하였다.

④ 고려시대 불교 사찰은 고위층보다 더한 비리와 부패의 모습을 보였다.

29. 다음 설명 중 가장 옳은 것은? (단, 불량률은 소수 둘째자리에서 반올림한다)

(단위 : 권)

구분	A출판사		B출판사		C출판사	
	양품	불량품	양품	불량품	양품	불량품
국어교재	270	30	200	10	54	3
수학교재	225	15	216	12	715	55
영어교재	300	25	600	40	850	50

※ 불량률 $= \dfrac{\text{불량품}}{\text{양품} + \text{불량품}} \times 100$

① 모든 교재에서 불량률이 A출판사가 가장 높다.

② 국어교재의 불량률은 A출판사가 타 출판사들의 2배 이상이다.

③ 국어교재의 불량률은 B출판사가 가장 낮다.

④ 영어교재의 불량률은 B출판사가 가장 낮다.

30. G 음료회사는 신제품 출시를 위해 시제품 3개를 만들어 전직원을 대상으로 블라인드 테스트를 진행한 후 기획팀에서 회의를 하기로 했다. 독창성, 대중성, 개인선호도 세 가지 영역에 총 15점 만점으로 진행된 테스트 결과가 다음과 같을 때, 기획팀 직원들의 발언으로 옳지 않은 것은?

	독창성	대중성	개인선호도	총점
시제품 A	5	2	3	10
시제품 B	4	4	4	12
시제품 C	2	5	5	12

① 우리 회사의 핵심가치 중 하나가 창의성 아닙니까? 저는 독창성 점수가 높은 A를 출시해야 한다고 생각합니다.

② 독창성이 높아질수록 총점이 낮아지는 것을 보지 못하십니까? 저는 그 의견에 반대합니다.

③ 무엇보다 현 시점에서 회사의 재정상황을 타계하기 위해서는 대중성을 고려하여 높은 이윤이 날 것으로 보이는 C를 출시해야 하지 않겠습니까?

④ 요즘 같은 개성시대에는 개인선호도가 높은 C가 적격이라고 생각합니다.

31. 회색 코뿔소의 설명으로 옳지 않은 것을 모두 고르면?

> ㉠ 지속적으로 위험을 경고한다.
> ㉡ 빈번하게 악재가 발생한다.
> ㉢ 예측과 대비가 어렵다.
> ㉣ 쉽게 간과하는 위험 요인을 말한다.

① ㉠, ㉡

② ㉡, ㉢

③ ㉡, ㉣

④ ㉠, ㉡, ㉢

32. 인터넷 상에서 악성루머가 빠르게 확산되는 것과 관련 있는 것은?

① 바나나현상

② 인포데믹스

③ 벤치마킹

④ 트라이벌리즘

33. A기업에서는 매년 3월에 정기 승진 시험이 있다. 시험을 응시한 사람이 남자사원, 여자사원을 합하여 총 100명이고 시험의 평균이 남자사원은 72점, 여자사원은 76점이며 남녀 전체평균은 73점일 때 시험을 응시한 여자사원의 수는?

① 25명　　　　　　　② 30명

③ 35명　　　　　　　④ 40명

34. 다음 〈보기〉와 같은 문장의 빈 칸 ㉠~㉣에 들어갈 알맞은 어휘를 순서대로 나열한 것은 어느 것인가?

〈보기〉
- 많은 노력을 기울인 만큼 이번엔 네가 반드시 1등이 (　㉠　) 한다고 말씀하셨다.
- 계약서에 명시된 바에 따라 한 치의 오차도 없이 일이 추진 (　㉡　)를 기대한다.
- 당신의 배우자가 (　㉢　) 평생 외롭지 않게 해 줄 자신이 있습니다.
- 스승이란 모름지기 제자들의 마음을 어루만져 줄 수 있는 사람이 (　㉣　)한다.

① 돼어야, 되기, 되어, 되야

② 되어야, 돼기, 돼어, 되야

③ 되어야, 되기, 되어, 돼야

④ 돼어야, 돼기, 돼어, 되어야

35. 다음은 연도별·연령별 산전 진찰 초진시기 및 의료기관 방문 횟수에 대한 자료이다. 주어진 〈보기〉의 내용을 바탕으로, 빈칸 ㉠~㉣에 들어갈 적절한 연령대를 순서대로 올바르게 나열한 것은 어느 것인가?

(단위 : 주, 번)

모(母)연령	2003년 초진시기	2003년 방문횟수	2006년 초진시기	2006년 방문횟수	2009년 초진시기	2009년 방문횟수	2012년 초진시기	2012년 방문횟수	2015년 초진시기	2015년 방문횟수
㉠	5.64	12.80	5.13	13.47	5.45	13.62	5.01	13.41	5.23	13.67
㉡	5.86	12.57	5.51	12.87	5.42	14.25	6.24	13.68	5.42	13.27
㉢	6.02	12.70	5.34	13.32	5.40	13.16	5.01	13.22	5.23	13.17
㉣	6.68	12.11	5.92	12.56	6.78	13.28	7.36	13.52	5.97	13.11

〈보기〉
- a. 25~29세와 30~34세 연령대 임신부 초진 시기의 연도별 변동 패턴(빨라지거나 늦어짐)은 동일하다.
- b. 15~24세 임신부의 임신 기간 중 의료기관 방문 횟수가 연령별로 가장 적었던 해는 5개 비교년도 중 3번다.
- c. 35세 이상 연령대의 임신부와 30~34세 연령대의 임신부와의 2003년 대비 2006년의 의료기관 방문횟수 증감률의 차이는 약 2.5%p이다.

	㉠	㉡	㉢	㉣
①	35세 이상	25~29세	30~34세	15~24세
②	25~29세	35세 이상	15~24세	30~34세
③	25~29세	35세 이상	30~34세	15~24세
④	15~24세	35세 이상	30~34세	25~29세

36. 공연기획사인 A사는 이번에 주최한 공연을 보러 오는 관객을 기차역에서 공연장까지 버스로 수송하기로 하였다. 다음의 표와 같이 공연 시작 4시간 전부터 1시간 단위로 전체 관객 대비 기차역에 도착하는 관객의 비율을 예측하여 버스를 운행하고자 하며, 공연 시작 시간까지 관객을 모두 수송해야 한다. 다음을 바탕으로 예상한 수송 시나리오 중 옳은 것을 모두 고르면?

▣ 전체 관객 대비 기차역에 도착하는 관객의 비율

시각	전체 관객 대비 비율(%)
공연 시작 4시간 전	a
공연 시작 3시간 전	b
공연 시작 2시간 전	c
공연 시작 1시간 전	d
계	100

- 전체 관객 수는 40,000명이다.
- 버스는 한 번에 대당 최대 40명의 관객을 수송한다.
- 버스가 기차역과 공연장 사이를 왕복하는 데 걸리는 시간은 6분이다.

▣ 예상 수송 시나리오
- ㉠ a = b = c = d = 25라면, 회사가 전체 관객을 기차역에서 공연장으로 수송하는 데 필요한 버스는 최소 20대이다.
- ㉡ a = 10, b = 20, c = 30, d = 40이라면, 회사가 전체 관객을 기차역에서 공연장으로 수송하는 데 필요한 버스는 최소 40대이다.
- ㉢ 만일 공연이 끝난 후 2시간 이내에 전체 관객을 공연장에서 기차역까지 버스로 수송해야 한다면, 이때 회사에게 필요한 버스는 최소 50대이다.

① ㉠　　　　　　　② ㉡

③ ㉠, ㉡　　　　　　④ ㉡, ㉢

37. 다음 ⑦와 ⓒ에 들어갈 말로 옳은 것은?

주식시장에서 주가가 갑자기 급등락 하는 경우 시장에 미치는 충격을 완화하기 위해 주식매매를 일시 정시하는 제도로 주식거래 일시 중단 제도 라고도 한다. 지수가 전날 종가보다 10% 이상 하락한 상태로 1분간 지속되면 20분 간 모든 종목의 거래가 중단된다.

(⑦)(이)가 발동되면 30분 후에 매매가 재개되는데 처음 20분 동안은 모든 종목의 호가접수 및 매매거래가 중단되고, 나머지 10분 동안은 새로 호가를 접수하여 단일가격으로 처리한다. 한번 발동한 후에는 요건이 충족되어도 다시 발동할 수 없다. 미국 주가 대폭락사태인 블랙먼데이 이후 주식시장의 붕괴를 막기 위해 처음으로 도입되었다. 한편, (ⓒ)(은)는 선물시장의 급등락에 따라 현물시장의 가격이 급변하는 것을 막기 위한 가격안정화 장치로, 프로그램 매매만을 잠시 중지시키는 제도이다.

주가지수 선물시장의 개설과 함께 국내에 도입되었는데, 선물가격이 전날 종가보다 5%(코스피)~6%(코스닥) 이상 급등락 하는 상태가 1분간 지속되는 경우에 발동되며, 일단 발동되는 경우에는 그 시점부터 프로그램 매매 효과의 효력이 5분간 정지된다.

	⑦	ⓒ
①	콘탱고	서킷 브레이커
②	서킷 브레이커	프리보드
③	서킷 브레이커	사이드 카
④	사이드 카	서킷 브레이커

38. 2021년의 최저임금으로 알맞은 것은?

① 8,590원
② 8,350원
③ 8,720원
④ 8,670원

39. 다음 〈표〉와 〈보고서〉는 2012~2013년 '갑'국의 철도사고 및 운행장애 발생 현황과 원인분석에 관한 자료이다. 이를 근거로 아래의 ㈎~㈑에 알맞은 수를 바르게 나열한 것은?

〈표 1〉 철도사고 및 운행장애 발생 현황

(단위 : 건)

구분		연도	2012	2013	전년대비증감
철도사고	철도교통사고	열차사고	0	0	0
		철도교통사상사고	㈎	( )	+4
	철도안전사고	철도화재사고	0	0	0
		철도안전사상사고	㈏	( )	-1
		철도시설파손사고	0	0	0
운행장애	위험사건		0	0	0
	지연운행		5	3	-2
	기타		0	0	0

〈표 2〉 철도안전사상사고 피해자 유형별 사고 건수 및 피해 정도별 피해자 수

(단위 : 건, 명)

연도 \ 구분	피해자 유형별 사고 건수			피해정도별 피해자 수		
	승객	비승객일반인	직원	사망	중상	경상
2012	( )	( )	( )	1	4	4
2013	( )	( )	8	1	㈐	4

〈표 3〉 사고원인별 운행장애 발생 현황

(단위 : 건)

연도 \ 사고원인	차량탈선	규정위반	급전장애	신호장애	차량고장	기타
2012	( )	( )	( )	( )	2	( )
2013	1	( )	( )	( )	( )	㈑
전년대비 증감	+1	-1	-1	-1	-2	+2

〈보고서〉
• 2013년 철도교통사상사고는 전년대비 4건이 증가하였으며, 이 중 '투신자살'이 27건으로 전체 철도교통사상사고 건수의 90%를 차지함
• 2013년 철도안전사상사고 1건당 피해자 수는 1명으로 전년과 동일하였고, 피해자 유형은 모두 '직원'임
• 2013년에는 '규정위반', '급전장애', '신호장애', '차량고장'을 제외한 원인으로 모두 3건의 운행장애가 발생함

	㈎	㈏	㈐	㈑
①	26	9	2	1
②	26	9	3	2
③	26	10	2	2
④	27	9	2	1

40. 다음 중 표준어로만 묶인 것은?

① 사글세, 멋쟁이, 아지랭이, 윗니
② 웃어른, 으레, 상판때기, 고린내
③ 딴전, 어저께, 가엽다, 귀이개
④ 주근깨, 코빼기, 며칠, 가벼히

41. 다음 〈표〉는 2006~2010년 A국의 가구당 월평균 교육비 지출액에 대한 자료이다. 이에 대한 설명으로 옳은 것은?

〈표〉 연도별 가구당 월평균 교육비 지출액

(단위 : 원)

유형	연도	2006	2007	2008	2009	2010
정규 교육비	초등교육비	14,730	13,255	16,256	17,483	17,592
	중등교육비	16,399	20,187	22,809	22,880	22,627
	고등교육비	47,841	52,060	52,003	61,430	66,519
	소계	78,970	85,502	91,068	101,793	106,738
학원 교육비	학생 학원교육비	128,371	137,043	160,344	167,517	166,959
	성인 학원교육비	7,798	9,086	9,750	9,669	9,531
	소계	136,169	146,129	170,094	177,186	176,490
기타 교육비		7,203	9,031	9,960	10,839	13,574
전체 교육비		222,342	240,662	271,122	289,818	296,802

① 2007~2010년 '전체 교육비'의 전년대비 증가율은 매년 상승하였다.
② '전체 교육비'에서 '기타 교육비'가 차지하는 비중이 가장 큰 해는 2009년이다.
③ 2008~2010년 '초등교육비', '중등교육비', '고등교육비'는 각각 매년 증가하였다.
④ '학원교육비'의 전년대비 증가율은 2009년이 2008년보다 작다.

42. 다음 곡선에 대한 설명으로 옳지 않은 것은?

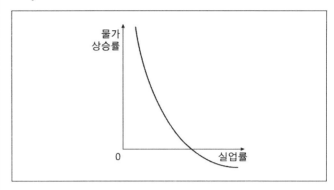

① 실업률과 명목임금 상승률 사이에 역의 관계가 존재한다는 것을 나타낸다.
② 물가상승률을 감소시키면 실업률은 증가한다.
③ 실업을 해결하기 위해서는 인플레이션을 감수해야 한다.
④ 물가안정과 완전고용은 동시 달성이 가능하다.

43. 다음 자료는 ○○인터넷진흥원의 2015~2018년 사용자별 사물인터넷 관련 지출액에 관한 자료이다. 이를 평가한 것으로 적절하지 않은 것은?

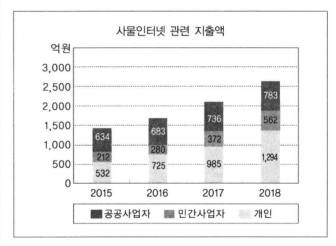

① A : 2016~2018년 동안 '공공사업자' 지출액의 전년대비 증가폭이 가장 큰 해는 2017년이다.
② B : 2018년 사용자별 지출액의 전년대비 증가율은 '개인'이 가장 높다.
③ C : 2016~2018년 동안 사용자별 지출액의 전년대비 증가율은 매년 '공공사업자'가 가장 낮다.
④ D : '공공사업자'와 '민간사업자'의 지출액 합은 매년 '개인'의 지출액보다 크다.

44. 그림자 금융의 특징으로 옳지 않은 것은?

① 엄격한 건전성 규제의 대상이 아니다.

② 중앙은행의 유동성 지원이나 예금보험 등 공공부문의 지원대상이 아니다.

③ 신용중개기능이 없는 단순 주식거래와 외환거래를 포함한다.

④ 은행과 상호연계성이 높아 위기가 은행시스템으로 전이될 수 있다.

45. 그림은 ∠B = 90°인 직각삼각형 ABC의 세 변을 각각 한 변으로 하는 정사각형을 그린 것이다. □ADEB의 넓이는 9이고 □BFGC의 넓이가 4일 때, □ACHI의 넓이는?

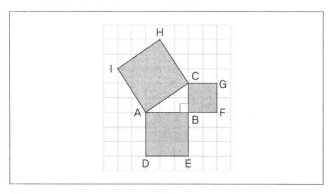

① 13

② 14

③ 15

④ 16

46. 다음이 설명하고 있는 것은?

> 기관들도 고객 재산을 선량하게 관리해야 할 의무가 있다는 필요성에 의해 생겨난 용어. 주요 기관투자자가 주식을 보유하는 데에 그치지는 것이 아니라 투자 기업의 의사결정에 적극 참여해 주주와 기업의 이익을 추구하고, 지속 가능한 성장과 투명한 경영을 이끌어 내는 것이 목적이다.

① 포트폴리오

② 스튜어드십 코드

③ 불완전판매

④ 폰지 사기

47. 다음은 주요 ESS(에너지저장장치) 기술의 형태별 특징을 나타낸 도표이다. ESS 기술을 물리적인 방식과 화학적인 방식으로 구분할 때, 다음 중 물리적인 방식에 해당한다고 볼 수 있는 두 가지 형태는 어느 것인가?

형태	특징
Flywheel	(원리) 전기에너지를 회전하는 운동에너지로 저장하였다가 다시 전기에너지로 변환하여 사용 (장점) 에너지효율이 높아서(고출력) UPS, 전력망 안정화용으로 적용 가능하고 수명이 긴(20년), 급속저장(분 단위) (단점) 초기 구축비용 과다, 에너지밀도가 작음, 장기간 사용 시 동력 효율 저하
양수발전	(원리) 물의 위치에너지를 전기에너지로 바꾸는 방식으로, 펌프를 이용해 하부 저수지 물을 상부로 양수하고 필요시 하부로 방류하여 발전 (장점) 1일 1회 방전 시 양수발전기를 약 30~50년 이상 사용이 가능할 정도로 내구성이 긴 (단점) 지형지물을 이용하기 때문에 지리적 제약이 많음
LiB(리튬이온 전지)	(원리) 리튬이온이 양극과 음극을 오가면서 전위차 발생 (장점) 에너지밀도가 높고, 에너지효율이 높아서(고출력) 적용범위가 가장 넓음 (단점) 낮은 안전성, 고비용, 수명 미검증, 저장용량이 3kW~3MW로 500MW 이상 대용량 용도에서는 불리
VRB	(원리) 전해질 용액을 순환시켜 작동시키는 Flow Battery의 일종으로 전해액 내 이온들의 전위차를 이용하여 전기에너지를 충·방전 (장점) 저비용, 대용량화 용이, 장시간 사용 가능 (단점) 반응속도가 낮고, 에너지밀도 및 에너지효율이 낮음
CAES(공기압축식)	(원리) 잉여전력으로 공기를 동굴이나 지하에 압축하고, 압축된 공기를 가열하여 터빈을 돌리는 방식 (장점) 대규모 저장이 가능하며(100MW 이상), 발전단가가 낮음 (단점) 초기 구축비용이 과다, 지하 굴착 등으로 지리적 제약이 많음
NaS(나트륨유황 전지)	(원리) 300~350°C의 온도에서 용융상태의 나트륨(Na) 이온이 베타-alumina 고체전해질을 이동하면서 전기화학에너지 저장 (장점) 에너지밀도가 높고, 비용은 저렴하고, 대용량화가 용이 (단점) 에너지효율이 낮고(저출력), 고온시스템이 필요하여 저장용량이 30MW로 제한적

① 양수발전, CAES

② 양수발전, VRB

③ NaS, CAES

④ CAES, LiB

48. GDP에 해당하는 것을 모두 고른 것은?

> ㉠ 이민형 씨의 가사활동
> ㉡ 김소정 씨의 불우이웃돕기 성금
> ㉢ 김서원 씨의 프리마켓 활동
> ㉣ 국내 자동차회사의 국외소득
> ㉤ 국외 제약사의 국내소득

① ㉠, ㉡
② ㉡, ㉣
③ ㉢, ㉤
④ ㉠, ㉡, ㉢

49. 다음 〈그림〉은 ○○정보보호산업협회의 2019년과 2020년 침해유형별 개인정보 침해경험을 설문조사한 결과이다. 이를 본 반응으로 옳은 것은?

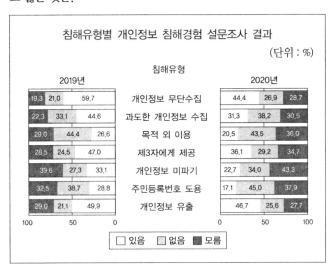

① 갑 : '있음'으로 응답한 비율이 큰 침해유형부터 순서대로 나열하면 2019년과 2020년의 순서는 동일하다.
② 을 : 2020년 '개인정보 무단수집'을 '있음'으로 응답한 비율은 '개인정보 미파기'를 '있음'으로 응답한 비율의 2배 이상이다.
③ 병 : 2020년 '있음'으로 응답한 비율의 전년대비 감소폭이 가장 큰 침해유형은 '과도한 개인정보 수집'이다.
④ 정 : 2020년 '있음'으로 응답한 비율의 전년대비 감소율이 가장 큰 침해유형은 '주민등록번호 도용'이다.

50. 밑줄 친 부분과 같은 의미로 쓰인 것을 고르시오.

> 나는 우리 회사의 장래를 너에게 걸었다.

① 이 작가는 이번 작품에 생애를 걸었다.
② 우리나라는 첨단 산업에 승부를 걸었다.
③ 마지막 전투에 주저 없이 목숨을 걸었다.
④ 그는 관객들에게 최면을 걸었다.

51. A교육연구소 아동청소년연구팀에 근무하는 甲은 다음과 같은 연구를 시행하여 결과를 얻었다. 연구결과를 상사에게 구두로 보고하자 결과를 뒷받침할 만한 직접적인 근거를 추가하여 보고서를 작성해 오라는 지시를 받았다. 다음 〈보기〉 중 근거로 추가할 수 있는 자료를 모두 고른 것은?

> [연구개요] 한 아동이 다른 사람을 위하여 행동하는 매우 극적인 장면이 담긴 'Lassie'라는 프로그램을 매일 5시간 이상 시청한 초등학교 1~2학년 아동들은 이와는 전혀 다른 내용이 담긴 프로그램을 시청한 아동들보다 훨씬 더 협조적이고 타인을 배려하는 행동을 보여주었다.
> 반면에 텔레비전을 통해 매일 3시간 이상 폭력물을 시청한 아동과 청소년들은 텔레비전 속에서 보이는 성인들의 폭력행위를 빠른 속도로 모방하였다.
> [연구결과] 텔레비전 속에서 보이는 폭력이 아동과 청소년의 범죄행위를 유발시킬 가능성이 크다.

> 〈보기〉
> ㉠ 전국의 소년교도소에 폭행죄로 수감되어 있는 재소자들은 6세 이후 폭력물을 매일 적어도 4시간 이상씩 시청했었다.
> ㉡ 전국의 성인교도소에 폭행죄로 수감되어 있는 재소자들은 6세 이후 폭력물을 매일 적어도 6시간 이상씩 시청했었다.
> ㉢ 전국의 소년교도소에 폭행죄로 수감되어 있는 청소년들은 매일 저녁 교도소 내에서 최소한 3시간씩 폭력물을 시청한다.
> ㉣ 6세에서 12세 사이에 선행을 많이 하는 아동들이 성인이 되어서도 선행을 많이 한다.

① ㉠
② ㉠, ㉡
③ ㉠, ㉢, ㉣
④ ㉡, ㉢, ㉣

52. 디플레이션의 영향을 순서대로 나열한 것은?

> ㉠ 소비위축
> ㉡ 상품가격하락
> ㉢ 채무자의 채무부담
> ㉣ 경기침체 가속
> ㉤ 생산 및 고용감소

① ㉠ → ㉢ → ㉡ → ㉣ → ㉤
② ㉢ → ㉣ → ㉡ → ㉤ → ㉠
③ ㉠ → ㉡ → ㉤ → ㉣ → ㉢
④ ㉢ → ㉡ → ㉠ → ㉣ → ㉤

53. 다음 중 나머지 네 개의 단어의 의미로 사용될 수 있는 단어를 고르시오.

① 작곡하다　　　　　② 부리다
③ 쓰다　　　　　　　④ 사용하다

54. 김대리는 모스크바 현지 영업소로 출장을 갈 계획이다. 4일 오후 2시 모스크바에서 회의가 예정되어 있어 모스크바 공항에 적어도 오전 11시 이전에는 도착하고자 한다. 인천에서 모스크바까지 8시간이 걸리며, 시차는 인천이 모스크바보다 6시간이 더 빠르다. 김대리는 인천에서 늦어도 몇 시에 출발하는 비행기를 예약하여야 하는가?

① 3일 09 : 00
② 3일 19 : 00
③ 4일 09 : 00
④ 5일 02 : 00

55. 개인의 저축 증가가 국가적 저축 증가로 연결되지 않는 현상은?

① 승자의 저주
② 구축 효과
③ 유동성의 함정
④ 저축의 역설

56. 다음 중 빈칸에 공통으로 들어갈 말로 적절한 것을 고르시오.

> ・작동이 (　　). 　　・5일장이 (　　).
> ・자리에서 (　　). 　　・빌딩이 (　　).

① 멈추다　　　　　　② 서다
③ 일어나다　　　　　④ 지어지다

57. 다음 사례에서 알 수 있는 마케팅 기법은?

> 　2018 평창 동계올림픽 조직위원회가 (　　　　)에 대해 적극 대응할 것이라고 전했다. 올림픽 공식라이선싱 상품의 인기가 높아지면서 관련업계가 평창 올림픽과 연계한 (　　　　) 사례가 증가했다. 공식 라이선싱 계약을 하지 않은 채 롱패딩에 올림픽 관련 용어를 해시태그 하거나 롱패딩 위조 상품을 제조·판매하는 경우도 더러 발견되었다. 이런 (　　　　)은 후원사와 라이선싱 업체의 권리 침해에 해당한다.

① 노이즈 마케팅
② 래디컬 마케팅
③ 앰부시 마케팅
④ 녹색 마케팅

58. 다음이 설명하는 효과는 무엇인가?

> 　취향보다는 차별화를 지향하고자 대중적인 노래보다 남들이 모르는 인디가수의 노래만 찾아서 소비하는 경우이다.

① 베블런 효과
② 스놉 효과
③ 전시 효과
④ 디드로 효과

59. 영업부 직원 8명의 자리는 그림과 같다. 제시된 조건에 따라 자리를 이동하였을 경우에 대한 설명으로 올바른 것은 어느 것인가?

- 자리는 8명이 모두 이동하였다.
- 같은 라인에서 이동한 직원은 각 라인 당 2명이다.('라인'은 그림 상의 좌우 한 줄을 의미한다. 예를 들어 위의 그림에서 김 사원~박 사원은 한 라인에 위치한다.)
- 이동 후 양 사원의 자리와 나 대리의 자리, 오 대리의 자리와 김 사원의 자리는 각각 가장 멀리 떨어진 곳에 위치하게 되었다.

김 사원	오 대리	임 대리	박 사원
최 대리	민 사원	나 대리	양 사원

- 박 사원의 좌우측에는 각각 최 대리와 나 대리가 앉게 되었다.

① 양 사원의 옆 자리에는 민 사원이 앉게 된다.

② 김 사원의 옆 자리에는 어떤 경우에도 최 대리가 앉게 된다.

③ 임 대리는 최 대리의 맞은편에 앉게 된다.

④ 민 사원 옆 자리에는 양 사원이 앉게 된다.

60. 고객 정보가 상류로 전달되면서 정보가 왜곡되고 확대되는 현상은?

① 기대 효과

② 채찍 효과

③ 립스틱 효과

④ 스놉 효과